「聖性」から読み解く西欧中世

聖人・聖遺物・聖域

杉崎泰一郎 著

創元社

目次

第8章 言葉による聖性の拡散と共有

地図作成　河本佳樹（ZAPPA）　装丁　濱崎実幸

はじめに

聖なる力に願いを託す人々

二〇二二年四月半ば、ロシアのウクライナ侵攻から二か月が過ぎようとするころ、ロシアの黒海艦隊の旗艦モスクワが沈没したというニュースが飛び込んできた。短期間でロシアがキーウを制圧するという予想を覆し、西側諸国の支援などによって戦争が長期化する兆しとして報道された。沈没は事故によるものか、ウクライナの攻撃によるものかは曖昧なまま続報が絶えてしまった。ただこの軍艦には、キリストが磔《はりつけ》になった十字架の欠片《かけら》、すなわち「真の十字架」「聖十字架」などと呼ばれる聖遺物が納められていて、不沈艦のはずだったという知らせもあった。日本のインターネット上では、これを壇之浦に沈んだ三種の神器にたとえる記事もあり、ロシア軍の精神的な動揺を伝えるものもあったが、こちらも詳しいことがわからないままになった。

「本物の十字架」の一部とされる木片のほか、キリストの受難に由来するモノ、とくにキリストの身体に触れた釘、槍、茨《いばら》の冠、聖骸布《せいがいふ》などは、古代から中世のキリスト教世界において最も尊い聖遺物とされた。君主たちは統治権が神聖である証としてこれを獲得し、宮廷内の礼拝堂に安置し、後継者はこれを三種の神器のように受け継いだ。宮廷礼拝堂だけでなく、著名な聖人の遺体（聖遺物）を安置する各地の教会には多くの巡礼者が押し寄せ、教会の名声が高まるとともに、地域の経済効果も期待されたため、聖職者のみならず地域共同体も聖遺物を求めた。現在でもローマ・カトリックの地域（フランス、イタリア、スペインなど）の教会では、祭壇や地下の礼拝堂に聖遺物が安置されていて、参拝する人や遠方から来る巡礼者が、それぞれの願いを託して祈りを捧げている。

キリスト教の正統的な教えでは、キリストは没したあと肉体とともに天国に上がったとされるため、現世に残った生前のゆかりの品が聖遺物とされた。使徒と呼ばれるキリストの弟子や殉教者など聖人たちの遺体は、聖なる力を発揮する聖遺物と信じられ、有名な聖人の骨は分骨されて各地の教会に納められた。これは仏舎利《ぶっしゃり》のように遺骨を分けて礼拝することと似ている。とくに聖書に記載のある人物や、迫害時代の殉教者、キリスト教公認後の高名な聖人の遺体やゆかりの品は珍重され、これを安置する教会は多くの参拝者を集めた。

たとえばローマ教皇が座するローマのサン・ピエトロ大聖堂は、キリストの第一の使徒であり初代の教皇とみなされるペテロの墓の上に建てられていて、主要な巡礼地の一つでもある。また十二使徒のひとり聖ヤコブの墓が安置されたサンティアゴ・デ・コンポステラ大聖堂は、ローマと並ぶ主要な巡礼地として、いまなお多くの人が参拝する。中世のローマ・カトリック世界では、パリのノートル・ダムやケルンの大聖堂のように、それぞれの国や地域の拠点となる教会はもちろん、農村の小さな教会に至るまで、聖遺物を保有して祭壇に納めるか、祭壇の下の地下墓所に安置するようになり、そのなかには現代にまで残っているものも多い。

キリスト教は唯一神のみを崇拝するが、教会、修道院、礼拝堂はそれぞれの守護聖人を擁し、その聖遺物を礼拝して病気の平癒、罪のゆるし、国の平安、戦の勝利などを願った。多神教のように見えてしまうが、教義によれば聖遺物は神の力を仲介するのであって、聖遺物そのものが奇跡を起こすのではないという。そして教会や宮廷の礼拝堂は、聖なるモノを安置する聖なる空間とされ、そこは宗教儀礼だけでなく、戦勝祈願や契約締結などの場としても使われた。日本で天皇の即位式が寺社ではなく皇居で行われ、神職や僧侶を媒介としないのに対し、王をいただくヨーロッパの多くの国では、現代でも戴冠式は教会で聖職者の手によって行われる。これは正統な王位継承を宗教儀式によって聖なる場で行い、王権の正統性を広く知らしめる伝統にのっとっている。聖性をめぐる習慣は戴冠式に限らず、長い時間をかけて醸成され、ヨーロッパの日常のさまざまな場面に残っている。

キリスト教聖性の歴史を多角的に考察する

本書では古代末期から近世にかけて、西ヨーロッパすなわちローマ・カトリック世界の人々がさまざまな場面で聖なる力にたのんだこと、キリスト教聖性が成立し変化したことについて、時代を追って論じる。軸となる考察対象は聖人礼拝、聖遺物信仰、聖なる場の形成と、それらを証し広めた伝承（聖人伝、殉教記、移葬記、説教、列聖資料など）と、その担い手（王侯、聖職者と修道士、民衆）である。

第1章では、まずローマ帝国のコンスタンティヌス帝のキリスト教公認をめぐって、皇帝が聖なる力に頼るとともに、教会が聖人礼拝や聖遺物礼拝を通して広くローマ社会との関わりを持ち、民衆に歩み寄ったことを論じる。そして西ヨーロッパの支配者がローマ人からゲルマン人に移っても、ローマ・カトリック教会は存続し、聖なる力への信仰も続くことになった。そしてカール大帝が西ローマ皇帝の冠を教皇から受けたことで、西ヨーロッパの中世社会の基軸というべき教会と王侯の密接な関係が築かれた。王侯だけでなく民衆の素朴な聖人礼拝に至るまで、聖なる人、聖なるモノ、聖なる場はさまざまな次元で中世社会の中心となっていたことについて論じる。

第2章では、フランク王国が分裂したのちの紀元千年前後の西ヨーロッパについて、イングランド、フランス、ドイツを例にとって、権力者がどのように聖なる力にたのんだかを論じる。またこの時期の社会では、争いごとが起こった際には法律でなく慣習や話し合いで解決を模索することが多く、そこで聖なる力が大きな役割を果たしたことにも着目する。紛争の調停だけでなく、さまざまな誓約を行う場合にも、聖遺物を証として用いたことについて、さまざまな資料を用いて論じる。

第3章では、第2章と同じ時期の農村集落や都市に目を転じて、各地の修道院や教会に納められた聖遺物に、さまざまな身分の人々がそれぞれの願いをもって熱狂的に参拝したことを論じる。地域社会の聖俗の人々が、どのように聖遺物を礼拝したのか、近年研究が進んでいる聖遺物の移動、いわば聖遺物の旅について、具体例を紹介しながら論じてゆきたい。

第4章では、聖遺物への礼拝や聖遺物を用いた儀礼、聖人や聖遺物の社会的な働き、聖なる空間が創出されていった経緯について、詳細な史料が残っているクリュニー修道院とモワサック修道院の事例を取り上げて論じる。修道院は巡礼教会と違って、修道士たちが世俗から離れて修行に専念する脱俗的な聖域であるが、修道院が実際に世俗社会の境界線をどのように画定して聖なる空間を創出したのか、修道院においてどのように聖人礼拝や聖遺物礼拝が育まれ、営まれ、社会に影響したかについて考察する。

第5章では、農業生産が高まって流通も活発になり、都市の発展も見られた一二世紀に、人の移動が増えて遠くの聖地に向かう巡礼が盛んになったことを論じる。イベリア半島の西端サンティアゴ・デ・コンポステラ巡礼のために書かれた『巡礼案内書』を読み解き、各地に点在していた聖地が線で結ばれ、地域の聖人の物語や聖遺物が起こす奇跡を西欧社会が広く共有していったことを論じる。同時に聖母マリア礼拝や大天使ミカエル礼拝の流行が高揚していったことについて、フランス中南部のル・ピュイやロカマドゥールを例に、古いガリアの霊場がキリスト教の聖地へと転じたことも併せて考察することとする。またサンティアゴ・デ・コンポステラの『聖ヤコブの書』に書かれた聖母マリアと聖ヤコブの奇跡物語を考察し、次第に超地域的な聖人への礼拝が広まっていったことを論じる。

　第6章では、十字軍遠征が繰り返し行われた一一世紀から一三世紀にかけて、聖人礼拝や聖遺物礼拝の力点がキリストや聖書にゆかりのある人物に移っていったことと、王や教皇がこれを促進した側面に注目する。言い換えるなら、王と教皇が権威を高めるために、聖性をどのように利用したのかを考察したい。そして王や教皇を中心とする体制が国と教会のレベルで整ってゆくのに沿って、聖人礼拝や聖遺物礼拝のあり方が変化してゆくさまを論じる。

　第7章では、一三世紀に教皇庁と王権が統治組織を確立する過程で、聖なる力をいかに用いたか、聖性がどのように変化したかを論じる。まず教皇庁が組織を拡充させ、教会法が整備され、教皇特使を通して通達が徹底するようになり、教会改革、十字軍、異端迫害などが進められたことに触れる。その結果、列聖の手続きが教皇庁の審理に統一され、聖人や聖遺物崇敬について統一規格が導入されて、画一的な聖性の共有が進むことになったことについて考察する。ついで、フランスでは国王ルイ九世が死後二〇年余りのちに列聖されて、サン・ドニ修道院の王墓が整備され、瘰癧《るいれき》治しなどが儀礼化したことを考察する。そして王の権威が聖なるものであることが示され、王権が強化していったことを論じる。

　第8章では、第7章と同じ時期に、教会が言葉を通してメッセージを末端まで伝えようとしたことを論じる。まずシトー会修道士が執筆した『奇跡に関する対話』を通して、聖なる場、聖なる人、聖なるモノを通して救済される理論がどのように伝えられたのかを論じる。ついで著名な聖人の伝記を集めた『黄金伝説』を取り上げ、ローマ・カトリック世界で礼拝されている聖人にまつわる物語や聖遺物が起こす奇跡物語などが集められ、広く共有されていったことを考察する。

第9章では、第7章や第8章で述べたように教皇庁が聖人礼拝を掌握して、均質化した聖性を定着させる動きが進む一方で、中世後期から近世に向けて信徒の自発的な宗教運動が高まりを見せ、各地の都市や村落の共同体では、地域のアイデンティティともいうべき聖人の礼拝が進んだことを論じる。そしてキリスト受難の聖遺物や聖書ゆかりの聖人への礼拝が進み、ルネサンスが近づくと信徒の自発的な宗教運動や個人的な信心業が盛んになったことにも、あわせて注目する。

イタリア都市では「市民的宗教」とも呼ばれる宗教性と社会性が一体となる傾向が指摘されており、ドイツなどアルプス以北では、宗教改革の進展とともに、教皇から自立したプロテスタント諸教会のもとで独自の信心と文化が展開してゆく。聖性の社会的・文化的な役割や聖なる力への期待が、聖俗のさまざまな次元で近世・近代にどのように移行していったのかを展望し、締めくくることとする。ヨーロッパ史について、聖性を通して考察した実験もしくは提案として本書をお読みいただければ幸いである。

「聖性」から読み解く西欧中世——聖人・聖遺物・聖域

第1章　コンスタンティヌス大帝からカール大帝へ

キリスト教聖性の醸成

巨大な円形競技場コロッセオの壮麗な姿は、ローマ帝国の栄光の日々を現代に伝えている。その大きさ、美しさ、歴史的な役割を考えると、古代ローマの遺跡の代表格といってよかろう。コロッセオは「巨大な像」を意味する俗称で、当時は「フラヴィウス家の円形劇場」と呼ばれていたようである。これは紀元後八〇年ころに、フラヴィウス家（王朝）のティトゥス帝の時期に完成したことによる。モーツアルトが作曲したオペラ『皇帝ティートの慈悲』で名を知られるティトゥス帝は、相つぐ災害に疲弊した民衆への援助に腐心したことで知られる。そのころローマ帝国は、ヴェスヴィオ山の噴火とポンペイの被災、ローマを焼き尽くした大火、疫病の流行などに見舞われていた。コロッセオでは剣闘士の試合、床に水を張った模擬海戦、猛獣狩りなどの見世物が行われ、皇帝が収容人員五万人ともいわれる巨大な客席に市民たちを招待して、大いに支持を得たという。「パックス・ロマーナ」（ローマの平和）と呼ばれるローマ帝政期に、コロッセオが市民たちの歓声と皇帝を讃える歓呼に包まれた様子は、映画『グラディエーター』や『テルマエ・ロマエ』など、娯楽作品を通して、そのイメージを共有することができる。

現在は世界遺産となっているコロッセオを訪れると、サッカースタジアムやオリンピック競技場にも匹敵する規模や、外壁を飾る列柱の美しさ、整備された地下の設備の見事さに往時のローマ帝国をしのぶことができる。見落としがちなのが、外壁に刻まれた十字架と、近世・近代の教皇たちが刻んだ碑文である。それらはコロッセオがローマ帝政期に殉教の地であったことを記念するものである。二〇世紀初頭にイタリアの作曲家レスピーギは交響詩『ローマの祭り』の第一曲「チルチェンセス」（見世物）で、ローマの円形劇場でキリスト教徒が野獣の餌食《えじき》になるスペクタクルを、強烈な音列で描いている。そのような派手な殉教の見世物が、実際に行われていたかどうか、現在では議論がある。ただ二世紀の詩人ユヴェナリウスが「パンと見世物」と風刺したように、皇帝が提供する娯楽社会のなかで、属州ユダヤの地に生まれた新興宗教キリスト教が徐々に拡大し、時折反発を受けて殉教者が出ていたことは事実である。

コロッセオは、古代ローマの中心街の遺跡「フォロ・ロマーノ」の東のはずれにあり、その二つの遺跡のあいだに（コロッセオから見て西側）、コンスタンティヌス帝の凱旋門がそびえている。ローマの将軍や皇帝たちは、勝利を記念して円柱や凱旋門を建てたが、コンスタンティヌス帝の建てた凱旋門は最大級のものである。高さ約二〇メートル余、幅は約二五メートルの巨大なモニュメントは、コロッセオの隣にあるために印象としては損をしているかもしれない。また研究が進むにつれて、凱旋門の建築の際に既存の建造物を再利用したことが明らかになり、建物としてのオリジナリティも相対化されている。しかし凱旋門の建築は、コンスタンティヌス帝が政敵マクセンティウスに勝利し、ローマ帝国の西部分を統治する皇帝となった記念に建てられたこと、そしてコンスタンティヌス帝が宗教寛容令（キリスト教公認）を発してキリスト教に接近したことを考えると、その歴史的意義はコロッセオに劣らない。ローマ帝国はキリスト教化してゆき、「皇帝の慈悲」も市民への振る舞いから、幅広い慈善活動へと意味合いを変えてゆく。そして皇帝から公認されたキリスト教も変化した。礼拝の場である聖堂は壮麗な建物となり、ローマの伝統的な習慣をとりいれ、皇帝や有力者との関係を密にするなど、「社会性」を帯びてゆく。

やがてローマ帝国にゲルマン諸民族が移動、定着し、弱体化した帝国西部では皇帝が五世紀に廃位となって、西ヨーロッパにはゲルマン諸国家が建てられる。しかしローマの文化、言語、法律はゲルマン人に受け継がれ、キリスト教と教会もゲルマン人に浸透していった。ゲルマン人のなかでも、フランク王国ではクローヴィス王以下家臣たちがローマ・カトリックの洗礼を受け、既存の教会や修道院は存続し、それらが社会に及ぼす聖なる力もゲルマン社会に継承された。とくに西ヨーロッパでは聖遺物への礼拝が強まり、高名な聖人たちの墓を納めた教会で、高貴な人から民衆に至るまで多くの人々が祈りを捧げた。それは病気の治癒、戦いの勝利、権力のステータス、災害除け、悪魔祓いなど、ローマ人たちが聖なる場所で聖なるモノに願っていた信心が継続、拡大してゆくものといってよい。

コンスタンティヌスの凱旋門

そして八〇〇年にフランク王カールはローマ教皇レオ三世から三〇〇年余のあいだ不在だった皇帝の冠を受け、教会と連携してキリスト教王国を築いてゆく。ここに中世ヨーロッパ独特の「祭壇と玉座の提携」の端緒がみられ、教会が社会のさまざまな側面で重要な役割を果たす中世社会が始まる。そして社会の軸となる教会は、聖人の棺（聖遺物）を納める聖なる場所として社会の軸の一つとなり、教会の聖なる力を社会が享受する時代が訪れる。

本章ではコンスタンティヌス大帝、クローヴィス、カール大帝など君主たちと聖なる力の関わりを通して、古代から中世への移行期のヨーロッパ社会を考察する。

1 コンスタンティヌス帝——聖人・聖遺物・聖域の重視

ローマ帝国でキリスト教の教会が次々と建てられ、宗教儀礼が社会現象として活発になるのには、コンスタンティヌス帝による宗教寛容政策が契機となったことはよく知られている。ただローマ帝国がキリスト教との連携に大きく舵を切った経緯を伝える史料の多くは、キリスト教の高位聖職者が執筆したものであるために、記述の公正さについては議論が絶えない。「ミラノ勅令」と呼ばれる宗教寛容令の布告や、コンスタンティヌス帝の洗礼について、疑念を向ける研究がある。寛容政策以前の「迫害」の実態についても、同様にさまざまな議論がある。とくにコンスタンティヌス帝の一世代前のディオクレティアヌス帝が行ったとされる「大迫害」を伝える証言は、後世のキリスト教側による史料が大半で、それが大規模で徹底的な迫害だったかどうかは疑問視されている。

コンスタンティヌス帝（ハギア・ソフィア大聖堂のモザイク）

ただ、コンスタンティヌス帝がキリスト教会と密接な関係を持ち、多くの教会を建て、公会議を開催し、聖職者や修道士が活発な活動を始めたことは事実である。また母后ヘレナ（イレーネ）は熱心なキリスト教徒であったといわれ、エルサレム巡礼を行うなど聖人礼拝や聖遺物崇敬を行っていたとも伝えられる。ここでは公認されたキリスト教が広くローマ社会との関わりを持つにつれて、上流階層のみならず多くの民衆が入る壮大な教会が各地に立てられ、聖人や聖遺物への信仰が諸身分のあいだで高まっていったことを論じる。

コンスタンティヌス帝の勝利とキリスト教公認

三一三年に宗教寛容令（いわゆるミラノ勅令）を発した時、コンスタンティヌス帝はローマ帝国全体を統治する皇帝ではなく、西半分を統治していた。少し遡って三世紀の終わりに、「大迫害」を行ったといわれるディオクレティアヌス帝は帝国を四分割して、四人の皇帝が分担して統治する体制を始めた。厳密にいうと帝国は東西に二分され、東西それぞれ正帝と副帝が統治する四分統治（テトラルキア）となっていた。

コンスタンティヌスは西帝国の正帝の子として生まれた。帝国はディオクレティアヌス帝が没すると混乱の度合いを深め、コンスタンティヌスは権力争いのなかで父のあとを継承できず、三〇六年に副帝として承認された。乱世を生き抜くべく、コンスタンティヌスは東の正帝リキニウスと連携し、西の正帝マクセンティウスと対立し、戦いに及んだ。コンスタンティヌスは各地で勝利を収めてマクセンティウスが座するローマに迫った。

ミルウィウスの戦いで勝利したコンスタンティヌス（1520年ころ、ジュリオ・ロマーノ画）

そして三一二年の一〇月に、ローマ近郊のテヴェレ川にかかるミルヴィウス橋で両者の決戦が行われた。コンスタンティヌス帝の同時代に活動したカイサレイア司教エウセビオスが著した『コンスタンティヌスの生涯』には、決戦に挑むコンスタンティヌスについて、つぎのような有名なエピソードが記されている。

真昼の太陽の頃で、一日がすでに午後になり始めていた頃、コンスタンティヌスによれば、彼はまさしく己の目で、ほかならぬ天に、太陽のうえに懸かる、その形状が光で示された十字架のトロパイオン（勝利の軍旗？）を目にされたのです。そこには「これによりて勝利せよ」と書かれておりました。彼と兵士全員がその光景を見て驚愕しました……（その夜コンスタンティヌスの夢に）神のキリストが、天空に現れたしると一緒に現れ、彼に天空に現したしるしの写しをつくり、これを敵の攻撃から身を守る護符として使用するよう勧められたのです。（秦剛平訳、以下同じ、丸カッコは引用者による添え書き）。

朝になってコンスタンティヌスはこの幻を周囲に話した。そして

ご自分の問いかけに答えてくれるもの（著者エウセビオスを含む聖職者たち？）を招集されました。彼らは、その神は唯一の神の、ただ一人生まれた子であり……と詳しい説明をしたのです。コンスタンティヌスはこれらの説明を学ぶと同時に、ご自分の目で見ることになった神顕現に驚き、そして天の幻についてなされた説明に照らして、決然と気持ちを固められたのです。これらの知識が神の教えとして自分に伝えられたと得心したのです。そして彼は今や、神の霊感を

受けた文書（聖書？）に触れてみようと考えられました。神の祭司たちをご自分の顧問官に任命すると、彼はご自分に現れた神をあらゆる儀式でもって敬意を払う必要があると考えられたのです。

不思議な幻を白昼と夢に見て、聖職者から絶対神からのメッセージであることを知らされ、キリスト教信仰（少なくとも理解）に向かうコンスタンティヌスの様子が記されている。もちろん執筆者である司教エウセビオスのバイアスがかかった記述であることは前提としなくてはならない。しかし聖職者が皇帝の側近として政策決定に加わり、キリスト教の神に対する「儀礼」が行われるよう皇帝が取り計らったとするのは、歴史記述として興味深い。

ついでコンスタンティヌス帝は金や宝石を使ってそれを模したものを作るよう命じた。そして出来上がった十字架に、「キリスト」の名を意味するギリシア語アルファベットのPとXを交錯させたしるしをつけ、兜にとりつけた。のちにコンスタンティヌスは「つねにこの救いのしるしを、全敵勢力に対する護符として用いられました。彼は十字架を模した物を全軍の先頭に立たせるのだ、と命じられました」。

教会を保護する皇帝

コンスタンティヌスがキリスト教に接近するきっかけが、幻であったにせよ目に見える標《しるし》であったように、神を象徴とするモノを作らせて、これを勝利のために用いたことに注目したい。コンスタンティヌスがキリスト教に改宗したかはわからないが、少なくとも彼は勝利のために用いる神聖なモノとしてキリストの十字架を選択し、それ以後ローマの軍はこれを掲げることになったのである。彼の軍は神が認めた軍となり、戦いで得られた皇帝の位は神によって承認され、その経緯を聖職者が伝える、という中世の西ヨーロッパの聖俗関係のひな形がここに見られるといってよい。

ただ、聖職者の世俗の君侯に対する力は中世の西ヨーロッパほど強いものではなく、皇帝が教会政策を主導した可能性が高い。コンスタンティヌス帝は三二四年に東の正帝リキニウスを倒してローマ帝国の単独皇帝となると、さっそく三二五年には小アジア半島のニカイアに公会議を開き、キリスト教の教義や教会を統一することを試みた。使徒たちが布教を始めて三〇〇年が経ち、異端的な教説を唱える教派も出現するようになり、教義、儀式、組織を一つにする必要が生じたのである。また帝国の統一を図るコンスタンティヌスにとって、キリスト教(教会)を一枚岩にすることは急務であった。エウセビオスの『コンスタンティヌスの生涯』によると、皇帝はローマ帝国各地の司教たちをニカイアの公会議に召集し、司教たちから最上位として敬われ、たびたび会議を主導する意見を述べ、開会と閉会の辞を述べたという。

またコンスタンティヌス帝は、各地に壮麗な教会を建てるべく援助を行った。すなわち聖なる儀式を行う聖なる場所を創出したのである。ちなみにキリストとその弟子たちは、儀式を行うために聖なる場所を選ぶことはなかった。コンスタンティヌスの公認によって、聖性の可視化が加速化してゆくさまがわかる。

コロッセオから東に二〇分ほど歩いたところに、サン・ジョヴァンニ・イン・ラテラノという大きな教会がある。「サン・ジョヴァンニ」はこの教会の洗礼堂が、キリストに洗礼を授けた洗礼者ヨハネ(ジョヴァンニ)に捧げられたことにちなむ。「ラテラノ」は、ここがローマ帝政期にラテラヌスという有力者の邸宅があった場所であったことに由来する。コンスタンティヌス帝はマクセンティウスに勝利したころにこの地を獲得し、キリスト教徒に与えたといわれる。そしてローマ市内最古の教会とされる聖堂が建てられた。献堂式は三二四年に、キリスト教公認時の教皇シルヴェステル一世によって行われた。この聖堂はヴァティカンのサン・ピエトロ大聖堂などと並んでローマの四大聖堂の一つとして重要視されてゆく。加えてコンスタンティヌスは、大聖堂に隣接して洗礼堂も建立した。大聖堂が近代になって大規模な改修が加えられたのに対し、洗礼堂は古代ローマの姿をいまにとどめている。さらにコンスタンティヌスは教皇が居住する宮殿も建てた。ここには歴代の教皇が居住し、中世には公会議が開かれるなど、教会政策の中心となった。

　ラテラノがローマの東に位置するのに対し、ヴァティカンはローマの西にある。ローマの旧市街からはテヴェレ川を渡った場所にあるため、ヴァティカンはコンスタンティヌスの時代にはローマの中心部から離れた郊外であった。そこにラテラノと並ぶ聖堂を建てることをコンスタンティヌスが願ったのは、そこに使徒ペテロの墓があったからといわれる。ヴァティカンはペテロの殉教地といわれることもあるが、ペテロはヴァティカンから南に二キロほど離れたジャニコロの丘で殉教した可能性が高い。そこにはサン・ピエトロ・イン・モントリオ聖堂が建てられ、一六世紀初頭には

サン・ジョヴァンニ・イン・ラテラノ大聖堂

ペテロの殉教（1540年代、ミケランジェロ画）

ヴァティカンの丘とサン・ピエトロ大聖堂

ヴァティカンの地下にある聖ペテロの墓

殉教者記念礼拝堂をルネサンス建築の第一人者ブラマンテが設計し建築した。

いずれにせよテヴェレ川の西側には、キリストの一番弟子（初代教皇）ペテロをはじめとする殉教者を記念する区域があり、コンスタンティヌス帝は迫害時代の殉教者礼拝を引き継ぐかたちで聖堂を建てたともいえる。とくにサン・ピエトロ大聖堂は、初代教皇ペテロの墓の上に祭壇がおかれ、巨大なバシリカ様式の聖堂であった。やがてローマは、キリストの墓のあるエルサレム、使徒ヤコブの墓のあるサンティアゴ・デ・コンポステラとならぶ三大巡礼地の一つとなる。聖なる人の墓（聖遺物）への信仰と埋葬された教会への巡礼は、次第に信心業の中心としてエスカレートしてゆく。なお現在のサン・ピエトロ大聖堂は、一六世紀にブラマンテとミケランジェロの設計で改築されたものである。

2　聖遺物礼拝の高揚

キリスト教迫害期には、キリスト教信徒のなかで殉教者ゆかりの品を記念し、殉教者の墓を礼拝する習慣があったことは前述した。キリスト教が公認されると、サン・ピエトロ大聖堂をはじめとして殉教者の墓の上に立派な聖堂が建てられ、その遺体を参拝する習慣が広まっていった。聖人の遺体やゆかりの品を礼拝する聖遺物礼拝が、キリスト教が広まるにつれて身分の上下を問わずにエスカレートしていった。これは中世にも受け継がれ、西ヨーロッパすなわちローマ・カトリック世界では信心や典礼の中心とも言うべき位置を占めるようになる。

とくに肉体とともに天国に上がったキリストゆかりの品（聖遺物）は重視され、とくに受難にまつわる聖遺物を保有することは、権威のステータスとされた。これはコンスタンティヌス帝の母ヘレナ（イレーネ）が、エルサレムで真の十字架（キリストが磔になった十字架）を発掘した、とする伝承が一つの契機となったといってよい。キリスト受難の象徴ともいうべき十字架は、迫害期には殉教者や信徒の墓に刻まれることはあっても、描かれて示されることは少なかった。コンスタンティヌス帝が幻で勝利の十字架を見たとされる記述は、公認後に書かれたものである。十字架の形がキリストの受難と贖罪《しょくざい》の象徴として特化されるようになった契機は、三三七年にコンスタンティヌス帝が磔刑《たっけい》を禁止したことといわれる。そしてヘレナによる真の十字架発見の伝承は、十字架礼拝を促進したといえる。

ヘレナによる「真の十字架」の発見（14世紀、アニョーロ・ガッディ画）

ヘレナの十字架発見と権威の象徴としての聖遺物

コンスタンティヌスの母ヘレナは二五五年ころに、小アジア半島北西部のビテュニアに生まれた。やがて息子が帝位につき、キリスト教を公認すると、ヘレナはキリスト教徒になったといわれる。そして三二四年にキリスト受難の地に参拝する聖地巡礼団に加わって、エルサレムに赴いた。その際に、キリストが磔になったゴルゴタの丘の地下から、真の十字架を発見したと伝えられる。

この伝承は徐々に広まっていった（広められた）ようで、十字架の形は受難の象徴として、あるいはキリスト教信仰のしるしとして、各地の教会に浸透していった。六世紀前半にガリア（現在のフランス）のトゥール司教グレゴリウスが執筆した『歴史十巻』に、ヘレナの十字架発見の記述があることから、この逸話は西ヨーロッパの教会にも伝わっていたことが窺える。

五世紀前半にコンスタンティノープルで活動したソゾメノスの『教会史』によると、ヘレナは十字架の小片と、同時に発見した釘などキリスト受難ゆかりのモノを聖遺物として持ち帰ったという。受難の聖遺物は、コンスタンティヌス帝が遷都したコンスタンティノープルの宮廷に、皇帝の宝として長く保管される。そして六世紀の後半に、皇帝ユスティノス二世は宮廷に聖なる礼拝堂を建て、そこに受難の聖遺物を安置した。いわば「三種の神器」のように、これらのモノは神聖な皇帝権の証として継承されることとなる。言い換えると、権威ある人に守られ礼拝されてきたということが、「本物の」聖遺物である証と考えられたといってよい。

キリストゆかりの品だけでなく聖人の遺体についても同様で、それが聖なる力を持つ聖遺物であることを証明するのは、聖なる場で古くから礼拝されていること、聖遺物が豪華な容器に納められていること（聖人の生涯が描かれたり、聖遺物の名札が付けられたりする）、聖俗の権威ある人による伝承が書かれたこと（聖人伝、殉教録、奇跡録、移葬記、巡礼案内）などである。中世に聖遺物礼拝が流行すると、教皇など高位聖職者が真贋《しんがん》を鑑定することもあった。また中世には、地元共同体の承認もまた、聖遺物が「本物」である証となった。

民衆たちと聖遺物

皇帝権の象徴となったキリスト受難にまつわる聖遺物だけでなく、殉教者をはじめとする聖人たちの聖遺物も、各地の教会で民衆たちの崇敬の対象となっていった。四世紀末にミラノのサン・タンブロージョ教会で、殉教者の聖プロタシウスと聖ゲルヴァシウスの遺体が奇跡を起こしたという記述を、ミラノ司教アンブロシウスや教父アウグスティヌスらが残している。

教父アウグスティヌスは、著書『神の国』第二二巻の第八章を「世界がキリストを信じるために起こった奇跡について」と題し、聖遺物にまつわる多くの奇跡と当時の人々の熱狂を記述している。アウグスティヌスは三五四年に北アフリカのタガステで生まれ、母と前述の司教アンブロジウスの影響のもとで三〇才を過ぎてキリスト教に改心し、ミラノで洗礼を受けた。その後、修道院生活を経て北アフリカのヒッポの司教となり、多くの著作を記した。それによると、この殉教者プロタシウスとゲルヴァシウスは双子の兄弟で、一世紀のネロ帝の迫害で殉教し、ミラノ最初の殉教聖人となった。その後しばらく存在が忘れられていたが、キリスト教公認後の三八六年にミラノの司教アンブロシウスが夢でお告げを受け、郊外の聖堂で二人の遺骸を発見した。そしてミラノ市内の現サン・タンブロージョ教会の祭壇下に移葬すると、たちまち病気治癒の奇跡を起こしはじめたため、礼拝の対象となったという。ここに中世に多く書かれた、聖遺物の発見、移葬、奇跡物語の祖型をみることができる。

聖プロタシウスと聖ゲルヴァシウスの聖遺物

『神の国』第二二巻には、使徒であり殉教者ステファヌスの聖遺物が起こした多くの奇跡を伝える記述もある。第八章ではステファヌスの遺体（聖遺物）が北アフリカに運ばれた時の様子を、つぎのように伝えている。

栄光ある殉教者ステファヌスの聖遺物が、司教プラエイェクトゥスによって運ばれて、アクアエ・ティビリナエについたとき、多くの人々が群れをなして集まってきた……この高名な殉教者の聖遺物は、ヒッポの植民地に近いシニスティスの城に置かれた……ところでこの司教は長いあいだ腫物に苦しめられていて、かれの親密な友人である医者によって手術されるのを待っていた。ところがその聖なる荷物を運んでいるうちに突然それが癒されたのであった。実際それ以後は彼の身体に腫物は見られなくなった。（服部英次郎、藤本雄三訳。以下同じ）

ここには遺体に直接触れたという記述がないので、棺に触れるか行列に加わっただけで、聖遺物の力は発揮されたということになる。のちに数多く書かれる聖遺物の移葬記には、聖遺物が通過すると、周辺の人の病が癒される物語が多く記される。

またエレシイシヌスという名の護民官が、病気で死んだ幼い子を聖遺物が安置されている礼拝堂に置いて祈ったところ、子供が生き返ったという物語がある。死んだ子供を聖人の墓（もしくは祭壇）前に抱きかかえて祈り、これが蘇生するという話は中世の奇跡物語の定番となってゆく。さらに多くの奇跡譚を記すなかでつぎのように述べる。

このように現在においても、（聖書で多くの奇跡をおこなった）神が、みずから選んだ人々によって、またみずから選んだ仕方によって、多くの奇跡を行っておられる。しかし、いま行われている奇跡は以前のそれのように広く知られていないし、いわば指から落ちる砂利のように記憶からこぼれ落ちることのないよう、頻繁に読んで心に刻まれることもない。

これはアウグスティヌスの執筆意図を示した部分であり、奇跡物語によって神の力を伝えることと、それが忘却されないよう文言に残すということであろう。そして続く第九章は「キリストの御名によってなされる殉教者の奇跡は、かれらのキリストへの信仰を明かすものである」と題し、奇跡のメカニズムについてつぎのように記している。「殉教者たちによってなされたといわれるもの（奇跡）は、彼ら（殉教者）の祈りに（神が）応えられたものであって、彼ら自身が起こしたものではない。それとも、ある奇跡は……人間の理解をまったく超えた仕方で起こったのかもしれない」。

これは教会による聖遺物や聖人による奇跡のメカニズムの正統的な説明といってよい。すなわち神が聖遺物（聖人）を通して信仰ある人に対して奇跡を起こすのであって、聖遺物が自ら奇跡を起こすのではない、ということである。ただ中世に聖遺物礼拝がエスカレートし、巡礼が流行した時の記録には、聖遺物の効力に望みを託し、聖遺物に奇跡を起こすように強要し、聖遺物の効力の優劣を競う人々の姿が描かれており、上記のような教会の公的な見解がどこまで浸透していたかは疑問が残る。

最初の殉教者ステファヌスの遺体発見（1500年ころ、ブリュッセル）

3　ローマからフランクへ――キリスト教聖性の継承

フランク王クローヴィスの洗礼と聖人礼拝

アウグスティヌスが『神の国』を執筆しているころ、ローマ帝国の西部分（いわゆる西ローマ帝国）は、ゲルマン諸部族が移住し、社会は混乱していた。彼が司教を務めていた北アフリカのヒッポの町もゲルマン人のヴァンダル族によって包囲された。アウグスティヌスは町が包囲された状態で、四三〇年に没した。それから四〇年ほどした四七六年に、西ローマの皇帝ロムルス・アウグストゥルスはゲルマン人の傭兵隊長オドアケルによって廃位され、皇帝が不在となり、ゲルマン人の諸部族が次々と国づくりを進めた。

そのなかで、やがて西ヨーロッパの中心勢力となるフランク王国は、クローヴィス王のもとでガリア（現在のフランス）に定着し、故地である現在のオランダ・ベルギーから徐々に南方へと領域を広めていった。その様子について、およそ一〇〇年後にトゥールの司教を務めたグレゴリウスが、『歴史一〇巻』のなかで詳しく記述している。グレゴリウスはローマ人貴族の家に生まれ、長じて聖職者になるとともに、フランク王に忠実につかえた人物であり、ローマ文化がゲルマン社会に浸透する時期を象徴する一人ともいえる。

クローヴィスの洗礼（15世紀、エノー年代記）

グレゴリウスはクローヴィス改宗の経緯について、第二巻の第二九章から第三一章にかけてつぎのように記している。クローヴィスは、キリスト教徒である妃クロティルデから、異教の神々と偶像への崇拝をやめてキリスト教に改宗するよう薦められ、なかなかこれに応じないことが語られる。ついで、アラマン人（ライン川上流に拠点を置くゲルマン人の一派）との戦いで、クローヴィスの軍勢が危機に陥り、絶体絶命のクローヴィスはつぎのようにキリストに助けを願ったという。

クロティルデが、生きる神の息子であると説いているイエス・キリストよ。困っている者に援助を与え、あなたに望みを置く者に勝利を与えると言われているイエス・キリストよ。私は心からあなたの光栄をお願いします。もし私にこれらの敵に対する勝利を恵んでくださるなら、そして私が、あなたの名によって清められた人々が、あなたについて認めたと説いているあの奇跡の力を体験したならば、私はあなたを信仰し、あなたの名によって洗礼を受けましょう。

（兼岩正夫、臺幸夫訳、一部改。以下同じ）

するとたちどころにアラマン人は敗走し、アラマン人の王は討ち取られたという。

コンスタンティヌス帝は十字の印によって勝利したという記述であったが、クローヴィスは赤裸々にキリストに助けを求めて受洗を宣言するという記述になっている。いずれの記述も聖職者による視点で書かれ、キリストが戦いの勝利と権力者の政策転換（キリスト教保護）をもたらしたことを強調している。クローヴィスが洗礼を決意したことを受けて、王妃クロティルデはランスの司教レミギウスを招き、王にキリスト教の教えを説いて洗礼の準備をさせた。そして四九六年にクローヴィスは三〇〇〇人の家臣とともに、レミギウス司教から洗礼を受けた。

最初に王が司教によって洗礼を受けることを懇願した。彼がハンセン病を癒され、昔から持っていたけがれた行いから新鮮な水で清められるため、新しいコンスタンティヌスとして洗礼盤へと進み出た……そこで王は、三位一体による全能なる神を信じることを告白し、父と子と聖霊の名において洗礼され、キリストの十字架の印により聖油を塗られた。そして彼の軍隊のうちの三〇〇〇人以上のものが洗礼を受けた。

ゲルマン人は古くから多神教を信じるか、ニカイア公会議で異端として追放されたアリウス派のキリスト教を信じていた。クローヴィスが洗礼を受けたことで西ヨーロッパで唯一のカトリック王権が誕生したことを、グレゴリウスはコンスタンティヌス帝の名を出して、その業績を意識して記述している。実際にクローヴィスは、ローマ人の拠点都市パリに王国の拠点を置き、ローマの法体系、徴税システム、軍事制度などを引き継いで、運営面で聖職者を登用した。ラテン語を公用語とし、ローマ・カトリックを信仰するなど、ローマの継承者として地元ガリアのローマ人たちの統治を円滑にしたのである。そして聖人や聖遺物への礼拝も行ったさまを、グレゴリウスは西ゴート王国との戦いのエピソードとしてつぎのように記録している。

その当時ガリア南部からイベリア半島を西ゴート王国が支配していて、アリウス派キリスト教を信じるアラリック二世のもとで強大化していた。五〇七年、クローヴィスは西ゴート王国との決戦にのぞむべく軍を南に進めた。この戦いに向かう途上で、クローヴィスは戦勝をトゥールの聖堂に葬られているマルティヌスに祈願した。お布施を家臣に持たせるクローヴィスについて、グレゴリウスはつぎのように記している。

そこで彼らが聖なる場所にそなえるべき捧げものを与えて、王は言った「主よ、もしあなたが私の援助者であるならば、そして不信仰で常にあなたの敵である民族を私の手に渡すことをすでに決定されたならば、あなたはあなたの下僕に恵深くあらせられることを私が知りうるように、聖マルティヌスの聖堂へ入るときお示しくださいますように」。（第二巻第三七章）

そして王の使いがマルティヌスの聖堂に入ると、聖歌隊は戦勝祈願の歌を歌い、王はこれに感謝したという。

マルティヌスに戦勝を祈願したクローヴィスは、ポワティエの近郊ヴィエで勝利をおさめ、西ゴート王アラリックは戦死した。そして南仏の西ゴートの都トゥールーズまで進軍した。そしてパリに凱旋する途上でトゥールの聖マルティヌスの聖堂に立ち寄り、「たくさんの供物をささげた」（第二巻第三七章）。

トゥールの聖マルティヌスの聖遺物を移葬・安置する司教（上）と礼拝する王族（下）（14世紀）

マルティヌスとは、四世紀にトゥールで司教を務め、キリスト教布教を盛んに行った人物で、死後まもなく書かれた伝記は、生前と死後に彼が起こした数多くの奇跡を記している。とくに病気治癒の物語が広まり、トゥールの聖堂にある墓は、奇跡を求める人々を集め、巡礼地になった。クローヴィスによって、マルティヌス礼拝もローマ人からゲルマン人に継承されたのである。

ビザンツ皇帝からローマ教皇に
贈られた「真の十字架」

王妃ラドゴンドと真の十字架

クローヴィスが五一一年に没すると、王国はフランク人の慣習に従って子供たちに分割された。その一人クロタール一世に嫁いだラドゴンドは、宮廷を去ってポワティエに女子修道院を建てた。彼女は修道女として敬虔《けいけん》な生活を営む一方で、フランク王国の平安と発展のために、コンスタンティノープルの宮廷から真の十字架の欠片《かけら》をはじめとする貴重な聖遺物を譲り受け、死後は聖女として礼拝の対象となった。

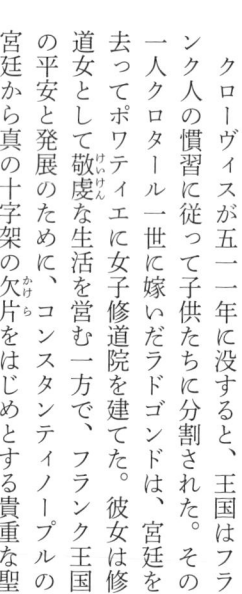

ラドゴンドの伝記は二種類あり、いずれも生前のラドゴンドを知る人物によって、五八七年の没後ほどなく書かれたものである。さきに書かれた伝記（『第一伝記』）は、ローマ人で六世紀を代表するラテン語文筆家ヴェナンティウス・フォルトナートゥスによるもので、眼病の治癒祈願のためトゥールのマルティヌスの墓に詣でたのち、ポワティエ（トゥールの一〇〇キロほど南）を訪れて、晩年のラドゴンドと面識を持った。つぎに書かれた伝記（『第二伝記』）は、ラドゴンドと修道院でともに暮らした修道女バウドニヴィアによるもので、『第一伝記』を補完すべく、おそらく六〇九年から六一四年に書かれた。

『第一伝記』は、全体としてラドゴンドの修道女としての敬虔さを強調している。ラドゴンドはゲルマン人の一部族テューリンゲンの王女で、故郷がフランク人に討伐されると、フランク王クロタール一世の宮廷に連れてこられた。そしてクロタール王の妃となる。しかし「地上の君主と結婚したけれども、天上の君主から離れはしなかった」（第三章。橋本龍幸訳、以下同じ）とあるように、宮廷にありながら質素で敬虔な生活を営んでいた。そして実の弟がコンスタンティノープルへの亡命をはかって王に抹殺されると宮廷を去る決意を固め、ノワイヨンの司教メダールを訪ね、修道女となる願いを伝えた。司教はためらったのちにこれを受け入れ、ラドゴンドは俗世を捨てた。

彼女はまずトゥールを訪れ、「聖マルティヌスの住居や廟や聖堂を訪れ、とめどなく涙を流して泣き、それぞれの建物の入口のところで平伏したことか。そこでミサが唱えられると、彼女は宮廷で煌《きら》びやかに身を飾っていた衣服や装飾品を聖なる祭壇に積み上げた」（第一四章）。聖マルティヌス礼拝が、ローマ時代から継続して盛んに行われていたことを示している。

ついで『第一伝記』はラドゴンドが修道院を建て、そこで厳しい修行生活を営む一方、数多くの奇跡を行ったことを記している。多くの治癒奇跡のほか、悪魔祓い、自然災害の克服、囚人の解放などであり、それらはマルティヌスの奇跡と類似するものが多い。

『第二伝記』もラドゴンドの修道生活や奇跡を記しているが、「平和を願い、祖国のため心を配っていた」（第一〇章）姿が大きく補完されている。そのため多くの聖遺物を収集したことがつぎのように書かれている。西ヨーロッパの聖遺物収集としては、最初期のものといえる。

修道院に入ったのち、彼女は数多くの聖遺物を信仰深いものから集めた。こ

（上）聖メダールに俗世を離れることを懇願するラドゴンド、（下）誓いを立てるラドゴンド（12世紀の写本、ポワティエ市立図書館蔵）

れは東方の人々が証言し、北や南や西の人も公言している。それというのも彼女は篤い信仰によって、楽園が保持し天国が保護している貴重な宝物を贈り物として至る所から手に入れ所有したからである。彼女はそれらの聖人とともに絶え間なく瞑想を続け、聖歌や詩編を歌っているように思えた。（第一四章）

興味深いのは、ラドゴンドがエルサレムに安置されている殉教者マンマスの遺体を所望した件である。彼女は司祭をエルサレム大司教のもとに送り、願いを伝えた。すると大司教は殉教者の遺体に向かって、「あなたの聖遺骨のうち、彼女が求めているものを、彼女の敬虔な魂が受け取ることをお認めください」（第一四章）といって右手の指に触れると小指が動き、司教が引くと指が手から取れた。司教はこれをラドゴンドに贈ったという。本来は認められない「分骨」が行われていて、聖遺物の「部分」も「全体」と同じ力を持つとみなされ、やがて拡散がエスカレートしてゆくのである。このあたり、仏舎利《ぶっしゃり》とよく似ている。

そして彼女の聖遺物収集のうち最も重要なこととして、五六八年にコンスタンティノープルの皇帝にキリストの聖なる十字架の分与を願ったことが語られる。『第二伝記』は第一六章でまず、「ヘレナが東方の地でなしたことを、聖なるラドゴンドはガリアで行った」と、十字架を発見したヘレナにたとえている。そしてフランク王シギスベルト（元夫クロタール一世の息子）に書簡を送り、祖国すべての安寧と王国の安泰のために、彼女が主の十字架を皇帝に求めるのを認めてくれるよう請願した」（第一六章）。そしてラドゴンドは「主の十字架の聖なる木片と、東方が保持していた聖人たちのたくさんの聖遺物を手に入れたのである」。

フランク王国のみならず、ゲルマン諸王は、貴重な聖遺物を保有することで権威を高めることを目論んだ。イタリア半島を支配したランゴバルト人が、キリスト磔刑の際に使われたとされる聖なる釘を入れた王冠を作成したのはその一例である。

4 カール大帝の教会政策――中世キリスト教の聖性の展開

カロリング朝フランク王国と教会

クローヴィス以来、メロヴィング家が一貫してフランク王を輩出してきた。しかし七世紀に入ると、メロヴィング朝フランク王国ではカロリング家が台頭して、ピピン一世が宮宰として家臣の第一の座を獲得するとともに、王国の東部を実質的に統治するまでになった。

トゥール・ポワティエ間の戦い（1837年、シャルル・ド・スチューベン画）

八世紀になると、カロリング家のカール・マルテルは宮宰の地位を継ぐとともに、自らの家臣を増やし、十分に武装させるなど軍団化をはかった。そして北アフリカからイベリア半島の西ゴート王国を制圧したイスラーム勢力が、ピレネー山脈を越えてフランクの地に侵入してきた際に、これを迎え撃ったことはよく知られている。そして七三二年にトゥールとポワティエのあいだでイスラームとフランクの戦いが行われ、カール・マルテルはこれに勝利した。そののちも戦いは続き、彼は七三八年ころまでにフランク領内に侵入したイスラーム勢力を駆逐した。

カール・マルテルはフランク王国における実質支配者となったが、メロヴィング朝の王位を簒奪《さんだつ》することはしなかった。ただ、メロヴィング朝フランク王テオドリック四世が没したのちに王座が空位のままであったのは、王朝交代へ向かう準備であったのかもしれない。

七四一年にカール・マルテルが没すると、遺言によって二人の息子（カールマンとピピン）が宮宰となって、王国を二分統治した。その後国内に起きた内紛を収束させるため、七四三年にメロヴィング家のテオドリッヒを王として即位させた。七四七年に突然カールマンが修道院に隠遁《いんとん》したことで、ピピンが実質的な王国の単独統治者となった。これに抵抗する勢力も大きく、安定統治にふさわしい権力と権威が必要になって、ピピンは王位に就くことをめざしたとも思われる。

ピピンは王座を簒奪するのでなく、正当に王位を継承するものであることを、教会（あるいは神）の権威によって示すこととした。ピピンはまずヴュルツブルク司教のブルヒャルトと宮廷司祭フルラートを教皇ザカリアスのもとに派遣し、王の権力を持たないものがフランクの王位にあることは良いかどうかと尋ねた。教皇は、秩序が乱れないようにピピンが王となるべきであると回答した。教皇のお墨付きを得たピピンは、貴族たちの同意を得て、七五一年にソワソン（パリ北東約一〇〇キロの町）で大司教ボニファティウスによる即位式を行った。メロヴィング朝の王テオドリッヒは廃位されて、サン・ベルタン修道院で余生を過ごした。

ピピンの即位式では、聖なる油を王の体に塗る「塗油儀礼」が行われた。これは歴代のメロヴィング朝フランク王は行っておらず、はじめて宗教儀礼によって即位が正当化されることになった。なおキリスト教公認後のローマ帝国でも、皇帝が教会によって即位を正当化されることはなく、基本的には家臣や民衆の同意によって承認されてきた。

西ヨーロッパの王権はこれ以来、教会（聖職者）によって神聖な権威であることを示されることになり、聖俗権力が一体となった西欧中世の社会が始まる。聖なる即位であることを示すためには、聖職者の承認だけでなく、聖なる場で聖なるモノによって行われる儀式が必要であったことも重要である。ピピンに始まるカロリング朝フランク王は、教会と信仰の保護者として、キリスト教王国を統治する使命を帯びるのである。

教皇ザカリアスがピピンの王位を認めた背景には、当時イタリア半島で力を拡大していたゲルマン人のランゴバルト王国と教皇が対立していて、ピピンに援助を求める意図もあったと推察される。つまり最初の段階から教皇とピピンはウィンウィンの取引をしていたと思われ、これは中世の聖俗関係の基軸となるコンセプトともいえる。七五三年に教皇ステファヌスは教皇として初めてフランクの地を訪れ、冬のあいだパリ近郊のサン・ドニ修道院で過ごした。そしてピピンと王妃、さらに王位継承権のある二人の王子に塗油し、神聖な王権であることを改めて確認した。そしてピピンは七五四年から七五五年にかけてイタリア半島に遠征してランゴバルト王の軍を破り、七五六年の再遠征ではランゴバルト王国の土地の一部を教皇に寄進した。王と教皇の相互関係はますます密になってゆく。

カール大帝と聖遺物礼拝

七六八年のピピンの没後、フランク人の慣例によって二人の息子が王国を分割相続した。兄カール（のちのカール大帝）と弟カールマンである。七七一年にカールマンが急死したことで、カールの単独統治となった。最初の大仕事として、カールは教皇の要請を受けて七七二年にランゴバルト遠征に赴いた。七七四年にカールはランゴバルト王国を滅ぼし、その地をフランク王国に組み込んだ。フランク王国は五世紀に成立して以来はじめて、アルプスの南に領土を拡大したのである。

教皇レオ３世から冠を受けるカール大帝

この遠征でローマを訪れた若き王カールは、ローマの文化に触れて、その継承者となることを意識したかもしれない。彼は宮廷に各地から知識人を集めて、ローマの古典をゲルマンの地に根付かせ、ラテン語を正しく読み書きすることを奨励する。これはカロリング・ルネサンスと呼ばれ、装飾を施した壮麗な教会が建てられ、ラテン語で書かれた聖書や神学書、修道院規則などの写本が数多く作成された。また、アルクィンなどの知識人による神学修得を最終目標とする教育プログラムは九世紀まで続き、アルプス以北のフランクの地にローマの文化とキリスト教思想が開花したといえよう。

カール大帝は八〇〇年のクリスマスに、ローマのサン・ピエトロ大聖堂で教皇レオ三世によって皇帝の冠を授けられた。西ヨーロッパにおよそ三〇〇余年を経て皇帝が復活したのである。これ以降の中世社会では、皇帝の戴冠は教皇の手によって行われることになる。

カール大帝はフランクの地をキリスト教王国とすべく、勅令を発したり、教会に寄進したり、終生さまざまな政策を施した。そのなかでも、本書の対象となる聖遺物礼拝や聖人礼拝について考えてみよう。

カールは聖遺物礼拝に熱心であり、これまでの君主と同様にキリスト受難にまつわる聖遺物を支配者の証として求めた。たとえば、ランゴバルト王家に伝わる聖なる釘を入れた「鉄王冠」を、ランゴバルト制圧の際に獲得した。これはのちに神聖ローマ皇帝も使用したとされる。ランゴバルトの中心地に近いモンツァ大聖堂に保管され、ナポレオンもこれを被ったといわれる。

カールは七九〇年ころ、聖像破壊運動が起こっていた東ローマ（ビザンツ）帝国に対して、『カロリング文書』と呼ばれる書簡を送った。これは序に続く四巻一二〇章にわたる論考で、聖画像の性質を述べつつ、それは崇敬されるもので、崇拝されるのは神であるという所見が示されている。作者はカールのブレインであったアルクィンか、オルレアンのテオドゥルフと考えられている。その第三章で「われわれのように聖人を教父の伝統にのっとって、聖人の遺体において、ただしくは聖遺物において崇敬し、衣服において崇敬しているほうが、より確かな信仰なのである」と、聖像よりも聖遺物の礼拝に重きを置くことを明言している。それではつぎに、フランクの地で民衆のあいだに聖遺物礼拝がどのように浸透し、展開したかについてみてみよう。

カール大帝がランゴバルト王家から獲得した鉄王冠の図（1805年、フランス国立図書館蔵）

中世の聖人と聖遺物への礼拝について、パイオニア的な研究を行ったパトリック・ギアリは、聖人礼拝はガリアやゲルマニアの地にキリスト教が布教されたころにゆっくりと生起したが、発展したのはカロリング朝の時代、すなわち七四〇年ころから八四〇年ころの時期である、と述べている。権力者にとって力の証である聖遺物は、民衆にとって病気平癒を願うものとして礼拝されたと、教父アウグスティヌスが記録していることは前述した。そしてフランク王国の時代になっても、トゥールのマルティヌスの棺への巡礼は身分を問わず盛んに行われていた。
ただ、聖人礼拝や聖遺物礼拝が民衆のあいだでエスカレートすると、正統な教義から外れた礼拝が教会の枠外で広まる危険性が

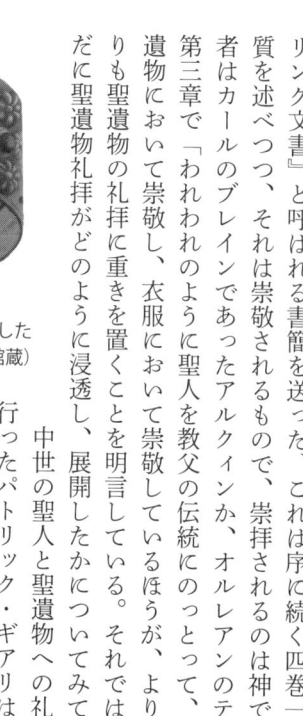

生じた。八世紀の前半に、ガリアのアルデベールと呼ばれる人物が、神から手紙と聖遺物を受け取って、それで望むものが叶うと触れまわり、ボニファティウス大司教（ピピンの即位式を行った聖職者）はこれを断罪する書簡を教皇ザカリアスに送っている。アルデベールは、神から得たとする聖遺物への礼拝で罪が赦されるとし、使徒や殉教者の墓への巡礼を否定し、教会への敬意を拒んだ。そして弟子たちはアルデベールの爪や髪を聖遺物のように崇めたという。これはのちの異端の開祖と似たような人物と考えられる。

ボニファティウスは「正統な聖人」に対する礼拝を奨励するとともに、礼拝の方法を異教の儀式のかたちで行うこと（死者への供物、占い、動物の犠牲）を、七四二年の教会会議で禁止している。さらにカールは八一三年のシャロン・シュル・ソーヌの教会会議において、ローマやトゥールのマルティヌス聖堂に多くの人々が巡礼をしているが、聖職者は巡礼によって職務を逃れることを望み、信徒は巡礼のあいだは罪を犯しても良いと考えている、などとその動機を批判している。

カールはフランクの教会とともに聖遺物礼拝を肯定しつつも、むやみな拡散を警戒して制御しようとした。七九四年のフランクフルト教会会議では「得体の知れない聖人は礼拝や祈りの対象となってはならず、これを記念するものが道端に建てられてはならない。殉教と生前の善徳によって選ばれた者のみが、教会で崇敬されるのである」と定めている。そして熱狂する巡礼者に対して、修道院教会では、修道士が巡礼に邪魔されずに聖務日課を行う礼拝所を建てることを定めた。

「由緒正しい」聖遺物を保有するためには、聖人伝や殉教記などの証がある聖遺物を移葬する必要が生じ、ローマは殉教者の聖遺物の最大の「供給地」になるはずであった。しかし七八〇年に教皇ハドリアヌスが殉教者の聖遺物をアルプス以北に移葬することを禁じ、八二〇年にこれが解かれるまで移葬は認められなかった。カール大帝の死後イタリア半島の統治を任されたロタール帝は、八二〇年代に教皇職を皇帝の保護下に置くという誓約を教皇エウゲニウス二世からとりつけると、ローマの殉教者の聖遺物の移葬を始めた。

まずセバスティアンの聖遺物がソワソンに移葬されると、ただちに巡礼地として人を集めた。フランス中部のフリュリー・シュル・ロワール修道院がその聖遺物を分骨して安置すると、そこにも人が群がった。そして聖遺物を取引する商人が現れる。有名なのは、ローマの助祭デウスドナである。彼は八二七年に聖ペテロと聖マルチェリヌスの聖遺物を盗み出すという契約を、カール大帝の伝記を執筆したフランク貴族のアインハルトと結んでいる。彼はサン・ピエトロ・イン・ヴィンコリ教会の近くに住む助祭で、殉教者が葬られているカタコンベには精通していたと思われる。デウスドナは兄弟とともに組織的、計画的に聖遺物を集めた。年ごとに集める墓地の地区を決めて、冬のあいだに収集し、春になると各地の教会や修道院を聖人の祝日に合わせて訪問し、販売に努めた。ローマのデウスドナのほかにも、イタリア各地で聖遺物を集めてフランクの地で販売する者は多くいたようである。

サン・カリストのカタコンベ（教皇たちの墓所）

このような取引が成り立ったのは、フランクの地で聖遺物に対する需要があったからである。当時の人々が願った聖遺物の力は、アウグスティヌスやラドゴンドの史料が示すように、病気の治癒が大半であった。これは中世をとおして変わることはなく、現在でも治癒を目的に聖なる地をめざして巡礼をする人は絶えない。またクローヴィスが戦勝を祈願したように、さまざまな災厄から共同体を守る力が信じられた。トゥールのマルティヌスはフランク王国の守護聖人となり、のちには殉教者ドニとならんでフランスの守護聖人となった。現在のトゥールのマルティヌス聖堂には、第一次世界大戦の勝利を祈念したレリーフが刻まれている。また聖遺物への巡礼によって罪が赦される、もしくは償いが減らされるという力も期待された。やがて教皇が正式に、巡礼者に対して贖宥《しょくゆう》を発するようになる。

なお八一一年にカールは、司教と修道院長に対して、「聖人の骨や遺体を移葬し、新たな聖堂を建て、だれかれ構わず財産を寄進するように促がす者たち」への処分を布告している。つまり教会の側も、寄進を目当てに聖遺物への礼拝を煽《あお》っていたことが窺える。しかし中世を通して、聖遺物をめぐって信徒の民間信仰的な側面と、これを煽る教会の姿勢は絶えることはなかった。

このようにして西ヨーロッパ（ローマカトリック世界）の中世社会の基軸というべき、教会と世俗社会の密接な関係が築かれた。祭壇と玉座の提携から民衆の素朴な聖人礼拝に至るまで、聖なる人、聖なるモノ、聖なる場はさまざまな次元で社会の中心ともいうべき地位を占めるのである。次章では中世社会が成立した紀元千年前後の時期に、王や君侯が権力を正当化して安定した統治を続けるために、どのように聖なる力に頼ったのかを、イングランド、フランス、ドイツ（神聖ローマ帝国）に例をとって考察してみよう。

第2章　権力者と聖性

カール大帝はフランク王国をキリスト教帝国として、ローマの継承者にふさわしい社会と文化を築こうとした。その子ルートヴィヒ敬虔《けいけん》帝も教会と連携して、カロリング家による帝国の統治を引き継いだ。しかしルートヴィヒの没後に帝国は三分割し、しばらくはそれぞれのエリアをカロリング家が統治していたが、ほぼ一世紀のあいだにカロリング家は別の王家に支配を譲ることになる。西フランク王国はのちのフランスに、東フランク王国はのちのドイツとなり、皇帝権はドイツの王に受け継がれた。両国は言語の面でも、ラテン系とゲルマン系にわかれ、やがては中世フランス語と中世ドイツ語で騎士道文学や恋愛詩が書かれてゆく。

ロートリンゲン（ロレーヌ）やイタリアを領域とした中フランク王国は消滅し、イタリアは多くの都市、諸侯領、ローマ教皇領に長いあいだ分かれることになる。イタリアだけでなく、フランスもドイツも王のもとで諸侯や領主がそれぞれの所領を徴税権や裁判権をもって治めるようになってゆく。いわゆる封建社会と呼ばれる中世ヨーロッパの世界が本格的に始動するのである。これはフランク王国の領域に入っていなかったイングランドでも、王権が比較的強かったとはいえ、事情は同じであった。日本の武家社会のように、大名など有力者がそれぞれの領地を独自に統治していた状況と似ているかもしれない。

このような国々では、政治、経済、言語そのほかの面で、近代国家と違って統一性が欠けていたために、争いごとが起こった際には法律でなく慣習や話し合いで解決を模索することが多かった。そのようなときに聖なる力が大きな役割を果たした。紛争の調停だけでなく、契約や誓約を行う場合に、聖遺物を用いて証としていたことが、多くの史料に記されている。

本章では、王や諸侯など世俗の権力者たちが自らの権威の正当性を主張し、紛争を有利に進め、誓いを立てるときに、聖人や聖遺物の聖なる力をたのみにしていたことについて論じる。

1 「ノルマン・コンクエスト」と聖遺物

『バイユーのタピスリー』

英仏海峡を渡った戦いというと、第二次世界大戦の大きな転機となったノルマンディー上陸を思い浮かべる方も多いかもしれない。すなわち一九四四年六月、アメリカやイギリスをはじめとする連合軍が艦隊と航空機で英仏海峡を渡り、ナチス・ドイツの支配下にあった北フランスのノルマンディーに上陸を敢行した戦いである。それから九百年の時を遡った一〇六六年の九月、ノルマンディーを出発した軍勢が船でイングランドにわたり、イングランド王の軍に勝利するという戦いがあった。いわゆる「ノルマン・コンクエスト（ノルマン征服）」である。同年の一〇月にイングランド南部のヘースティングズ近郊で、ノルマンディー公ギヨーム（ウィリアム）とイングランド王ハロルド二世の決戦が行われ、わずか一日でノルマンディー公側が勝利を収めた。この戦いでイングランド王ハロルドは戦死し、ギヨームはイングランド王ウィリアム一世として即位し、ここにノルマン朝イングランド王国がひらかれた。続くプランタジネット朝の王もフランス系であり、複雑な中世の英仏関係が始まった。これはのちの英仏百年戦争の原因の一つになったこともあり、歴史に大きな影響を残すことになった。

この戦いはノルマンディー公ギヨームとイングランド王位についたハロルドのあいだで、イングランド王位継承の正当性を争ったものであり、その詳しい経緯は同時代の複数の史料に記録されている。何よりも知られているのは、『バイユーのタピスリー（タペストリー）』と呼ばれる絵巻物のようなつづれ織りである。これは幅五〇センチ、長さ七〇メートルに及ぶ八枚のリネン布をつなぎ合わせたものに、戦いに至る物語を二年前まで遡って五八の場面に分け、それぞれの場面に図像と文字（ラテン語の説明）を刺繍《ししゅう》したものである。

物語は少し前に書かれた複数の文書史料をまとめたものともいえる。それは勝利したノルマンディー側の立場に立って制作されていて、内容は上記の文書史料とおおむね整合している。文書史料の詳しく書かれた文言はつづれ織りの図像を補足説明してくれるといってよい。それらは勝者であるノルマンディー公の側で制作されたものであり、ノルマンディー公の遠征と王位継承が正当であったことを主張する内容となっている。本節では『バイユーのタピスリー』に描かれた聖遺物と、その役割について着目したい。

英仏海峡を越えた王位継承戦争

まず残された史料とタピスリーに描かれた物語について簡単に振り返っておきたい。その物語は、

ハロルドのイングランド王即位式（バイユーのタピスリー、バイユー市のタピスリー博物館蔵）

あくまでも勝者の立場に立って書かれ、描かれたものである。

一〇六四年の春から秋にかけて、世継ぎのないイングランド王エドワードは、遠縁にあたるノルマンディー公ギヨーム（ウィリアム）を後継者に指名し、ウエセックス伯ハロルドをギヨームのもとに派遣した。ハロルドは王妃の兄弟で、当時のイングランドで最も力のあった貴族である。ハロルドは海峡を渡ってノルマンディー公ギヨームに会う。ハロルドはしばらく逗留したのちにギヨームと家臣たちの面前で聖遺物に手をついて誓いを立て、（誓いの内容については後述）イングランドに帰還する。

一〇六六年一月にエドワード王が没し、ハロルドは聖遺物の誓いに背いてイングランド王に即位する。同年九月、知らせを聞いたギヨームはハロルドに天罰を下すべく、教皇から許可を得てイングランドに侵攻する。一〇月、ヘースティングズ近郊でギヨームとハロルドの決戦が行われた。激戦の末にギヨームが勝利し、ハロルドは戦死する。タピスリーはここで終わるが、おそらくギヨームがウィリアム一世として戴冠する場面が最後に記されていて、これは消失したものと推察されている。

かつてこのタピスリーは、ノルマンディー公の妃マティルドが作らせたと言われてきた。しかし近年の研究では、その内容分析から公の弟でバイユー司教のオドンが制作を依頼し、イングランドのセント・オーガスティン修道院で作られたと推察されている。一〇七〇年から一〇八〇年のあいだに、細密画家の修道士が下絵を描いて、そこに職人が手を入れたと言われている。

完成後、タピスリーは、依頼者オドン司教の地元バイユー大聖堂に保存され、毎年六月末から七月末にかけて聖堂内で展示されたと思われる。ノルマンディー公が聖遺物の誓いを尊重して、神の名のもとに遠征を行い、正当に王座についたという主張が、大聖堂に集まった人々にわかりやすく理解できるような機会となったに違いない。陳列の際に外気にさらされたり、定期的に巻き戻されたりしたにもかかわらず、タピスリーの大半は現在まで保存されている。そのあいだに危機もあった。一七八九年に始まったフランス革命で教会財産が国有化されたときに裁断されるおそれもあった。また一八〇三年にナポレオンがルーヴル美術館に展示し、四か月ほど対英キャンペーンに利用したが、バイユーに戻された。一九四〇年にフランスがナチス・ドイツに敗北すると、タピスリーは持ち出されたが、一九四五年に再びバイユーに戻った。現在はバイユーの博物館に常設展示されている。

ハロルドの聖遺物への誓い

このタピスリーの半ばほどに、二つの聖遺物容れに手をついて誓いを立てるハロルドの姿が描かれている。この場面は物語のなかでも重要な場面とみなされて多くの研究が行われ、日本では鶴島博和氏がオリジナリティの高い研究を刊行している。鶴島氏の研究に学びながらタピスリーを分析して、聖遺物への誓いとその意味、それが行われた場所と時を考察し、王侯にとって聖遺物をめぐる儀礼がどのように行われ、理解されていたのかを探ってみたい。

『バイユーのタピスリー』では、宣誓の場面はハロルドがバイユーの城に入る場面のつぎに描かれ

聖遺物に誓うハロルド（バイユーのタピスリー）

ているため、宣誓の場所がバイユーの城であると示唆される。宣誓の場面のつぎにハロルドがイングランドに帰還する場面が描かれている。ハロルド帰還が一〇六四年の八月から九月の時期とすると、宣誓は七月ころということになる。

それではタピスリーと当時書かれた文字史料の双方から、聖遺物の宣誓場面についてさらに考察を深めてみよう。タピスリーの画面の左にはノルマンディー公が右手に剣をもって一段高い場所に置かれた豪華な椅子に座し、左手で誓いを立てるハロルドのほう（あるいは聖遺物容れ）を指す姿勢をとっている。この場面設定は、ギヨーム公はハロルドの上位者としてその宣誓を受けるという関係を示している。画像の上部にはラテン語で「ここでハロルドはウィリアム（ギヨーム）公に誓いを立てた」と簡潔に記され、宣誓の内容は明記されていない。この宣誓に言及する文字史料の一つは、一一二〇年代に書かれたと思われるエアドマの『イングランドにおける新しい歴史』である。エアドマはカンタベリー大聖堂でアンセルム司教の下で働いていた修道士であり神学者であった。そこにはつぎのようにある。「ウィリアム（ギヨーム公）は取り決められたことすべてが守られるように、聖人たちの聖遺物を持ち出して……二人のあいだで同意したことをすべておこなうとハロルドにそれらの上で誓わせた」（鶴島博和訳、以下同じ）。

簡潔なかにも、ギヨーム公が領内の各地から聖遺物を集め（移葬し）、ハロルドがこれらにかけてギヨームとの取り決めを守ると誓ったことが記されている。神の平和会議と同じく、世俗の君侯間でも約束を保証するため聖遺物を介して誓いを立てていたことがわかる。ただこの史料は、どの聖遺物の前で宣誓したかは明記していない。

この場面について最も詳しい記述を残しているのは、ウエイスの記した『ロロの物語』である。ウエイスはバイユー大聖堂の司教座参事会員であり、バイユーの事情に詳しいというだけでなく、所属する地元の教会の利害を反映する執筆意図を持っていたことも配慮すべきである、著者ウエイスは一一五五年ころ、当時のイングランド王ヘンリー二世の命でこの史料を執筆した。ハロルドが何を約束したのかについて、つぎのように詳しく記している。

第三者が読み上げたテキストに従って、彼の力と知恵を絞って、生きている限り、しかも神とここにある聖遺物が彼を真に援助するのだから、公の娘であるアデラを娶《めと》り、王国（イングランド）をウィリアムに渡すこと、エドワード（王）の死後、ハロルドはこの点で最上をつくすこと、を厳《おごそ》かに誓い約束した。

宣誓の内容だけでなく、宣誓の作法にかかわる記述も貴重な史料である。あらゆる契約の際に、文書を残して署名するだけでなく、これを口頭で読み上げることで、契約内容が有効とされたことは、秘跡の典礼や修道院入門など教会の重要な儀式でも同じで、当事者が定型文を声に出して読み上げる必要があったのである。

運ばれた聖遺物について

バイユーのタピスリーのハロルド宣誓の場面には、中央に聖遺物容れが二つ置かれている。これは一一世紀に同時代の聖遺物容れを描いた貴重な画像である。こちらから見て左に置かれた聖遺物容れは、棺の下に運搬の際に担ぐ太い棒を二本備えていて、輿《こし》のような形をしている。これは次章で記すような、聖遺物が移動、巡回するときに使われたものと同じ形と思われる。タピスリーで描かれた二本の棒には、緑色の長い布が垂れている。これは聖遺物容れを覆っていたものであろうか。あるいは祭壇を模して、ここ（おそらくバイユーの城の広間）を聖堂とみなして、聖遺物を中心とする聖なる空間となっている示すものであろうか。ウエイスの『ロロの物語』は、宣誓に至る経緯についてつぎのように記している。

（ノルマンディー）公はハロルドと、エドワード王が崩御ののちには（ハロルドが）イングランドを公の手に委ねること、もしハロルドが望むのであれば公の娘アデラを妻として娶ること、などの合意に至るまで議論を重ねた……ハロルドの宣誓を受け入れるために、公はバイユーにて会議を招集し、そこにあらゆる聖遺物を集め、丸い容器に詰めた。

これによると、ノルマンディー公とハロルドのあいだで、世継ぎのないイングランド王エドワード死後の王位継承について話し合いがあり、合意に至ったためバイユーで聖遺物を用いた宣誓の儀式を行い、取り決めは不可逆的に有効となるというお膳立てをしたこととなる。なおバイユーという地名を敢えて明記した作者たちにとっては、バイユーが「ノルマン・コンクエスト」の物語の重要な場面となっただけでなく、バイユーは聖遺物が聖なる力を行使した場所であることを知らせる意図があったのかもしれない。

なお上記の史料に「あらゆる聖遺物を集め、丸い容器に詰めた」とあるが、これはハロルドが右手をついている二本の担ぎ棒が付いた輿のような聖遺物箱と思われる。そのころ社会秩序の維持や領主の権益に関わるような重要な会議に、地域の聖遺物が集められる習慣があった。ノルマンディーでも一〇四七年にカーン郊外で紛争調停を締結する会議が行われ、ギヨーム公はルーアン大聖堂の主要な聖人である聖ウーアンと聖カタリーナの聖遺物を運ばせている。バイユーの宣誓でもこの二つの聖遺物が運ばれた可能性はある。

ウエイスの『ロロの物語』の続く記述には、持ち込まれた聖遺物についてつぎのような説明がある。「別の聖遺物箱を置いた。それはウィリアム（ギヨーム公）が選んだ、そして見つけたなかで最も美しく高価なものであった。私はそれが『雄牛の目』と呼ばれたことを聞いたことがある。ハロルドが手を伸ばしたとき、彼の手は震え、体が痙攣《けいれん》した」。

明記されていないが、これはハロルドが左手を置いているもう一つの聖遺物容れかもしれない。フランスの研究者ミュセは、一一世紀に北欧デンマークで制作された、牛の目のような楕円形の遺物容れを図像とともに紹介し、「雄牛の目」と同型の聖遺物がノルマン人たちのあいだで作られていたことを論じている。この「雄牛の目」のなかには、バイユーの保有する聖ラヴァンと聖ラシフの聖遺物も納められていたのかもしれないが、史料は沈黙している。鶴島氏は、この二人の聖人が四七〇年七月二三日に殉教したことに触れ、宣誓が彼らの殉教の命日に行われたことを示唆している。ハロルドの動揺は、聖人と聖遺物への畏敬、これを破ったときの神罰などを表現していることになる。

なお「雄牛の目」と称する聖遺物容れは現存せず、ミュセが言及する聖遺物容れはコペンハーゲ

ヘースティングズの戦いで目を射られたハロルド（バイユーのタピスリー）

ンに所蔵されていたものの、第二次世界大戦中に消滅してしまった。ちなみにこのタピスリーの最後に描かれたヘースティングズの決戦で、ハロルドは目に矢を受けて命を失う。ハロルドは聖遺物への誓いを破った罰を受けたと考えるなら、手を置いた聖遺物箱の名が「目」にちなんでいることとの関連があるかもしれない。

ウエイスの『ロロの物語』のこの場面についての記述は、つぎのように締めくくられている。「多くの人は言った。〈神よ、彼をなさせたまえ〉と。ハロルドが聖遺物箱にキスをして震えが止まったとき、公は彼を容器に導いてそばに立たせた。そして覆いをとって、彼がそれに誓った聖遺物そのものを見せた。ハロルドは聖遺物におおいなる恐怖を覚えた」。

多くの人々が証人として宣誓に立ち会っていたことが記される。そしてわざわざ公自らが覆いを取って、おおわれていた聖遺物そのものを見せたということは、この宣誓を守ることとの重要性を恫《どう》喝《かつ》に近い行為で示したことと思われる。なお文字史料の記述とタピスリーの図像に沿って考えるならば、この儀式はバイユーの城で行われ、俗人の諸侯を主体として遂行され、聖職者の関与が前面に出ていないことにも注目したい。

なお「ノルマン・コンクエスト」の直後に、ギヨーム公に礼拝堂付き司祭として仕えていたギヨーム・ド・ポワティエが記した『ノルマン人の公ウィリアムの事績録』には、この宣誓の場面についての言及がない。この事績録はノルマンディー公の王位継承の正当性を主張すべく、最も詳しい経緯を記述している同時代史料である。聖遺物の儀式については沈黙しているものの、少し前の場面でハロルドがギヨーム公に忠誠を誓ったことをつぎのように記している。「ウィリアム（ギヨーム）は客人であり使節でもあるハロルドを戦友として扱った。それはそうした名誉を与えることで、ハロルドがウィリアム（ギヨーム）に忠誠と恩義を感じるようにするためである」。

ギヨームに対し臣従の礼をとるハロルド

タピスリーにも、ハロルドがギヨームに臣従の礼を取っているような場面がある。そこでハロルドが旗をもってギヨーム公に頭を下げるような姿勢を取り、従属しているのは明らかである。上部に「ここでウィリアムはハロルドに武器を与えた」と記されていて、公はハロルドに与えた兜と鎖帷子《かたびら》に手を当てて、家臣の騎士として叙任する儀礼を行ったものと見られる。この臣従礼の場面と、続く聖遺物に宣誓をする場面を連動して考えるならば、世俗の統治者たちの人間関係は互いの信頼関係と贈与とモノを介した誓いという儀式に支えられていたことを示し、そこに聖職者は必ずしも主導的な役割を果たしていなかったとも考えられる。

ハロルドの国王即位とノルマン・コンクエスト

ハロルドはその後イングランドに帰還し、ほどなくエドワード王は病床に付し、王妃や有力な家臣がとりまくなかで臨終の時を迎えた。その時、貴族たちがハロルドを後継者に推すように王に迫ったことを、ウエイスの『ロロの物語』は記してい[6]る。

あるイングランド人が話をした「血統を通して、王となり私たちを守る王子も王女も世継ぎはいないのです……将来この国に平和をもたらす人物に王国を与えてください……王国の最上のものたちがここにいます。あなたの最上の友人たちです。そのすべてがここに集まりました。彼らは……ハロルド殿が陛下の国の王となるべきことを願っているのです……」ハロルドは「私が王となり陛下の国を私のものとすることをお許しください」……エドワードはハロルドを相続人にした。王は彼の貴族の望むようにした。

この記述からは、イングランドの貴族たちは、ふさわしい後継者としてハロルドを望み、エドワード王が貴族たちの支持を受けてハロルドを指名したさまが書かれている。王位継承の正当性には触れずに、司教の祝別を受けてハロルドが戴冠されたことを記述している年代記は複数ある。『バイユーのタピスリー』では、王の臨終の場面のあとに臣下たちがハロルドに王冠を準備している様子が描かれ、彼らはハロルドに王冠を与えたという文章が上部に記されている。

そしてつぎにハロルドが玉座に座している場面が描かれる。これは一〇六六年一月六日のことと思われる。そこでは、ハロルドが王冠をいただき、右手に王笏《おうしゃく》を、左手に宝珠を持つなど、権標と呼ばれる王の象徴である品を備えていることが示されている。画面右には即位を聖別するカンタベリー大司教スティガントの姿が描かれ、左には家臣たちが剣を掲げて即位を支持している。これらの描写に従うと、ハロルドの即位式そのものは教会の聖別と世俗の諸侯の承認をうけた正式なもの、ということになる。

ただ同時期に書かれたギヨーム・ド・ポワティエの『ノルマン人の事績録』は、ハロルドを支持した者を邪悪な者とみなし、つぎのように記している。「この狂ったイングランド人（ハロルド）は……すべての人が喪に服しているときに、宣誓を破り、（支持者の）喝采をもって王位を簒奪《さんだつ》したのである。ハロルドは不信人なカンタベリー大司教スティガントから（即位の）聖別を受けた」。

この『ノルマン人の事績録』でスティガント大司教を不信心としているのは、彼が教皇レオ九世から破門されていたことを示すと推察される。すなわちレオ九世の対立教皇だったベネディクト十世から大司教の位を得たスティガントも教皇によって破門されていた、とノルマン側は主張していたのである。一方ハロルド側はスティガントを正式な大司教と認めているので、即位式は教会の祝福を受けた正当なものということになる。またノルマンディー公ギヨームは、ハロルドの戴冠を神聖な誓いを破ったものとして簒奪者とみなし、イングランド侵攻を進めた。

このように中世では、それぞれが聖なる権威をもって正当な権利を主張する人々のあいだで紛争が起こった場合、武力闘争に勝ったほうが神によって正当化されるという考え方があった。決闘には神明裁判のような意味合いもあったろう。そして敗れたほうが、聖遺物の懲罰や神罰を受けるなどの解釈をされるのである。

『バイユーのタピスリー』では、戴冠式を終えたハロルドに、一つの不吉な知らせがもたらされる。これは戴冠式のつぎの場面で、空に大きな彗星が出現したことに人々が驚き、これをハロルドに知らせている。彗星は新たな王の誕生を予言すると思われていた。このことは年代記も記述していて、彗星の現れたのはギヨーム公が遠征を決意した日であったという。教皇アレクサンデル二世はノルマンディー公ギヨームの侵攻を認め、旗と指輪を贈ったという（ウエイス『ロロの物語』）。ちなみにここで描かれた彗星は、一〇六六年四月に地球に接近したハレー彗星と思われる。

不吉な知らせが現実のものになったかのように、同年九月にノルマンディー公ギヨームはイングランドに渡り、一〇月にハロルドとのあいだで決戦が行われた。いわゆるヘースティングズの戦いである。乱戦のさなかハロルドは目を矢で射抜かれ、切り倒されて息絶えた。一〇月一四日の夕刻と思われる。ギヨームはイングランド王ウィリアム一世として即位し、ノルマン朝を開いた。

2 聖なる力に頼るフランスのカペー王権

ノルマンディー公がイングランドに渡って王と戦うという大事件に、フランスの王はどのような姿勢を取ったのであろうか。『バイユーのタピスリー』をはじめ、イングランドの王位継承をめぐる経緯を説明する同時代史料は、フランスの王とその働きについて沈黙している。ノルマンディー公はフランス王の臣下であると考えると、ギヨームがイングランド王になったということは、イングランドはフランス領になったということであろうか。そのように考えるのは近代的な考えで、一一世紀という時代ではノルマンディー公のみならず、諸侯や領主たちは上級権力からある程度自立して領地を治めていた。とくにフランスのカペー王権は、一〇世紀に成立したころから王領地も少なく、実質的に国内を統治する権力は弱かった。

一方、イングランドでウィリアム一世として王の座についたギヨームは、征服者として国内を安定的に統治するために、さまざまな政策を実施した。全国の土地を、家屋、家畜、財産に至るまで詳しく調査し、課税するための台帳（ドゥームズデイ・ブック）を作ったことはよく知られている。戦いで敵対勢力の重要人物がハロルド王をはじめ数多く戦死したこともあって、要職にはノルマンディーの有力者たちを任命し、各地の教会の司教の座にノルマンディーの聖職者や修道士を据えた。

このような権力を、同時期のフランスのカペー朝王権は持っていなかった。むしろカペー朝の歴史を振り返ることは、いかにして王権が聖性に頼り、利用して、強大化していったかを理解するための、よいケーススタディになるといえる。

カペー王権の成立

さきに述べたように、九世紀にフランク王国が三分割されると、西フランク王国は一〇世紀の後半まで続き、カール大帝の血統につらなるカロリング家の王が統治していた。カペー家がカロリング家に代わって王座についたのはつぎのような経緯であった。同時期にランスのサン・レミ修道院の修道士だったリシェが、著書『同時代の歴史』で記した記述に沿って紹介する。

九八七年に、西フランク王ルイ五世が世継ぎのないまま二〇歳の若さで急死した。落馬によるものであった。すでに中フランク王国や東フランク王国は消滅していて、王位継承を要求したカロリング家の縁戚はルイ五世の叔父のシャルルのみであった。シャルルはランスの大司教アダルベロンに即位の支援を頼み、彼の王としての適格性を説いた。しかし大司教アダルベロンはカロリング家の一員であるシャルルではなく、パリ伯でオルレアン公のユーグ・カペーを王として推薦する。サン・リス（パリの北五〇キロの町）に集まった諸侯たちに対して、アダルベロンはつぎのように説明した。

われわれはシャルルには支持者たちがおり、彼らが、シャルルが祖先から委譲された王位に就くべきであると主張していることを知らないわけではない。しかしこの問題をよく考えてみると、王位は決して相続権によって取得されるべきものではなく、王国の頂点に据えられるべきは、その肉体的な高貴さのみではなく、精神の質において傑出した人物でなければならない……然るにわれわれは外国の王（ドイツのオットー一世）に仕えることを恥じないほどの知能をなくした人物（シャルルのこと）にいかなる権威を与えることができるであろうか……諸兄がその不幸を欲するならばシャルルを君主とするが良い。その繁栄に拘るならば高名な公ユーグを戴冠するが良い。（渡邉節夫訳、以下同じ）

まずアダルベロン大司教が、王位は世襲でなく資質によるものと主張しているところに注目したい。フランクの王座がメロヴィング家からカロリング家に移った時も、教会は強力な王権を望み、これを支援した。王朝の交代に際して、聖職者がキングメーカーの役割を担い、ふさわしい人物に戴冠するという図式が、フランスのカペー朝成立の時にも見られるのである。聖俗権力者の、いわばウィンウィン関係が中世ヨーロッパの一つの特徴ともいえるが、これは国王にとっては「両刃の刃」でもあった。つまり教会の支持がなければ戴冠できず、戴冠しても伝家の宝刀ともいうべき破門宣告を受ける恐れもあった。実際にドイツの王が、教皇と対立したために皇帝の戴冠が受けられないということもあった。

そしてアダルベロン大司教が望んだように、ユーグ・カペーが王座に就いたことを、年代記はつぎのように記している。「この（大司教の）見解が述べられ、すべての人々（サン・リスに集まった有力者）に受け入れられ、公（ユーグ・カペー）はノワイヨン（パリの北一〇〇キロの町）において六月一日に大司教とほかの司教たちによって王位に据えられ、戴冠された」。

その後、フランス王の戴冠式はランスの大聖堂で行われるようになり、一九世紀のシャルル十世に至るまで、ほぼすべてのフランス王はランスの大聖堂に赴いて戴冠式を行うようになった。それ以前にも、ルートヴィヒ敬虔帝をはじめ、カロリング朝の皇帝や王の何人かはランスの大聖堂で戴冠式を行っていて、そこは王が神によって聖なる力を与えられる場となっていた。一五世紀の英仏百年戦争の最中に、ジャンヌ・ダルクが王太子シャルルをランスで戴冠式を行うべく尽力したように、正当なフランス王と認められるためには、パリの一〇五キロ北にあるランスまで赴いて戴冠式を行う必要があったのである。

ランスは五世紀にフランク王クローヴィスに洗礼を施したレミギウス司教ゆかりの地であり、中世を通してフランスの教会の中心的な地位を保持した。即位の儀式はやがて式次第としてまとめられ、一三世紀に確立したものが文書として残っている。それによると、即位式に先立って王は聖職者に罪を告白して神からゆるしを受け、ついでランスの大聖堂で塗油の儀式を受ける。このとき使われる聖なる油は、クローヴィスに洗礼を授けた聖レミギウスの遺体が納められているサン・レミ修道院が保持していて、即位に際しては大聖堂に運ばれる。そして王は大司教から戴冠され、同時に杖、笏、指輪、剣など王権の証となるもの（権標）を受ける。王は神聖なモノを与えられることによって、王にふさわしいものとなるのである。

左腰にジョワイユーズを佩刀するルイ14世（1700年ころ、イアサント・リゴー画、ルーブル美術館蔵）

フランス語で戴冠式のことを「ル・サクル」（聖別式）というのは、王が神（聖職者）によって聖堂で聖なる王座に就くことを表現している。市民の歓呼で皇帝となったローマとの違いは明らかである。聖なるモノを伝承することで正当な王となるのは、天皇の三種の神器の伝承にも似ているが、天皇の即位の礼は神職によって行われるものではない。なお歴代のフランス王に伝えられたと言われる剣「ジョワイユーズ」の柄には、キリストを貫いたといわれる槍（聖槍）の破片が埋め込まれているといわれる。この剣はカール大帝が所有していたものと伝えられ、『ローランの歌』でも歌われるなど、王権を象徴する聖なるモノとみなされていた。ルイ十四世が盛装したさまを描いた有名な肖像画にも、この剣が描かれ、ナポレオンも戴冠式でこの剣を用いたといわれる。

カペー王権の拡大とサン・ドニ修道院

ユーグ・カペーがカロリング朝に代わる王権を創立してから一〇〇年余りがたった一一〇八年、カペー家の五代目の王としてルイ六世が即位した。すでにノルマンディー公がイングランド王となってから四〇年余が過ぎ、第一回十字軍が出発してエルサレムを中心とする「十字軍国家」を樹立するなかで、カペー王権はパリ近郊を領土とする慎ましいものであった。王権を拡大するためにルイ六世は、これまで以上に教会に接近した。一一一五年、王はサヴォア伯息女のアデルを王妃として迎えたが、アデルは教皇カリクストゥス二世の姪であった。先代のフランス王で父のフィリップ一世は、重婚問題で教会から破門されていたこともあって、ルイ六世は教皇との再接近を意識したのかもしれない。

教会と関係することで王権の拡大に大きな意味を持ったのは、一一二〇年代にサン・ドニ修道院のシュジェを、国政を担う側近として登用したことである。現在は巨大なスポーツ競技場（スタッド・ド・フランス）があることで知られているサン・ドニの地は、パリ中心のシテ島から一〇キロほど北に離れたところにある。

サン・ドニ修道院は、すでに五世紀に礼拝堂が確認される古刹である。この修道院のステータスは古いというだけではない。まだ迫害時代であった三世紀に初代パリ司教としてキリスト教を広め、モンマルトルの丘で殉教した聖ドニの聖遺物が納められているのである。聖ドニは、おそらく二五〇年ころのデキウス帝のキリスト教迫害で、モンマルトルの丘で二人の部下とともに斬首されたといわれる。伝承によると、聖ドニは斬首されたのち、起き上がって自分の頭部を持って歩きはじめ、ついに倒れて動けなくなったところを、ある女性の手で埋葬されたという。のちにその場所に礼拝堂が建てられ、多くの巡礼者が参拝に訪れるようになった。各地の教会や祭壇画で、首を持って司教服を着て描かれている聖人像は、聖ドニを描いたものといってよい。

サン・ドニ修道院聖堂

六三〇年ころにメロヴィング朝フランク王のタゴベール一世が同地に修道院を建て、そこに住む修道士たちは修行のかたわら、聖ドニの墓に参拝する巡礼者をもてなした。七五〇年ころに初代のカロリング朝フランク王となるピピンは、聖堂を改築して内陣の下に殉教者ドニの墓所を作り、礼拝の場とした。そして王家ゆかりの人たちが、サン・ドニ修道院を墓所として選んだ。すでに六世紀にクローヴィスの子クロタール一世の妃アレゴンドが、同修道院に埋葬されたと思われる。さきに述べたダゴベール一世は、王妃と息子のクローヴィス二世とともに埋葬された。のちにカロリング朝のピピン夫妻やシャルル禿頭王などもここに葬られた。そして王権がカペー家に移ると、歴代の王はほとんどサン・ドニ修道院に葬られることになる。この慣習はつぎのヴァロア家、ブルボン家に続いてゆく。一一四〇年代にシュジェが改築した壮麗なゴシック様式の聖堂は、修復を受けつつ現在に残され、聖ドニの聖遺物と歴代フランス王の墓に詣でることができる。

サン・ドニ修道院は、パリにキリスト教を広めた殉教者を祀る聖地であり、王家の保護によって発展し、王族の墓所として王国の拠点ともいえる特別な地位を占めていた。第1章で述べたように、カロリング朝フランク王国を建てたピピンが教皇を招いた時に、冬の滞在地として選んだのも、このサン・ドニ修道院であった。ルイ六世がサン・ドニ修道院長シュジェと協力して王権を高めていったのは、王権とサン・ドニ修道院というフランスの聖俗権威の連携という側面もあった。

ドイツの皇帝の侵攻計画と聖ドニの聖遺物

ルイ六世は一一二三年にローマに赴き、ラテラノ公会議に出席した。そして教皇とドイツの皇帝のあいだで争いとなっていた聖職者の叙任権の問題（いわゆる叙任権闘争）について、教皇側の立場をとることを確認している。フランス王権は、つぎのルイ七世が十字軍を招集して聖地に向かうなど、教皇権とは密接な関係を保つ姿勢をとった。

翌一一二四年、ドイツの皇帝ハインリヒ五世がフランスに侵攻するという情報が入り、ルイ六世はこれに対応することになった。その経緯について、サン・ドニ修道院長シュジェが記したルイ六世の伝記（森洋訳）をもとに、権力者にとっての聖なる場所や聖遺物の役割を考えてゆきたい。

シュジェはルイ六世と、次代のルイ七世の伝記を残している。ちなみにルイ七世の治世半ばでシュジェが亡くなったため、これは未完に終わったが、それ以後サン・ドニ修道院は歴代フランス王の伝記を残す役割を近代まで果たすことになる。ただ上述したように、サン・ドニ修道院は国王の恩顧を受けていたため、国王側からの視点で記述されたことは、読む際に留意しなくてはならない。

『バイユーのタピスリー』をはじめとする「ノルマン征服」に関する史料が、勝者ノルマンディー公の立場で書かれていたことと同じである。ここでも、権力者が自分の立場を正当化するために、聖なるものに頼ったことを読み解く姿勢で史料に向き合ってみたい。

『ルイ六世伝』第二八章は、まず皇帝ハインリヒ（五世）がランスに攻め込む計画を立てている記述で始まる。その動機としては、ランスの教会会議で教皇と対立した皇帝がルイ六世（親教皇派）に対して怨恨を抱いていたこと、イングランド王ヘンリー（一世）から助言を受けたことを挙げている。ただ史料を翻訳した森洋氏はこれについて、すでにランスの教会会議からは五年が経って教皇と皇帝は和解に至っていたため、イングランドの介入を実際の動機としている。教会側のシュジェの執筆動機は、皇帝を教皇の敵として描き、フランス王を教皇（神）の軍として描くことにあったのかもしれない。

つぎにルイ六世の対応がつぎのように描かれる。以下の引用は森氏による翻訳を一部改めたものである。「ルイ王陛下はこのことを側近たちの報告によって知った際に、多くの勇猛さと大胆さをもって徴兵を行った……彼は貴族たちを召喚して事の成り行きを説明した」。

簡潔な記述であるが、外圧に際して王として国を守るために兵を集めたことは、家臣を一つにまとめて王の存在感を示す一歩になったと思われる。興味深いことに、森氏によれば一部の写本には貴族を招集したくだりにつぎのような加筆があるという。

あるものたち（貴族）は敵を待つべきであると考えて言った「王国の心臓部で敵を理性的に見ている方がより安易である」……王は言った「騎士たちを遅滞なく招集させねばならず、彼らを王国の辺境の境界に配置せねばならぬ。こうしたことがわれらの敵を覚悟して決めた待つ際の、揺るがぬ壁である」。

国を守るためにイニシアティヴをとるルイ六世の姿を、盟友のシュジェ修道院長が強調しているようである。その根底には、王が神とともに聖域を守るという確信があるのかもしれない。それは出陣する王を描くつぎの部分に記されている。一一二四年の八月三日ころと思われる。

そして王はサン・ドニ修道院に急いだが、これは王が聖ドニは王国の特別な保護者であり、神に次ぐ保護者であることを、多くの者の報告や、度重なる経験によって知っていたからである。王は祈りによっても寄進によっても、聖ドニが王国を守りたまい、王の一身を保ち、常の如くに敵に対抗し給わんことを、心の底から訴えた。

戦いに赴く将が領地の主要な守護聖人に祈るのは、容易に理解できる。第1章ではフランク王クローヴィスが西ゴートとの決戦に臨む際に、ガリアの守護聖人の聖マルティヌスに祈ったことを述べた。その際にクローヴィスは、聖マルティヌスの遺体が安置されているマルティヌス聖堂に使者を送ったが、ルイ六世は自らサン・ドニ修道院に向かったのである。そして敵の侵攻に勝利するための、聖遺物に礼拝する儀礼を行った。これが当時周知されていたことと合わせて、つぎのように記されている。

なぜならフランス人はつぎのような特権を持っていたからである。すなわち他の王国がフランス王国に侵入した場合には、この驚嘆すべき守護者（聖ドニ）の聖遺物が、その随伴者たちの聖遺物とともに祭壇の上に王国を守るために安置されていることを知っているから、王は自らその場で荘厳に信心深く王国を守ってもらうように聖遺物に願った。

このあと王は祭壇から旗を「主君から受け取るように」手にして、「少数の手勢を率いて敵に向かって急ぎ、全フランスが彼に従うようにと力強く誘った……四方八方から選抜された騎士たちがはせ参じ、軍勢や人々を送り込み、彼らは昔の剛毅果敢さや、古い時代の勝利の思い出に満たされていた」。

ここで「全フランス」というのは、当時はパリを中心とする地域（イル・ド・フランス）とその周囲の王領地を指すことが多かった。しかし続く部分で、フランドル伯、アキテーヌ公、ブルターニュ伯、アンジュー伯などフランス各地の有力な諸侯が参戦していたことが語られる。もしこれが事実ならば、現在のフランス全体ではないにしても、王が強いイニシアティヴをフランス各地の諸侯に示したということになる。ちなみに彼の息子ルイ七世が十字軍に出発する時をはじめ、以後のフランス王は出陣の際にサン・ドニの旗を受ける儀礼が伝統として受け継がれる。サン・ドニ修道院が、祭壇と聖遺物を前に王が「フランスの軍」を率いて出発する儀礼を創出したのかもしれない。

聖遺物への祈りとその効果

ついでフランス側が応戦体制を整えたことを知って、ドイツの皇帝が侵入をやめたことが語られる。「フランス人はこれ（皇帝の撤退）を知ったが、皇帝が王国を荒廃させ、不孝な住民に圧力を加えることからフランス人を守ったのは、大司教、司教、教会の聖職者の祈りであった」。教会が祈りで勝利に貢献したことが語られたあと、王がサン・ドニ修道院に赴いて、聖ドニの聖遺物にお礼参りをすることが記される。

王は喜び感謝に満ちて、至聖の殉教者で彼の守護聖人の許へきわめて謙虚な態度で赴き……尊厳な聖なる遺体を治めた銀の聖遺物容れを自らの肩で担い、彼の主君にして守護者を、その子供であるかのような態度で、涙を流しながら本来の場所に置いた。これらの聖遺物容れは、戦いのために軍が招集されている間に、主祭壇の上に安置されていて、その前では昼夜を問わず修道士たちが聖務日課の一つを敬意をもって捧げ、多くの信心深い男性や敬虔な女性たちが祈りを捧げていた。

聖遺物を通常安置されている場所から移して祈る行為については第3章で詳しく扱うが、この史料からは、この典礼には修道士だけでなく、民衆たちも参加していたことが窺える。そしてこの聖遺物容れを、主祭壇から本来安置していた場所に、俗人である王自らが担いで運んだことにも注目したい。聖俗の有力者が儀礼に関わっていたのである。

翌一二二五年にドイツ皇帝ハインリヒ五世は、ヴォルムスで開かれた宗教会議でローマ教皇と協定を結んだ直後に急死する。これについてシュジェはつぎのように記している。

一方ドイツ皇帝は、この行いで品位を落とし、日に日に凋落《ちょうらく》し、一年を経ぬうちに最後の日を迎えた（ハインリヒ五世は一一二五年五月二三日に没した）。まさにつぎのような古くからの警句を立証したのである。貴人であると否とを問わず、王国あるいは教会の秩序を乱した者に対し、かの者への報復として聖人の体を移動させて祈りを捧げたならば、かの者はほとんど一年と生き延びることはない。

ここで「古くからの警句を立証した」というのは、教会や地域社会に害をなす領主や諸侯に対して、修道士が聖堂内の聖遺物を動かして、害を為す者（とくに領主の暴力）に対抗する典礼がすでに紀元千年前後から行われていたことを示唆する。本章で紹介したのは、国王レベルでの紛争事例であるが、同時期には各地域社会でも同じようなことが行われていた。

教会が聖なる力をもって領主の暴力に対処したこととして、「神の平和」や「神の休戦」と呼ばれる運動が知られ、いまでも盛んに研究が行われている。以前の研究では、このような運動は司教による平和秩序の維持という側面が重視され、フェーデと呼ばれる領主の紛争や教会や民衆への略奪行為を、司教が会議を開いて収束させたことが論じられていた。近年の研究者たちは、中世社会独自の秩序や発想にたって考察する方向にある。社会の紛争と和解のシステムや、儀礼など宗教的要素が社会で果たした役割などがさまざまに論じられ、そこでの聖遺物の役割が注目されつつある。

危機の打開を託された聖遺物

侵略者に対抗するための聖遺物礼拝が当時の修道院で行われたのは、高位聖職者は敵対する者を破門する資格を持っていたのに対し、修道院はこれを持っていないため、聖遺物の力に頼っていたことが一つの原因と言われている。アメリカの研究者レスター・リトルは、これを神に敵対する者へ罰が下るよう願う典礼と解釈した。さらにリトルの盟友であるパトリック・ギアリは聖人（聖遺物）に向かって懲罰執行を求める儀式を詳しく研究し、聖人に願いを強いる儀式は広く知られるようになった。これについては日本でも轟広太郎氏が詳しい研究を刊行している。

第3章で詳しく紹介するが、紀元千年前後から一二世紀にかけて書かれた聖人伝、奇跡集、移葬記、修道院年代記には、聖人（聖遺物）による懲罰の奇跡が数多く記されている。本章で紹介した『バイユーのタピスリー』など「ノルマン・コンクエスト」関連の史料に記されたハロルドの聖遺物への宣誓と戦死、サン・ドニ修道院長シュジェによる『ルイ六世伝』に記された皇帝ハインリヒ五世に対するサン・ドニ修道院の聖遺物への祈りと皇帝の死も、同様の文脈で理解できる。

一一世紀前半にクリュニーの修道士ラウル・グラベールが執筆した『歴史五巻』には、紀元千年前後に広く各地で起こったさまざまな出来事が記されている。とくに災厄に面した際に、聖なる場としての教会や修道院がいかに対応したか、本章の背景を理解するために簡潔に紹介したい。この『年代記』で最もよく知られているのは、紀元千年を過ぎたころの次の記述である。

全世界で、とくにイタリアとガリアで人々は教会を改築しはじめた。その多くが立派に建てられて価値あるものであったのにもかかわらず、である……それはあたかも全世界が身を震わせて、過去を脱ぎ捨てて、教会の白い衣を纏うかの如くであった。ほとんどすべての司教座教会や、多くの聖人に捧げられた修道院教会、村の小さな礼拝堂が、信徒たちによって以前より良く立て直されたのである。（第三巻一三節）

これは直接的には、著者ラウールが長く住んでいたディジョンのサン・ベニーニュ修道院聖堂をはじめ、各地の聖堂がロマネスクと呼ばれる石造の建築（白い衣）に次々と立て直されたことを記している。ここだけ読むと、新たな聖堂が次々と建てられることを喜ぶ記述にも見えるが、その前後を読んでみると、彗星が現れた直後にモン・サン・ミッシェル修道院が火災にあったことや、ガスコーニュ地方で騒乱が起きて仲介しようとしたフリュリー修道院（ロワール地方の古刹で、聖ベネディクトゥスの聖遺物を保有していた）の修道院長が殺害されたこと、戦乱が相次いだこと、フランス王ロベール（二世）が王に相応しくない妃（コンスタンス）を迎えたことなどが書かれ、著者が同時代の出来事を悲観的に見ていることは明らかである。教会が白い衣を纏《まと》ったというさきの記述にはいろいろな解釈があるが、その直前に「紀元千年を三年過ぎたころに」と時期を限定していることから（このほかにも紀元千年という記述は散見される）、著者は紀元千年に終末を想定しているという説もある。あるいは神の罰と思われる出来事に対して、教会や修道院が対応した記述とも考えられる。

彗星の出現を「神がお造りになったのか、すでにある星の光を神が強くされたのかは神のみぞ知るところだが、確かなことはそのような異常現象が現れるときは、いつも直後に驚くべきことや恐るべきことがおこることを予告する」と述べているように、さまざまな異常な出来事は神の意図によって起こされたと解釈している。同時代に天候不順が引き起こした不作と飢饉を語った部分では、「疑いなく人間の高慢を罰することが目的であった……この罰としての不作は東方で始まった。ギリシアの人口を奪い、イタリアを経て、ガリアの奥深くへ入り込み、イギリスの国々へと広まった」（第四巻一〇章）と、人間の罪に対する神の懲罰という考え方を前面に出している。ここでも記述の冒頭に「一〇三三年、すなわちキリストの受難から一〇〇〇年を経た年に」と記していて、さきの記述がキリスト生誕千年と明記していることと合わせ、多かれ少なかれ筆者には紀元千年という意識があったことを窺わせる。

本章にとって重要なのは、紀元千年を期に天災人災に見舞われた災厄の時代に、ラウル・グラベールが「光が差すような」出来事があったとしていることである。それはさきほどの飢饉の記述のすぐあとで、「主の受難から千年の年に」「神の平和」と呼ばれる会議が開かれたことがつぎのように記される。

アキテーヌの司教、修道院長、敬虔な人々が、初めて住民全体からなる大きな教会会議を招集した。そこには数えきれないほどの聖遺物容れが運び込まれた。この運動はアルル、リヨンを経て、ブルゴーニュ全体へと、やがては王国にあまねく広がった。それらの司教区全体では、定められた場所で司教と統治者は平和を再建し、聖なる信仰を確かにすることを宣言した……最も大事なことは、平和が非暴力で守られ、聖俗すべての人々が恐れることなく、武器を持たずに仕事に出られるようになったことである。

ついで盗みを働いたものは法によって罰せられ、教会の聖なる場所に逃げ込んだものは平和の誓いを立てれば罪を許され、聖職者と修道士は尊重されて、旅行に際しては安全が保障されるなど「この教会会議では、長々と語りたい多くのことが決議された」（第四巻一五章～一六章）。そして会議のあいだに、聖遺物の力で足の曲がった病人が治癒する奇跡が起こり、「このことは、誰かが疑いを持った場合に、信頼を提供するだろう」（同）とあり、聖遺物の力（とくに奇跡）は聖職者や聖堂の権威や名声の証になるだけではなく、取り決めの社会的な信用（有効性）となっていたことを示している。

3　ドイツの王（皇帝）と聖遺物

王侯と聖遺物についてフランスとイングランドの事例をみてきたが、ドイツの状況にも少しふれておきたい。カール大帝が支配の拠点としたアーヘンはドイツの王の聖地となり、皇帝権はドイツの王に継承された。聖遺物を熱心に収集したカール大帝のように、中世のドイツの地でも権力者たちは聖遺物に重きを置いている。

ザクセン朝の創立と神聖な王権

カール大帝の末裔《まつえい》であるカロリング朝の王が支配していた東フランク王国は、一〇世紀初めにザクセン朝の王が支配するところとなった。やがてフランスと同じく、カロリング朝の王が後継者を欠いたまま没し、ザクセン公ハインリヒが東フランクの王ハインリヒ一世として即位した。ハインリヒ一世はいまのドイツにあたる地を統治しているが、彼をドイツ王というのは厳密には正しくない。これは言葉の問題だけではなく、フランスのカペー朝の王と違って、ザクセン朝の王たちはカール大帝の継承者であることを強く内外に示していたからである。なおハインリヒ一世は、教会での聖別式を行わず民衆の支持によって王の位についた。

カール大帝が建立したアーヘン礼拝堂

ハインリヒ一世の子で、その後継者として即位したオットー一世は、カール大帝が拠点としたアーヘンで即位の儀式を行った。アーヘンで行われた王国会議がオットーを選出し、アーヘンの聖堂で即位式が行われたことは、コルヴァイ修道院の修道士ヴィドゥキントによって詳しく記録されている。三佐川亮弘氏の邦訳で紹介しよう。

マインツ大司教ヒルデベルトが、オットーの国王選出を承認することを出席していた人々に問うと、人々は右手を高く掲げ、新たな指導者の幸運を大きな歓呼をもって言祝《ことほ》いだ。それから大司教は、フランク人風にぴったりと体に合った衣服を纏った国王とともに、祭壇のうしろへと歩み寄った。そこには国王権標が置かれていた。剣と剣帯、マントと留め金、杖と笏、冠がそれである……国王はまさにその箇所に聖香油をもって塗油され、黄金の冠をヒルデベルトとヴィクフリートの両大司教の手で被せられた。そして規則に適った聖別がすべて完了したのち、両司教に導かれて螺旋《らせん》階段を通って昇り、玉座（聖堂上階にあるカール大帝の玉座）に就いた。

オットー１世の戴冠式に用いられたとされる神聖ローマ帝国冠（アーチ部、十字架は後年付加されたもの）

聖職者によって、聖なるモノを付与される儀式によって王の座に就くのは、ユーグ・カペーと同じであるが、オットーは父ハインリヒと違って、聖なる権威やカール大帝にあやかって、王権の神聖性を獲得したことを内外に示したのである。

聖なる戦いと聖槍

オットー一世は王権が神聖であることを、教会を保護することや、聖遺物を伴って遠征するなどして示した。『ザクセン人の事績』に加えてメールゼブルクのティートマル司教の『オットー朝年代記』（こちらも三佐川亮弘氏の邦訳がある）で紐解いてみよう。ヴィドゥキントは生涯をヴェーザー河畔の修道院で過ごし、おそらく修道院蔵書のローマ時代の歴史記述を参考に、一〇世紀の後半にザクセン朝初期の歴史を記した。一方ティートマルはザクセン貴族の伯家出身で、聖職者となってメールゼブルクの司教という高位にのぼった。ハインリヒ一世からオットー一世を経てハインリヒ二世までの、ザクセン朝の年代記を執筆したのは、司教に着座したのち一〇一〇年代で、彼はさきに書かれたヴィドゥキントの書物を知っていたと思われる。

なお本章で紹介したサン・ドニ修道院長シュジェやクリュニー修道士ラウル・グラベールが王の伝記や同時代史を執筆したように、この時代は高位聖職者や修道士が同時代の証言を残すことが多い。これらの史料を分析する際に、われわれは教会の立場や価値観がそこに強く反映していることに注意しなければならない。とはいえ、これらの史料は貴重な情報を提供してくれるだけなく、本書のテーマである聖性の社会的・文化的な役割を考察する際に格好の材料となる。

さて『オットー朝年代記』の第二巻には、オットー一世がアヴァール人（ハンガリー人、フン人とも表記される）の侵攻、被害、戦いと勝利が記されている。その第七章では九五四年に「何故によその民族が、かくも住民の密集し遠方に位置する地方への襲撃を敢行しえたのか」と自問し、「我々の罪業ゆえの神罰としてであったのだ……かかる事態に陥ったのは、幸福なときに神への畏怖を蔑《ないがし》ろにしたことで、主の然るべき鞭を痛感せねばならぬからである」と答えている。災厄に神による懲罰をみるのは、修道士ラウル・グラベールも同じであった。続く第八章ではオットー一世が侵入者の撃退に向かったことを、「神は義しき者たちの功徳と憐れな者たちの嘆声に動かされたとし、神の意向を実現したとする。

そして決戦となる九五五年のレヒフェルトの戦いについて、『ザクセン人の事績』ではオットー一世が軍を鼓舞する演説を行い、これまでの武勇を讃えるとともに「我々にとって何よりの最大の

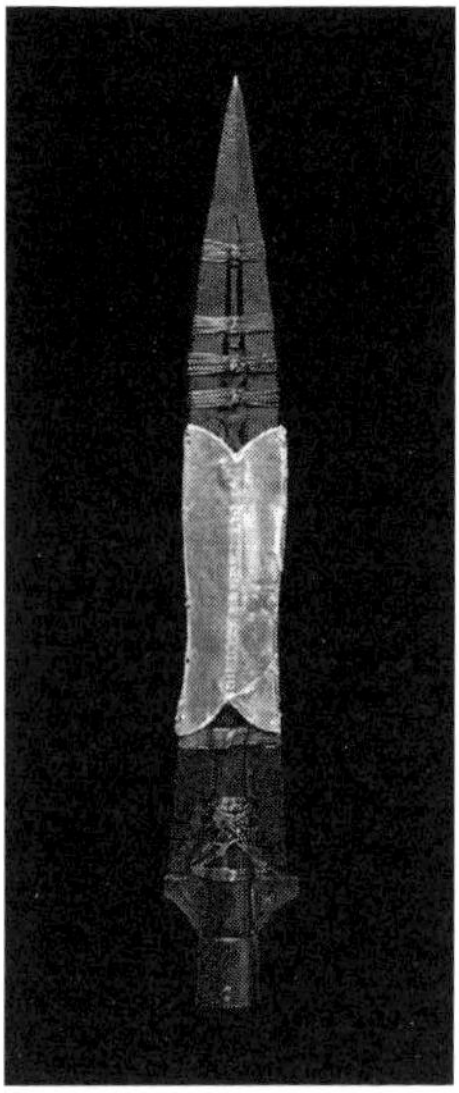

神聖ローマ帝国の聖槍（ウィーン帝室博物館蔵）

慰めとなるのは、彼らには神の御力が欠けているということなのだ」と述べた。そして「盾と聖槍を手に取って、自ら最初に馬を敵に向け」たとある（第三巻四六章）。ティートマルの『オットー朝年代記』にも、「国王が間を置かずして盾と聖槍を手につかむと、抵抗する敵勢の戦列を目指し戦士たちの先頭に立った」（第二巻一〇章）と、聖槍を持っていた記述がある。

この聖槍とは、三佐川氏によると、ハインリヒが九二六年にブルクント王ルードルフ二世から獲得したもので、王の支配の象徴である権標として重要なものとされていた。そののちも「ドイツ」（ある時期から神聖ローマ帝国と呼ばれる）を支配する者に受け継がれ、現在はハプスブルク家の元王宮のホーフブルク博物館の宝物室に展示されている。それは鉾先《ほこさき》にキリスト磔刑の際に手足に打ち込まれた釘が入っている聖遺物であるが、リウトプランドが記したザクセン朝初期の同時代期『報復の書』ではコンスタンティヌス帝の槍とされ、オットー一世の周辺では三世紀に現在のスイスで殉教したローマ時代の「テーバイ軍団」の指揮官である聖マウリティウスの槍とされていたともいう。

また聖槍には、大天使ミカエルがサタンと戦った際に持っていた槍のイメージが重なったことも考えられる。第5章でも述べるが、大天使ミカエルは戦いを勝利に導くとされていたため、王侯が戦勝祈願をすることもあった。紀元千年前後の皇帝たちは、ミカエル礼拝の拠点であるイタリアのモンテ・ガルガーノに詣で、ヒルデスハイムに建立した大聖堂をミカエルに捧げるなど、盛んにミカエル崇敬を行った。これはビザンツやカロリング朝の皇帝の大天使ミカエル崇敬を継承する意味もあったと考えられる。

聖槍が「ドイツ」にもたらされたころから、その由来や正体についてはさまざまな伝承があったようだが、やがて真の十字架や帝冠とともに神聖ローマ帝国の宝物として最重要視されてゆく。秋山聰氏の研究によると、中世の末期にはほかの宝物や聖遺物とともに、アーヘン、ニュルンベルク、プラハ、ウィーンなどの都市で多くの人に展示される行事が行われた。人々は贖宥のために集まったというが、開催する都市のステータスを示し、皇帝権が神聖であることを表す効果もあったろう。これは本書第9章で論じる。

カール大帝の列聖

オットー一世は九六二年に、ローマで教皇ヨハネス十二世から皇帝の戴冠を受ける。カロリング朝が保持していた皇帝の冠が受け継がれることになり、「帝国」が西ヨーロッパに復活することになった。

一二世紀にザクセン朝に代わって統治者の地位についたシュタウフェン朝の王も、ローマ教皇から皇帝の戴冠を受けた。一二世紀のフリードリヒ一世（バルバロッサとも呼ばれる）は皇帝の権威を高めるべく尽力した。服部良久氏は、フリードリヒ一世がカール大帝を聖人に列したことについては、多様な解釈が可能であるとしたうえで、皇帝の証書の綿密な分析に立ってつぎのように論じている。

フリードリヒ一世は一一六五年のクリスマスにアーヘンで宮廷集会を開き、数日後の二九日にカール大帝を列聖した。マリア聖堂に安置されていたカールの遺体は聖遺物となり、新たに作られた櫃《ひつ》型の聖遺物容れに納められて聖堂の中心部分に置かれた。このころの西ヨーロッパでは、聖人を認定する手続きは各地の教会や共同体が行い、教皇が一括してこれを行うようになるのは、一三世紀の前半を待たねばならなかった。服部良久氏は、教皇アレクサンデル三世と対立していたフリードリヒ一世が、アーヘンをローマに対抗する都市としようとした可能性を示唆している。アーヘンに残るカール大帝の黄金の聖遺物容れには、歴代の東フランク王や皇帝の像が刻まれていることから、フリードリヒ一世がカール大帝の権威と伝統に連なることを意識していたことが読み取れる。これはカペー家の王権が強まるにつれて、カール大帝と皇帝権の伝統に連なろうと試みた動きと整合しているともいえる。そして王が教会から聖なる権威を受けるという考え方に並んで、王そのものを神聖な存在とするようになっていった。これが中世後期にフランスで高まってゆくことについては、第6章で論じることとする。

　本章では、紀元千年といわれる時期に、王や諸侯など権力者たちが聖人や聖遺物の力にたのんで、自らの権威の正当性を主張し、紛争を有利に進めようとし、誓いを立てた事例について考察してきた。次章では、同じ時期の民衆たちが聖なる力にどのように関わったのか。また各地の教会は地域共同体の聖地となるべく聖なる力をどのように創出し、民衆に広めたのかを論じる。とくに民衆が熱狂した聖遺物の移動や巡回、その社会的な意味について、残された史料と新しい研究を通して考察してみたい。

第3章　地域社会と聖なる力

中世ヨーロッパでは、農村集落や都市ごとに守護聖人の礼拝が行われた。各地の修道院や聖堂に納められた聖遺物には、修道士や聖職者のみならず、領主から農民まで多くの俗人がさまざまな願いをもって参拝した。それは神社仏閣に参拝して、ご本尊やご神体に願いをする信心と遠くない。本章では中世ヨーロッパで広がった習慣である聖遺物の移動や巡回と、その社会的な意味を中心に考察を進めたい。

聖遺物礼拝が高揚するにつれて、教会や地域共同体がこれを必要とし、こぞって求めたことは、第1章で述べたカロリング期のローマで聖遺物商人が活動したことにも見て取れる。貴重な聖遺物に枯渇していた教会はこれを祭壇に安置することを願い、君侯は護符のように聖遺物を集めて礼拝し、武器に入れて携帯するなどした。

やがて封建社会と呼ばれる状況が西ヨーロッパの各地でみられるようになり、中世社会が本格的に始動する。それはフランスの高位聖職者ランのアダルベロンが唱えた「祈る人、戦う人、働く人」という三身分論、すなわち聖職者、戦士、農民がそれぞれの職能で一つの秩序を構成する社会である。「戦う人」と「働く人」は、それぞれの職分を果たす一方で、「祈る人」に聖なる力で守ってもらうことを願った。王侯だけでなく、町や村に住む民衆も、天国にいる聖人への願いを教会に託すだけでなく、自ら各地の教会に祀られた聖遺物に対して祈り、時として願いが叶うように強く訴えていた。ここでは地域社会の聖遺物礼拝について、近年研究が進んでいる聖遺物の移動、いわば聖遺物の旅について、具体例を紹介しながら論じてゆきたい。

1　コンクの聖女フォアの聖遺物

聖なる盗み（furta sacra）

聖人の遺体（聖遺物）を、聖人の夢のお告げや不思議な出来事（奇跡）で示された指示に従って、「しかるべき場所」に運ぶことが行われた。すなわち聖人の意図という理由で、長いあいだ埋もれていた聖遺物を掘り出したり、すでに礼拝堂に安置されている聖遺物を持ち去ったりして、自分たちの教会や修道院に納めたという記録が残っている。聖遺物を盗んだ経緯が、移葬記として聖人伝や奇跡録のなかに堂々と記されていることを、アメリカの研究者ギアリが論じたのは一九七〇年代のことであった。このような行為は、ギアリの著作のタイトルでもあるFurta sacra（ラテン語で「聖なる盗み」）という言葉とともに研究者のあいだで広く知られ、聖遺物の獲得が宗教的側面だけでなく、社会的・経済的な影響力をもったことを論じるきっかけとなった。

たとえばベネディクトゥスの戒律で知られるヌルシアのベネディクトゥスの聖遺物が、イタリアのモンテカシーノ修道院からフランスのサン・ブノワ・シュル・ロワール（フリュリー）修道院に

聖マルコの聖遺物移葬（サン・マルコ大聖堂）

移されたことが『聖ベネディクトの奇跡』に記されている。そこには、聖遺物が移葬されたあとに起こした奇跡物語が記されている。ベネディクトゥスが所領をめぐる領主との係争で修道院を守った奇跡などが書かれ、修道院を守る聖人（聖遺物）の力が修道院内部で伝えられるだけでなく、修道院外部に広まることにもなった。またヴェネツィアのサン・マルコ大聖堂の入り口正面のモザイクに描かれているように、アレクサンドリアの聖堂に納められていた福音書記者マルコの聖遺物を、ヴェネツィアから来た人々が司祭を買収して掘り出し、ヴェネツィアに移葬した物語が伝えられている。

ここでは南仏のコンクの修道院が、別の教会が保有していた有名な聖女フォアの聖遺物を巧妙な計画を立てて盗み、社会的・経済的効果を得たことについて考察する。

コンクの修道院

南西フランスの中心都市トゥールーズから、車で北東に二時間半ほど走ったところにコンクという小さい村がある。ルエルグと呼ばれるこの地域は雨が多く、豊かな森と滔々《とうとう》と流れる川のあいだを縫うように、かつて巡礼者たちが歩いた道がコンクの丘に向かっている。サンティアゴ・デ・コンポス

コンクの修道院

テラへ向かう巡礼路の聖堂でもあるコンクの教会は、四世紀に殉教した少女フォアの聖遺物を保有している。それは宝石がちりばめられた人型の容器に納められ、長く聖堂に置かれて多くの参拝者の礼拝の対象となっていたが、現在では宝物館に所蔵されている。この聖遺物は九世紀にアジャンの聖堂から盗み出され、コンクの聖堂内部で数々の奇跡を起こしたと伝えられる。コンクの聖堂はサンティアゴ・デ・コンポステラへの巡礼者が立ち寄るのみならず、聖女フォアを礼拝する多くの参拝者があったという。聖女フォアの聖遺物をめぐる物語を通して、聖なる盗みとその意味について考えてみたい。

　聖女フォアはキリスト教が公認される直前の時期に、ローマ帝国支配下のガリア属州（現在のフランス）で、キリスト教を信仰していた若い女性である。地方総督のダキアヌスに捕らえられて、南西フランスのアジャンという町（コンクの西二〇〇キロほど離れている）で斬首され、殉教者となった。やがてその遺体は聖遺物として殉教地アジャンの修道院に納められ、礼拝の対象となった。聖女フォアの殉教と、その聖遺物をコンクの修道士が盗んだ経緯と、その後起こした一連の奇跡が、『聖女フォア奇跡の書』に詳しく記されている。これは一一世紀にアンジェの神学者ベルナール・ダンジェそのほかによって執筆されたと考えられている。聖女フォアの事例のみならず、この時期の修道院や教会は、聖遺物の由来、獲得の経緯、奇跡の記録などを文書として残し、伝えようとした。現存する数多くの同種の史料から、われわれは聖遺物礼拝の様子とその背景について考察することができる。

聖女フォアの移葬（聖なる盗み）

小さな村コンクに修道院が建てられたのは、キリスト教が公認された四世紀のことであった。八世紀の初頭にイスラーム教徒による破壊を受けるが、ダドンという修道院長が修道院を再建し、この人物はのちに同修道院で聖人として讃えられる。一二世紀に建てられてロマネスク建築の傑作とされる聖堂正面の浮彫《レリーフ》には、最後の審判を行う大きなキリストの姿が中央に刻まれている。キリストの右側には聖母マリアを筆頭とする聖人聖女が居並んでいて、そのなかにダドンとみられる人物の像があり、聖人として崇敬されていたことを窺わせる。この時期は、各地の教会が崇敬に値する人物を聖人と認め、天国で神の側にいることを内外に示していた。聖人の認定を教皇が一括して行うようになるのは一三世紀のことで、これについては第7章で論じる。

聖女フォア（12世紀、ドイツ）

コンクの修道院は、九世紀前半にフランクのルートヴィヒ敬虔《けいけん》帝の保護によって発展を遂げる。しかし近隣（西に四〇キロほど）のフィジャックという町の修道院が発展すると、コンクの修道院の人気に陰りがでてしまう。そこで修道士たちが起死回生の策として考えたのは、著名な聖遺物を獲得することであった。『聖女フォア奇跡の書』の冒頭の「聖女フォアの移葬」にはつぎのようにある。

この修道院には、修道士たちの尊い共同体が住んでいた……この誇り高き修道士たちが、前述の乙女（聖女フォア）の奇跡についてしばしば思い返していた時に、不意に一つの巧みな計画が思い浮かんだ……どのようにして（アジャンにある）聖女の遺体を彼らのもと（コンクの修道院）に運ぶのかを……そこで思慮深く非の打ち所のないアリニスクルス（写本によってはアロニドゥス、アルヴィシクスなど呼び方に違いがある）という修道士を呼び、計画の筋書きと道案内の書とともにアジャンに派遣した。

聖女フォアの聖遺物がコンクに移葬されたのは八六六年ころ（異説あり）と思われるので、計画を練ったのは九世紀の半ばくらいと思われる。またこの時期にコンクの修道院は、イスラームの諸王国に支配されたイベリア半島の教会から、聖ヴィンケンティウスなど著名な殉教者の聖遺物を運ぶ計画も立てていたようである。著名な聖遺物（聖人）の力が、修道院や教会の存続や発展にとって重要な意味を持っていたことが窺える。

さて任務を帯びたコンクのアリニスクルス修道士はアジャンに到着し、巡礼の姿をして同地にとどまり、天真爛漫で模範的な行動をとって、周囲の人々を安心させる。アジャンの修道士たちも安心して、彼を修道院に迎え入れた。アリニスクルス修道士は、修道院であらゆる仕事を謙遜な態度でてきぱきとこなし、ついに修道院の宝物係についた。彼は長い時間をかけて慎重に機会を窺った。その期間について史料に明記されていないが、おそらく五年から十年と考えられている。

そして一月六日の公現祭の祝日に、ミサが終わって皆が食事に集まった時、おそらく人目が離れた隙が生じたのか、アリニスクルスはついに聖女の遺骨を盗み出した。彼は夜を待って、闇に紛れてアジャンの修道院から逃亡する。盗みが発覚したのは翌朝のことである。修道院では動揺が走り、

コンク修道院の聖堂正面のレリーフ

追手として騎士たちが放たれた。しかし「神の加護により」コンクの方角に向かった追手は道を間違えるなど、追跡は困難を極めたとある。この記述からは、移葬記の作者にとって、またコンクの修道院にとって、この盗みを神が認めた行為と解釈していることがわかる。聖遺物を盗むことを、聖遺物にふさわしい場所（聖人が望む場所）に移す行為として、聖なる盗み（furta sacra）と呼ぶ所以《ゆえん》である。

「神に守られた」アリニスクルスは聖女フォアの聖遺物を持ってコンクに向かうが、その途中で盲人に奇跡が起こるなどしたため、発覚を恐れた彼は道を急いだという。いよいよ聖遺物を携えた彼がコンクに到着すると、住民全員が歓呼の声でこれを迎えたと記されている。この時期の複数に移葬記に、地域共同体の守護聖人の聖遺物が町を出入りするときに、全住民がこれを見送り、出迎えたことが記されている。また修道院規則のなかには、聖遺物を出迎え見送る儀式について、修道士の服装や祭具をはじめ詳しい規定を定めているものがある。そこから聖遺物の出入りは、王や司教など聖俗の高位者に対するときと同等の礼を尽くしていたことがわかるが、これについては本章と第4章で後述する。

聖女フォアの奇跡

『聖女フォア奇跡の書』には、コンクの修道院に移った聖女フォアの聖遺物が数多くの奇跡を起こしたことが四巻にわたって記されている。すなわち第一巻には三三話、第二巻には一五話、第三巻には二四話、第四巻には二九話が収録されている。かいつまんで紹介しよう。

第一巻の冒頭で記された最初の奇跡は、盲人ウイトベールの視力が回復したという物語である。近隣の住人ウイトベールが、聖女フォアの聖遺物に参拝した帰りに暴漢に襲われ、失明してしまう。それから一年後の聖女フォアの祝日（一〇月六日）の前夜、ウイトベールの夢に聖女が出現し、翌日コンクの聖堂に詣でて主祭壇と聖女の聖遺物（像）にろうそくを捧げれば、視力を回復すると告げる。そしてろうそくを捧げるために教会で物乞いすれば、六ドゥニエの施しをもらえると付け加える。彼はコンクの聖堂に詣で、お告げのとおりにして聖女の聖遺物の前にひれ伏していると、夜中に視力が回復した。その後、彼は聖堂でろうそくの販売を許され、豊かになったという。

これは奇跡物語に最も多い治癒奇跡である。ただ単に聖遺物に祈って治癒したという、記録のような記述ではなく、聖女が夢枕に現れたり、奉納の資金調達を助言したり、事後のいきさつに触れたりと、物語として起伏の富んだものとなっている。

この種類の奇跡物語のほかに、聖女フォアの奇跡の特徴として挙げられるのは囚人の解放である。第一巻の三二話はつぎのような物語である。

鎖につながれた囚人（名前や罪状は記されない）が、絶えず聖女フォアに祈りを捧げて助けを願った。すると聖女フォアが現れて斧を与え、鎖を切って脱出し、切った鎖をコンクに持ってくるように言った。お告げのとおりに脱出した囚人は、コンクへ行って、斧を聖女フォアの聖遺物（像）に奉納して吊り下げたという。この物語には、領主の裁きによって無実の罪や不当な扱いを受けた者に対して、教会や修道院が聖人の名のもとに救済活動をしていたことが背景にあると推察される。ちなみにコンクの聖堂正面の浮彫の左の端には、聖杯を乗せた祭壇が刻まれ、そのうえに手錠がいくつかつり下がっている様子が描かれている。これは奇跡物語にあったように、実際に当時のコンクの聖堂で解放された囚人がお礼参りに訪れ、鎖や手錠を納めたことを示しているのかもしれない。『聖女フォア奇跡の書』には、コンクの修道士に危害を加えた領主が地獄に落ちる物語や、ろうそくを不当な高値で修道士に売りつけた商人に神の罰が下った物語など、懲罰奇跡も収録されている。これらは宗教的な儀礼（とくに聖遺物礼拝を中心として）を通して社会のあるべき秩序を保つ「神の平和」や「神の休戦」にも通じるものと思われる。

聖女の奇跡を求めて参拝者がコンクに殺到し、寄進によって経済的に潤った修道院は、建物の改築を行う。エティエンヌ修道院長とベゴン修道院長の時に改築は進み、新たな建物は九八〇年ころに完成する。さらに一一世紀半ばから聖堂の再改築が進み、ロマネスク建築の代表作ともいえる現在の形になった。『聖女フォア奇跡の書』が書かれたのもこのころで、聖女フォアの殉教をうたった『聖女フォアの歌』が成立したのも同時期である。後者は当時のフランス語で書かれていて、朗読や歌唱すれば民衆も理解が可能であったろう。

一二世紀の初頭に成立したとされる『サンティアゴ巡礼案内書』には、コンクがサンティアゴに向かう巡礼路の聖堂と明記され、聖女フォアの聖遺物についてつぎのように記されている。

同じくル・ピュイを通ってサンティアゴへ赴くブルゴーニュ人およびテュートン人は、聖女フォアの遺物を拝まねばならぬ。彼女は乙女にして殉教者であり、その魂は聖性に満ち溢れ、獄吏がアジャンの町で彼女を斬首した後、彼女は天使の群れに囲まれ鳩の姿になって天に上げられ、不朽の月桂樹の冠を戴いたのである……ところで乙女にして殉教した聖女フォアの尊き遺体は、コンクと呼ばれる谷間に栄誉をもって埋葬された。そしてその上に美しい聖堂が建てられた。そこでは神の栄光のため、今日に至るまで聖ベネディクトゥスの規則が忠実に守られている。健康な人たちにも病人たちにも、多くの聖なる恩恵が施されている。聖堂の入り口の前には清らかな泉が流れ出て、その御利益は言葉で言えないほどありがたいものである。祝日は一〇月六日。（柳宗玄訳、一部改）

この『サンティアゴ巡礼案内書』が書かれたとされる一二世紀には、聖女フォアの聖遺物の恩恵が全キリスト教世界に広まりつつあったことがわかる。なお聖堂前の泉も奇跡を起こすことが信じられていたようである。これはほかの聖人伝や奇跡物語にもみられ、聖遺物ゆかりの木や泉が聖人の癒しの力を持つ記述は少なくない。

なお、さきに引用した囚人の奇跡物語の最後に興味深い記述がある。「聖女はどこから本物の斧を持ってきたのか。残念ながら我々は神の御業を探求しようとすべきではない」。

察するに当時も奇跡が本当に起きるのかどうか、疑う人たちも少なくなかったに違いない。聖人や聖遺物の奇跡と恩恵について、教会関係者が説教などで俗人にわかりやすく伝えるときの様子が、この短い記述から垣間見える。これは疑いが発せられるまえの予防線とも、実際に疑いの声が聖堂でも発せられていたとも推察される。教会に都合の悪い記録は残念ながらあまり残っていないので、聖遺物礼拝に否定的な声がどの程度のものであったのか、論証するのは難しい。

聖女フォアの像──聖遺物容れの重要な役割

聖遺物の容れ物はさまざまな形状をしている。これについては秋山聰氏の『聖遺物崇敬の心性史』のなかで、ヨーゼフ・ブラウンの分類をもとにつぎのようにまとめているので紹介したい。

Ⅰ　箱型、シュライン型、長持ち型、ブルサ型
Ⅱ　筒形、管型、キボリウム型
Ⅲ　瓶および壺型、缶型、角型、飲用容器型
Ⅳ　パネル型、衝立型
Ⅴ　カプセル型、円盤型
Ⅵ　オステンソリウム（聖体顕示台）型
Ⅶ　「しゃべる」聖遺物容器
　1身体的部位型　2人物像型　3そのほか
Ⅷ　十字架型
Ⅸ　そのほか　建築物型　動物型　樹木型　舟型
Ⅹ　聖遺物を容れる袋と聖遺物を包む布

聖女フォアの聖遺物容れは、この分類によればⅦ2の人物像型で、聖人の生前の姿に作られていて「しゃべる聖遺物容器（Redende Religuiare）」と呼ばれている。聖女フォアのものは長い時間をかけて各部位が作られ、さらに手を加えられて現在の形になっている。頭部は四〜五世紀の仮面か人物像と思われる。胴体は金箔を貼った木製で九世紀〜一〇世紀のものとされる。全体のプロポーシ

ヨンを考えると短すぎる腕は一六世紀に追加され、宝石が徐々にちりばめられて一九世紀まで細かい細工が加えられた。また収納した聖遺物（頭蓋骨）が見えるように、胴体の中心部に作られた四つ葉型の窓は、一四世紀の制作といわれる。少なくとも『聖女フォアの奇跡』を記したベルナールが一一世紀初頭にアンジェからコンクを訪れた際に、偶像崇拝を疑ったということだから、そのころには黄金の豪華な人物像の形状をしていたことであろう。このような人物型の聖遺物容れはフランス中部のオベルニュ地方で多く制作され、クレルモン・フェラン聖堂の聖母子像を模したともいわれる。

このような聖遺物容れや、聖人やマリアの像のなかには、フランス革命の時に破壊されたものも多かったが、コンクの聖女フォアの聖遺物と像は住民が隠したために被害を受けなかった。現在では、修道院が所蔵していたほかの聖遺物容れや貴重な祭具とともに、宝物館に陳列されている。

なお聖遺物容れは聖遺物と同じ力を有するとみなされていたことが、いくつかの史料から読み取れる。次節で扱うように、聖遺物が聖堂を出て移動する際には、上記の聖女フォアのよう聖遺物は美しい容れものに納められた。『聖ヴァレンティヌスの頭の移葬と奇跡』には、聖人が夜のあいだ何回も出現して、その聖遺物容れを疫病終息のために巡回させるよう願っている。

聖ヘリベルトの箱型の聖遺物容れ（12世紀、ケルン、聖ヘリベルト聖堂、分類Ⅰ）

また聖遺物の入っていない、カラの聖遺物箱が政治的な誓約の場で使用された事例もある。一一世紀のフランス王ロベール二世の伝記には、王がクリスタルと黄金でできた聖遺物容れを持っていて、貴族たちが王に宣誓する際に使われたことが記されている。また『聖アデラルドゥスの奇跡の書』には「聖人の体が不在であっても、その容れ物で神は力を示された」とある。聖遺物容れは収納している聖遺物がどの聖人の遺骨であるかを示すだけでなく、聖遺物と聖遺物容れは一体のものと考えられていたのであろう。

聖女フォアの聖遺物容れ

身体部位型のしゃべる聖遺物容れ（12世紀、ドイツ）

『聖アデラルドゥスの奇跡の書』には聖遺物と聖遺物容れの帰還についての興味深いエピソードがあり、そこには歓迎の行列の様子の詳しい記述もあるので、少し長いが紹介する。

一〇七〇年代にコルビー修道院の修道士たちが、フランドル伯ロベール一世の願いで、聖アデラルドゥスの聖遺物を獲得して修道院に帰還しようとした。しかし途中で伯領のリールの町に立ち寄った時に、伯の母アデールは聖アデラルドゥスと血縁にあたるとして、聖遺物の所有権を主張した。聖人伝記者によると、アデールは自ら建築予定の新たな修道院のために聖遺物を欲する意図か、聖遺物をゲントの聖ペーター修道院に寄贈する意図があったという。聖ステファン聖堂に聖遺物を安置してとどまっていた修道士たちは、夜を待って銀の聖遺物容れを空け、聖遺物を取り出してコルビーに持ち帰った。聖遺物容れには代わりに鹿の皮の袋を詰めておいたという。やがてアデールはこれに気づいたが、聖遺物容れのコルビーへの帰還を許した。

聖遺物の力を持つはずの聖遺物容れをあっさりと手放すのは不可解にも思われるが、おそらく修道士の計略が見事に成功した経緯に神の意志を読み取ったのかもしれない。一方、コルビーの修道士たちは聖遺物容れの帰還に大きな行列を企画し、ろうそく、典礼用十字架、聖人の腕の聖遺物（遺体とは分離）などを伴う祝祭とした。コルビーへの帰還について旧約聖書『出エジプト記』の逸話に被らせて、つぎのように記述している。

このようにして彼らは「新たなモーゼ」とともに、苦難の太陽が彼らを焼き尽くすのを防ぐ天の守りである雲に守られ、囚人のように捕らえられていたエジプトを離れるように、平和で安全な土地へと帰って来た。彼らはコルビーに近づくと、使者を送り聖アデラルドゥスの腕の聖遺物を急ぎ持ち寄るように命じた。新たな喜びが喜びに加わった。すべての鐘が鳴らされ、教会はタピスリーと覆いで飾られ、数多くのろうそくで照らされた。集まった群衆とともに、荘厳な行列が始まり、ろうそくと十字架に先導された聖アデラルドゥスの腕とともに行列が行われた。イスラエルの子らは聖遺物容れを、ペリシテ人から取り戻した「契約の箱」に等しい神の契約の箱として、そのなかに聖遺物を収納した。そして彼らはダヴィデとともに賞賛と信仰の声で詩篇を歌い、周囲に響くさまざまな楽器で喜びを増した。

2　聖遺物の移動

さきに述べたように、聖遺物は購入され、贈与され、盗まれるなど、移動（移葬）することが頻繁にあった。移動のあいだに聖遺物の奇跡を願って人が群れたことや、フォアの事例のように聖遺物が歓呼の声で住民に迎えられたことなどが、聖人伝などの史料に記されている。聖遺物移動のさまざまなかたちについて、宗教的な側面だけでなく、その社会的・経済的効果とともに多くの研究が行われている。

遠距離の移葬

ヴィンケンティウスの右腕（バレンシア大聖堂）

パリのサン・ジェルマン・デ・プレ修道院の修道士たちが、当時イスラーム領だったイベリア半島の南端コルドバから殉教者の聖遺物を持ち帰ったいきさつは、『移葬記』に詳しく記されていて、安達かおり氏の邦訳がある。それによると、サン・ジェルマン・デ・プレ修道院の修道士たちは、殉教者ヴィンケンティウスの遺体が殉教地バレンシアから「容易に獲得されうること」を知った。二人の修道士が修道院長の激励と国王の勅書まで得て聖遺物獲得に旅立った。ところが彼らは南仏のユゼスの町に到着したところで、ヴィンケンティウスの遺体がすでにバレンシアから持ち出されていたことを知る。彼らは嘆き悲しむが、コルドバで殉教したゲオルギオスとアウレリウスの聖遺物が獲得可能であることを知り、目的地をコルドバに変更する。彼らはコルドバで現地の司教の承認のもと（イベリア半島はイスラーム領になったあとも、キリスト教徒やユダヤ教徒が一定の条件のもとで共存を許されていた）、祭壇の下に埋葬されている遺体を掘り起こした。

ケルン大聖堂の「東方の三博士」の聖遺物容れ

オットー 3 世と家臣団（10世紀末ころ、ライヒェナウ修道院写本）

愚図愚図しないで、祭壇を上から引きはずし、聖人たちの遺体を掘り出すことを急ぐ……司教より任命された聖職者たちのみが立ち合い、そのなかから実に司教ご自身が自ら担って、その塚から讃美歌および連禱と共に、聖なる遺骸が持ち上げられる。彼らはそれを清潔な亜麻布でそれぞれ包み、なおかつ運んでゆくに適した小袋に収めた。(安達かおり訳)

このあと修道士たちは聖遺物をパリに持ち帰る。パリとイスラーム領コルドバを往復するだけでも、当時としては危険を伴う冒険であったろう。

また一二世紀にドイツのフリードリヒ一世(バルバロッサ)がミラノに遠征した際に、同地の聖遺物を大量に持ち帰り、なかでもサン・テウストルジオ教会に安置されていたといわれる東方三博士(マギ)の聖遺物をケルンの大聖堂に贈ったことが、同時期の複数の年代記に記されている。聖書に記されているように、キリストが生まれた時に東方から訪れて礼拝した三人の博士(マギ)の聖遺物は、それ以降ケルン大聖堂の守護聖人となり、主祭壇の奥に安置され、礼拝された。この三つの棺を合わせた聖遺物容れは、黄金製で彫刻を施された見事な工芸品となり、安置された聖堂は一三世紀にゴシック様式の壮大な空間に改築された。

東方の三博士が幼いキリストに礼拝したという聖書の物語は、神聖な支配の正統性を示すためにたびたび時の支配者たちに用いられた。たとえば一〇世紀ころのドイツのオットー朝王権は、自らの統治地域がドイツ王(皇帝)に従属するさまを絵画に描かせている。ミラノから移葬したといわれる東方三博士の聖遺物を中心とする大聖堂の空間は、国王の戴冠式の際にも利用されるなど、カール大帝ゆかりのアーヘンと並ぶ王権の聖地として定着することとなった。

聖遺物の巡回と熱狂

このように、聖遺物が本来安置されていた場所からつぎの場所へと、目的をもって移動することと、その歴史的な意味が移葬の主な研究対象となっていた。近年アメリカの研究者ケイト・クレイグは、定期的な巡回や何らかの事情で行われた聖遺物の移動について、当時の社会や教会との関係(崇敬、疑惑、係争)を考慮しつつ、新たな研究を刊行した。大まかに言って、クレイグは聖遺物の移動について、目的地に到着することよりも移動のあいだに何が起きるかに着目し、聖遺物の移動を企画して参加した人々や、移動中に聖遺物を迎え入れて礼拝した人々や、時として疑惑の目を向け拒絶した人々の姿を生き生きと論述している。

聖堂に安置されている聖遺物が移動する際、最も注目されたのは出発と帰還(もしくは巡回中に町や聖堂に入る)の時であり、その時に奇跡が起こって住民が熱狂するという記述が多い。これをアメリカの研究者のロバート・バートレットは「お祭り騒ぎのような雰囲気」と評している。さきに『聖女フォア奇跡の書』で、聖遺物がコンクに到着した時に、住民が歓呼の声で迎えたことは紹介した。『聖タウリヌスの遺骨の巡回』という史料は、聖遺物がリヨンの聖ニジエ教会に入堂し、五人の女性を奇跡で治したという噂が広まって町中が熱狂した様子を、つぎのように記述している。一二世紀の半ばのことと思われる。

そのような奇跡が起きたことに、町中が一変した。その前はひどく悲しみに心奪われていた人々が歓喜に沸いた。女性であることと大人であることを忘れた者たちが、自分たちの外套を投げ捨てて教会へと急いだ。若い女性たちは年相応の柔和さと乙女の慎みを顧みず、頭から被り物を落とし、若い男たちの目の前を走っていった。年取った男たちは、彼らの禿げた頭をあらわにし、他人の助けを借りずに自分の力で、足の弱さなど捨て去った。男たちと若者たちは我さきと走って、道で互いを追い抜いた。僧服をまとっている修道士と聖職者も同じ願望にとらわれた。聖タウリヌスは皆に知られるところとなり、誰からも称賛された。

この史料は住民の熱狂について語るなかで、人々が男女や聖俗の別なく我を忘れていることを記している。女性の行動については似たような記述がほかの史料にもある。一一世紀後半の聖アマンドゥスの聖遺物の移動を記した『フランスを巡回した聖アマンドゥスの遺体の奇跡』には、病んだ女性が聖アマンドゥスの聖遺物の到着を知らせるカオスのような騒ぎを耳にして、突然癒されたとある。「そして彼女は女性の習慣である（ゆっくり）歩くことに我慢できず、大急ぎで駆け出して聖遺物容れを抱きしめた」と続く。当時は女性が駆け出すことは特異なことであったのか。史料を記した聖職者（男性）は聖遺物への熱狂のほどを伝えるために、女性が駆け出す様子を記している。

　また一二世紀初頭の聖マルクールの移動を記した『聖マルク

聖クートベルトの聖遺物の移動

聖アマンドゥスの聖遺物の移動

ールがペロンヌで起こした奇跡』にも、聖マルクールの遺体が治癒の奇跡を起こすと、女性領主のアデライードは寝台から飛び起きて「女性の歩みをすてて男性の心で」教会に向かった、とある。また、さきの聖タウリヌスの聖遺物巡回の記録には、修道院長の心が熱狂に負けたという記述がある。聖タウリヌスの遺体がクリュニー修道院の門前町で奇跡を起こした時に、ユーグ修道院長は「足が動くよりも信仰が先であったため、修道院の掟と人間的成熟によって駆け出すことはしなかった。しかし自分自身を律しきれず、ほんの少し走ってしまった」。

このように習慣や身分の秩序を無視したような熱狂が、聖遺物移動の反響が高かった証として記されたのであろう。

ただカオスのような熱狂で迎えられた聖マルクールの遺体については、町を去る前日になって聖俗の有力者がつぎのように公布した。すなわち整然と行列で送り出すこととしたうえで、全住民が行列に参加することが許されたという。聖遺物への熱狂（とくに俗人のあいだでの）は、統治者や史料記述者（多くは聖職者）にとって、聖人（聖遺物）の力が認知されていることの証でもあったが、その一方で秩序を保つのに懸命となる貴顕の姿も垣間見える。

聖遺物に触れる

聖遺物が、安置されている聖堂から出て移動し巡回するのは、俗人にとって聖遺物（容れ物）に触れる貴重な機会であった。この例は枚挙にいとまがないが、少し変わったものを紹介する。一一世紀半の『フランドルの道中で聖ウルスマルスが起こした奇跡』には、ある村で一人の女性が聖ウルスマルスの杖を手にすることができ、それを聖水（聖職者が祝福した水）に浸し、水を病気の息子に与えた。息子の病は癒えて、聖遺物容れのまわりを息子とともに三度回った、という物語がある。

聖遺物と聖水の相乗効果であろうか。本章の主題とは少々外れるので詳しくは述べないが、聖職者が祝福した聖水が起こした奇跡の物語も数多く書かれている。

また『聖バソルスの奇跡』には、毎年定期的にランスに移葬されるバソルスの聖遺物が通りかかった時に、一人の俗人女性が病の娘を投げたところ、娘は奇跡によって癒えたという話がある。すると彼女は聖遺物の前で、「モーゼの契約の箱」をエルサレムで迎えたダヴィデのように踊り、行列は進んだという。新約聖書の『使徒言行録』第五章に、ペテロなど使徒たちの進む道に病者が群れを成して、その影に触れようとする記述があることをも思わせる。

聖遺物の巡回に同行したり、担ぎ手を志願したりする俗人も多かったようである。フランドル伯のボードワン七世の一一一七年の証書には、伯自ら聖アマンドゥスの聖遺物を運んだことが記載されている。「その日、私ボードワンはキリストの敬虔な司祭である聖アマンドゥスの体が、二つに切断されるべき樹木のもとに運ばれることを命じ、切断の証人として不遜ながら私自身この聖人のいとも聖なる体を運んだ」。

もとは聖遺物の担ぎ手は聖職者に限定されていたといわれるが、次第に適格な者であれば俗人にも許されたようであり、パリの聖ジュヌヴィエーヴ修道院では「修道院にゆかりある良い人々が選ばれ

聖遺物容れに触れようと群がる人々

た」とある。第2章ではサン・ドニの聖遺物を国王ルイ六世が運んだことについて述べた。また『聖ランデリクス伝』は、熱意だけでは担ぎ手に選ばれない旨をつぎのように記している。

このことを書かないわけにいかない。その同じ日に、聖なるランデリクスの遺体が法的な行為のために前述の村に運ばれる時、聖なる場から運び出されようとするとウィレベルトという名の男が担ぎ手のところに走ってきて、その一人に自分も任を負わせてほしいと願った。しかし棺の台がその男から離れて誰も持ってないのに宙に浮いた。彼は地面にあおむけに倒れ、示された力によってマヒした。修道士たちが讃歌を歌って、ようやく起き上がった。私が思うに、彼は聖なる守護聖人の体を担ぐにふさわしいかどうか十分考えていなかったので、このようなことが起きたのだ。

移葬をめぐる俗人の役割

聖人礼拝や聖遺物が中世の社会で果たした社会的な役割については、一九七〇年代ころから八〇年代にかけて、アメリカのギアリ、フランスのシガールの研究によって、歴史学だけでなく美術史、文学、考古学などの分野でも注目されるようになった。一九九〇年代にはフランスのボゾキらによってシンポジウムが開かれて、中世の社会や文化を論じる重要なテーマとなっている。

しかし中世中期までの史料の多くは教会関係者によって書かれていることもあり、民衆たちの聖人礼拝や聖遺物崇敬に対する姿勢や考えは、俗人の手で直接残されていない。それもあって教会が、信仰のためだけでなく社会的・経済的な利権や名声のために、守護聖人や保有する聖遺物の力を宣伝する側面が研究の主体となってきた。もちろんそのような理解は間違いではないが、本章で紹介しているアメリカのクレイグなどによって、俗人が聖遺物礼拝で主体的な役割を果たしていた側面にもスポットがあたりつつある。前章で述べたバイユーのタピスリーに描かれた物語でも、聖職者は関与しつつも世俗の君主がキーパーソンであったことが思い出される。ここではクレイグの研究を参照しつつ、俗人（とくに民衆）が聖遺物にどのように向き合ったのかを考えてみたい。史料の大半は聖職者が記したものなので分析には注意が必要であるが、そこには教会の意図に単純に追従しない俗人の姿、世俗の事情や俗人の動きに配慮しつつ行動する教会のありかたが垣間見える。

ベルギー国境近くのフランス北部ソンム地方にあるリュコネー修道院では、聖遺物の移動をめぐって俗人と修道士の間で駆け引きが行われた。おそらく一一世紀の終わりころと思われる。これについて『聖ワラリクスの奇跡』の記す経緯はつぎのとおりである。

リュコネー修道院はフォークールという地域の土地を騎士ジスレベールとの係争の末に獲得した。所有権を確かなものにするために、修道院は聖ワラリクスの聖遺物を同地に巡回させる計画を立てた。しかし修道院の俗人守護（advocatus）のレナールは「修道士が不法なことを準備し、守護聖人を安置された座から動かすのはふさわしくない」と、移葬に反対した。レナールは街の門を施錠してカギを自分の城に隠し、聖遺物が出ることを阻止した。これに対して、聖遺物の出発を見ようと集まった民衆は失望した。そして怒りは移葬を企画した修道院長にも向けられた。移葬の目的は間違っていて、聖人を無駄に煩わせることになった、というのである。

修道士たちは集会を開いて移葬を中止することにしたが、二人の若い修道士（ジャンとワルテール）が年配の宝物係エヴラールとともに移葬を敢行した。宝物係は、強いられて奇跡を行う聖遺物を叩かれるロバにたとえ、二人の修道士にワラリクスの聖遺物を取り出すよう命じた。そして聖人ゆかりの聖歌（レスポンス）を唱えながら進み、民衆に聖遺物を示した。そして門のほうへ向かい、そのあいだ宝物係エヴラールは「起きろ、起きろ、ワラリウス。きょう町に力を発揮しなかったら、この杖で叩かれることになるぞ」。この叫びに町中の人々や修道士も集まり、施錠された門に到着した。エヴラールがもういちど聖遺物を恫喝すると、町中の門が開錠し、行列は外に出て聖遺物の巡回が実行されたという。

上記のリュコネー修道院の近くにあるサン・リキエ修道院で、修道士アリウルフが記した『サン・リキエ修道院年代記』には、聖遺物の移動をめぐる聖俗の人々の駆け引きが記されている。一一世紀末から一二世紀初頭の時期に、修道院は聖リシャールの聖遺物の周辺の町の巡回を企画した。目的は火災によって損壊した塔と聖堂の再建費用の捻出（寄進を募ること）であった。そこには、修道士たちの聖遺物（聖人）との別れを嘆く声のあとで、民衆の嘆きの声がつぎのように記される。

見よ。我々は何をしているのか。何のために我々はこれを耐えるのか。我々の祝福されたご主人様、優しくこの上もない父は豊かな人であって、さすらい人ではない。その方がその座を離れて、修道院を離れ、祭壇は主人を欠く。そして物乞いをして見知らぬ土地に住まうのか。ここが彼の地で、その地はわれらとともにとどまる。すべてを守り養われるご主人様。我々は我々の持っているものを失わずに、あなたを送り出せるのか。

そして民衆は再建費用を負担することを約束し、聖遺物は修道院に戻った。民衆が聖遺物（聖人）移葬を物乞いとして難色を示しているが、別の個所に「聖人が遠くに運ばれるのが非難の源だったと思われる」とある。そして民衆は聖遺物の移葬期間を短縮し、九キロ離れたアベヴィルの町まで行き、寄進を得たのち日帰りとすることで合意した。

この『サン・リキエ修道院年代記』は研究者のあいだではよく知られた史料で、すでに多くの研究がなされている。そこに記された民衆の嘆きと、それによる聖遺物の帰還は一種の儀礼であったのかもしれない。またアリウルフの執筆意図は、修道院の財政危機を招いた修道院長ジェルヴァンを批判することにあったという説もある。ただ、さきのリュコネー修道院の事例と同じく、聖遺物の移葬をめぐって修道院が周辺の地域社会への配慮を行っていたことは事実と考えてよいのではないか。

移動祭壇、ゲルトルート伯妃のもの（11世紀、ドイツ）

聖遺物の出発をめぐる俗人の対応をめぐる例を紹介したが、巡回する聖遺物の到着を地域の教会が拒んだ事例がいくつか伝えられている。民衆が聖遺物を礼拝し、奇跡が起こった（神が正当化した）エピソードを紹介しよう。

トゥールネのヘルマンによる『ランのマリアの奇跡』に書かれた物語である。一一一二年にランの聖堂参事会員が聖母マリアの聖遺物の巡回に出た。カラの町に到着したが、聖ラウレンティウス修道院の修道士たちはこれを聖堂の主祭壇に安置することを拒否した。彼らはその日が守護聖人である聖ラウレンティウスの祝日であったため、聖ラウレンティウスへの礼拝や寄進が邪魔されることを恐れたと考えられる。修道士たちはマリアの聖遺物を副祭壇に安置することを認めた。しかしマリアの聖遺物巡回に従っていた民衆が、途上で彼らが見た奇跡について語ると、人々は主祭壇の聖ラウレンティウスへの奉納をやめ、聖母マリアの聖遺物に奉納した。すると修道士たちはマリアの聖遺物を聖堂から撤去したが、同地の城主は修道士たちを叱責し、一行に広いテントを与えた。その日の夕べの祈りで修道院の鐘が落下して塔が倒壊する事件が起きた。これを懲罰奇跡とみた修道士たちは、裸足でマリアの聖遺物に詣でたという。聖遺物に従っている民衆の言動と、伯が一行を保護したところに、俗人たちが聖遺物の巡回に果たしていた役割が認められる。

同じ奇跡録には、翌年ランの聖職者が聖母マリアの聖遺物を持ってイングランドに渡った時の似たような逸話が書かれている。聖霊降臨祭の日に強い雨にみまわれた一行は、クライストチャーチの教会で聖堂に入る許可を願った。対応した助祭は、雨が上がるまでマリアの聖遺物を小祭壇に置くように指示した。それは商人が集まる祭日であったので、マリアの聖遺物に多くの供物が捧げられた。助祭はこれを見て一行を聖堂から追い出した。そこで一人の商人の妻が家を一行と聖遺物のため雨宿りに提供し、ランの聖職者は携帯していた移動祭壇でミサを行った。「商人たちの一人が商売用に家にあった鐘を三つ吊るし、仲間を集めるために鳴らした……彼は仲間に聖堂の助祭が聖遺物を聖堂から除去したいきさつを話し、みなに聖堂に行くなと促した。そしてともに聖職者のいる客人の家に来て聖なる勤めにあずかろう。このあと彼らは一同で、もし聖堂に行く商人がいたら、五ソリドゥスを仲間に払うことを明言した」。

ここでも巡回する聖遺物が俗人によって歓迎されていることが記され、地元の教会は「外来」の聖遺物の来訪を警戒していたことがわかる。さらに上記の二つのエピソードで、聖職者は守護聖人が安置された主祭壇を聖堂の中心として譲らない姿勢を示していることにも注目したい。そして最初のエピソードではテントが、二番目のエピソードでは客人の家が、聖遺物を安置する聖域となり、後者では移動祭壇を使ってミサが行われていた。聖遺物とともに聖なる空間も移動すると考えられたのであろう。言い換えるなら、聖遺物の周辺が聖なる空間となり、時として聖堂よりも民衆の信心を集めたのである。

以上の二つの例では、聖遺物を安置する空間が暫定的に聖なる空間を形成し、移動中も滞在中も聖遺物（容れ）の下をくぐる行為が民衆に好まれていた形跡がある。移動する際に下から見られることを想定して、下部に装飾を施された聖遺物容れもある。またバイユーのタピスリーでも見られたように、太い二本の棒の上に棺を乗せ、これを輿《こし》のように担ぐ図像が多くみられる。これに布をかけるのは祭壇を模倣しているともいわれる。聖遺物研究の草分けともいうべきシガールは『フランドルを旅した聖ウルスメルの奇跡』で、一〇五八年に聖ウルスメルの移動中に、ある小さな村で一人の女性が棺に向かって駆け寄り、その下を三回くぐったという事例を挙げている。また『ペロンヌの聖マルクールの奇跡』で一一〇二年にコルブニーの修道士たちが聖マルクールの聖遺物とともに巡回していた時に、小修道院の前で立ち止まり、住民たちの群れにその下をくぐらせた例も付け加えている。

聖遺物を中心とする空間が聖域となり聖遺物の力が及ぶという考えは、時として判断に難しい事態を引き起こした。シガールなども引いている有名な例を紹介する。『聖ドナティアヌスの奇跡』に記されたエピソードである。

一〇九六年にブリュージュで、フランドル伯ロベールが十字軍に出発したあと、町の騒乱を治めるために聖ドナティアヌスの聖遺物が広場に出された。これはコズィオルなどによって、聖なる儀礼による秩序維持の例として考察されることもあるが、ここでは聖遺物の力をめぐる議論に注目したい。一人の少年が広場に現れて夢で聖ドナティアヌスの出現があり、癒しのお告げを受けたと言い、祈りを捧げた。たちどころに病は癒されたが、民衆は少年の近くに置かれていた別の聖遺物

（聖イレルス）の奇跡であると言いはじめた。一方、聖ドナティアヌスの奇跡であることを主張する聖職者たちは、別の奇跡を起こすように聖人に祈ったが、祈りもむなしく何も起こらず、聖遺物を教会に持ち帰ったという。このように複数の聖遺物がおかれている場合、どちらが奇跡を起こしたのかが議論となることがあり、一一世紀のリモージュのサン・マルシアル修道院では、奇跡の主を明確にするために、聖ヴァレリアの聖遺物を守護聖人の聖マルシアルの聖遺物から離す措置が取られた。

一方、聖遺物を集める習慣が一〇世紀から一一世紀にかけて高まったのも、聖域の聖なる力を高めるためであったのかもしれない。この習慣は「神の平和」にも関係し、集まった聖遺物が共同体とともに悪と戦うとも考えられた。

『聖アデラルドゥスの奇跡』には、伯の政治的な争いから聖遺物をめぐるトラブルが生じた例が載っている。一〇七〇年代にコルビー修道院の聖アダルドゥスの聖遺物がフリースラント伯ロベールのもとへ移葬の旅に出た際に、途上の教会に受け入れを禁ずる命を出した。ロベール伯はコルビー修道院を略奪し、修道院はこれをフランス王に訴えたが援助を得られず、修道院は聖遺物の力に訴えたものと推察される。この背後にはフランドル伯とフリースラント伯の争いがあるなど、事情は複雑である。いずれにせよフリースラント伯ロベールは、聖遺物が自分のもとに届くことを妨げようとしたのであろう。クルバという村では、伯の命令どおりに司祭が教会を施錠しようとしたところ「魔術でも機械仕掛けでもなく」神の力で教会の扉が突然開いた。俗人諸侯の暴力に対抗し被害を訴えるため、修道士が聖遺物を利用し、それを神の力として利用したことを示す例である。伯が宮廷に聖遺物が持ち込まれることを恐れて、移動を阻止する命令を領内に出したことは、係争における聖遺物の儀礼的な利用が有効と考えられていたことを示唆している。

聖遺物に向けられた疑い

ここまで述べてきたように、王侯から民衆に至るまで、中世の人々は聖遺物に治癒の力を期待し、不当な裁きによる拘束からの解放を願い、法的政治的な係争を有利に展開する手段とし、地域社会に秩序をもたらすことも祈った。一方で、教会側の記した記述（移葬記、奇跡録、修道院年代記など）には、世俗社会が聖遺物を真正なものと認め、聖なる力を行使することを支持した。時として共同体の守護者にして主人たる聖遺物の価値や品位を守るような配慮が散見されることも注目すべきである。

『聖女フォア奇跡の書』では、無実と思われる囚人が聖女によって解放された奇跡の末尾に、奇跡に疑念を抱くことを神の名をもって予防する言葉が記されていた。おそらく当時の人々は単純に教会が伝える聖遺物の力を鵜のみにしていたわけではなく、教会側には支持を得るための努力が不可欠であったと思われる。従来の研究では、教会側の功名な宣伝によって俗人が聖遺物崇敬に熱狂したことや、異教時代の聖なるモノへの礼拝が聖遺物への姿勢に移行した側面が強調されてきたように思われる。

ちなみに俗人の熱狂的な聖遺物礼拝を警戒した証言として、一二世紀初頭にノジャンの修道院長ギベールが記した『聖人とその聖なる証について』がよく知られているが、これは異教的な信仰を諌《いさ》めたもので、聖遺物礼拝そのものは否定していない。ここでは聖遺物の移葬を伝える史料から、聖なる人やモノをめぐる聖俗の駆け引きについて、読み解いてみよう。

俗人の疑念に対して教会側がさまざまに対応したことは、『一〇六三年の聖シギベルトゥスの移葬と奇跡』にも散見される。メスのサン・マルタン修道院には聖シギベルトゥスの聖遺物が安置されていた。シギベルトゥスの聖性については、修道院内部でも疑いがあった。しかしシギベルトゥスの名を聖人連禱《れんとう》のリストから消したフーゴーという修道士は、神の罰を受けて名前を再び書き入れたという。聖シギベルトゥスの聖遺物が巡回した時に、ある若い修道士が俗人の一団から質問を浴びせられた。移葬のあいだに見た出来事はどのようなことであったか、これまでに修道院でその聖遺物が引き起こした奇跡はどのようなものであったか、と。冗談好きであったというこの修道士は、つぎのように答えて神の罰を受けたという。「冗談だけど、この聖なる人は大口を開けて歯をむき出しにして死んだまま墓に横たわっている。なにか聖なる業を行ったとしても、本人自身は全く気づいていない」。このあと彼は正気を失って、修道院にある聖人の墓前に運ばれた。そこで罪を懺悔したところ治癒した。この物語は聖遺物や聖人を嘲笑することを諫めたものかもしれないが、聖遺物の力に疑問を持って、率直に尋ねた俗人たちにまったくお咎《とが》めがなかったことにも注目したい。教会側は聖遺物の力についての問いに、納得いくまで答える必要があったと思われる。

　またボーヴェのサン・カンタン修道院の修道士たちが、一〇七三年を過ぎたころに聖女ロマーナの聖遺物とともに旅をした際に、アルジャントゥイユ近くで地元の漁師たちに魚を奉納するか売ってほしいと願った。漁師たちの関心は聖遺物の正体と真贋《しんがん》に向き、「まず漁師たちは、この聖なる体はどこから来たもので、どのようなご利益があるのか。そして何という名で呼ばれているのか。そして最後に彼らは魚はないと答えた」（『聖女ロマーナの受難と移葬』）。十分な説明のない見知らぬ聖遺物は、民衆に礼拝されなかったということであろうか。このあと奇跡によって魚がもたらされ、聖人が崇敬されたエピソードが記される。

　聖女レウイナの聖遺物がレッフィンゲ（現ベルギーとフランスの国境近く）の町に着いた時に、「住民たちによって注目されることも礼拝されることもなかった。彼らが言うには、その聖女の名は当地では全く知られていないから」であった。聖女の聖遺物は何の奉納もされずに教会に安置された。

そこで一人の修道士が聖遺物に警告する。もし奇跡を行って聖なる人であることを証明しなければ、不名誉を背負って修道院に帰ることになる、と。このあと聖遺物は奇跡を起こし、正当なものと認められる（『聖レウイナの移葬』）。

教皇が聖人を認定して西欧全体に礼拝を薦めるプロセスが確立するのは、第7章で詳述するように一三世紀のことであった。この時期には聖書ゆかりの聖人や殉教者、あるいは広範囲で名が知られているや聖マルティヌスなどを除けば、それぞれの地域や教会で、地元ゆかりの聖人や移葬された聖遺物を礼拝していたため、地域を跨いで巡回する場合には十分な説明を要することもあったろう。教会から移葬してきた、というだけでなく具体的な証し（とくに奇跡）を民衆に示して信用してもらうことが、修道士にも聖遺物（聖人）にも求められていたことが、これらの史料から読み取れる。言い換えるなら民衆の礼拝を集めることが、聖人として認定されたと極論を述べることもできよう。他所から来た聖遺物を疑い、罵倒し、そのため罰を受けたという奇跡録や移葬記の記述からは、民衆の疑念を解消せざるを得ない教会の立場を読み取りたい。

領主としての聖遺物

それぞれの教会は守護聖人をその名に掲げ、パリの大聖堂はノートルダム（われらの貴婦人すなわち聖母マリア）、トゥールーズの司教座聖堂はサン・テティエンヌ（聖エティエンヌすなわちステファヌス）と呼ばれる。守護聖人は名前だけではなく、教会の主とされ、次章で述べるように、教会への寄進状の多くは修道院長宛てではなく、守護聖人宛てに記された。たとえば一〇世紀にアキテーヌ公ギヨームがクリュニー修道院を創立した寄進状には、「聖なる使徒ペテロとパウロに私自身が所有し私の権利下にある以下の財産を引き渡すことを宣言する」とある。したがって、守護聖人すなわち聖遺物は修道院の主とみなされ、宗教的な儀礼だけでなく、修道院の財産など権益を守るとき敵を威圧し、災害など領地が危機に面した際にはエリア内を巡回した。

モンティエ・アン・デルの修道院長アドソ（小説『薔薇の名前』の主人公のモデルともいわれる）は、一〇世紀初頭に地域の領主たちが暴君となって修道院の財産を犯しはじめたことについて、著書『聖ワルベルトゥス伝』でつぎのように述べている。「王も裁判も存在しなかったので、誰がこれら不信仰な者たちの邪悪な行為に対して真の裁きを考えて抵抗してくれようか。彼らの大胆な略奪に対して、多くの聖職者は聖遺物を巡回させることを強いられた。人の力で抗えなかった者たちを、聖なる力を見せることで抑圧できたのである」。

ディジョンのサン・ベニーニュ修道院に安置されていたラングルの聖ウルバヌスの聖遺物は、一一世紀の初頭に修道院から何度も持ち出され、所有権争いの対象となったブドウ畑を巡回した（『ラングル司教聖ウルバヌス伝』）。中世ブルゴーニュの拠点の一つとして栄えたサン・ベニーニュ修道院は、司教で殉教者の聖ベニグヌス（ベニーニュ）を守護聖人としてその聖遺物を保持していたが、ラングルの聖ウルバヌスはブドウ収穫を豊かにするとして礼拝されたため、ブドウ畑を守る係争に持ち出されたのであろう。また一〇世紀初頭には、北イタリアのボビオ修道院が、その守護聖人である聖コロンバヌスの聖遺物をパヴィアの教会会議に「出席」するために移動した。その際に修道院の所領の境界を明確にするために、十字架と釘が目印として残されたというオハラとテイラーの研究がある。

このような領域確認のための聖遺物巡回は繰り返し行われて、所有を確かなものとした事例も複数確認できる。たとえば『聖フベルトゥス伝』によると、聖フベルトゥスの聖遺物が、九五五年にエティエンヌ伯の寄進を確認するために、係争となっていたショーヴァンシーに行った。この時はケルン大司教ブルノをはじめとする証人たちの要求に答えたものであった。七〇年後に同地の所有がティエリ公の弟フリードリヒによって脅かされると、聖遺物は再び同地に向かった。

土地をめぐる係争の物語が、聖遺物礼拝の高まりによって改編された事例もある。『聖女フォアの奇跡』第一巻に、一一世紀初頭にグラッセンダという名の女性が、修道院の所有となっているパラスという土地の権利を主張し、修道院側はトゥールーズ伯レーモン二世から寄進されたものと反論した。両者の係争が複雑化した時、暴力で土地を横取りしようとしたポンスという若者が雷に打たれて死ぬという事件が起きた。グラッセンダはこれを神罰と考えて土地の要求を取り下げた。第二巻でも同じ事件が描かれるが、ここでは聖女フォアの聖遺物がパラスに運ばれて奇跡を起こしたことが記される。第三巻では複雑な係争や雷のエピソードは省かれ、聖女フォアの聖遺物がパラスに運ばれ、道中で奇跡が起きたことが記される。聖人をめぐる物語は、時代の変化とともに改編されることが多いが、これは聖遺物の効果が次第に高まっていったことを示すものかもしれない。

なお『聖女フォア奇跡の書』には、土地を修道院に寄進した者の孫が土地の返還を要求した時に、修道士は聖女フォアの聖遺物とともにその地に向かうと、要求した人物は屋根が落ちて死んだという物語がある。また修道院に敵対する者に広場で聖遺物を十字架とともに示したという記述もあり、権益をめぐる修道院と地域社会の関わりでは、聖なるモノが役割を果たしていたことを示している。

このような聖遺物（聖人）の力を住民の記憶に残すために、聖人の巡回の跡をいわばランドマークとして残すことも行われた。そこを清められた場所として、記憶に残したともいえる。いくつかの例を紹介する。

現在のベルギーの南部で、中世では地域の拠点の修道院であったマルメディ修道院では、三聖人の聖遺物（聖クイリヌス、聖ニカシウス、聖スクビクルス）のために三つの聖なる場所を創出した。一つは奇跡で一人の女性の病が癒えた泉で、一つは聖遺物と随伴した民衆が休んだ野原が永遠に緑にとどまった場所で、一つは聖遺物がとどまった場所で十字架が目印となっている。

ヌアイエの聖ジュリアンが、シャルーで開かれた有名な神の平和会議に赴いた際、聖遺物がとどまった場所に民衆が十字架を立て、この十字架は熱を下げる効能を持ったという。またリュフィアックの村では、十字架がとどまった場所に住民が水をせき止めて池を作り、その水は奇跡を起こしたという。

『フランドル巡回の道中で聖ウルスマルスが起こした奇跡』では、疫病など天災に見舞われた際に聖遺物がブラバント全体を巡回したことが記され。『聖タウリヌスの遺体の巡回の書』では、聖遺物が巡回した場所は空間を清めたことが記される。「神によって選ばれた最も栄光ある証聖者にして穢《けが》れない子羊は、彼が行く先々どこでも汚れや穢れは消される。そのため小さなけがれた動物であるハエは、聖人の銀の像に止まるたびに死んで地面に落ちる」。

このように、聖遺物ゆかりの場所が聖なる場所として領主の攻撃から逃れるだけでなく、民衆によっても記念の地とされ、聖遺物が接触した木、水、土地などが奇跡を起こすとされていたことがわかる。これらは単に古来の自然崇拝の置き換えではなかろう。

本章では、地域社会の聖域ともいうべき教会や修道院の記録から、保有している聖遺物の移動を通して民衆に聖なる力をアピールするとともに、民衆がどのように聖遺物の力に向かったのかを、コンクの聖女フォアの奇跡物語の分析や、フランドルの多くの事例についての最新の研究を紹介しつつ考察してきた。民衆は宗教的な次元のみならず、社会のさまざまな側面で聖なる力の働きをたのみ、教会や修道院は世俗世界の要求を配慮しつつ聖なる力をアピールしていたようである。

次章では、同時期の西ヨーロッパで最大規模を誇り、豊富な史料が残るクリュニー修道院の聖人と聖遺物礼拝について考察し、修道院と社会の関わりについて詳しく論じてみたい。また南西フランスの古刹モワサック修道院の事例を合わせて考察し、同修道院がクリュニー修道院の傘下に入るとともに、その聖人礼拝を導入することで地域の中心的な役割を担うに至った経緯を論じる。

第4章　修道院による聖性の創出

ここまで第2章と第3章で、紀元千年前後から一二世紀ころまでの西欧中世社会の確立期に、聖なる人やモノが果たしたさまざまな役割について紹介してきた。すなわち聖人と聖遺物、聖遺物容れや聖人ゆかりの木や泉、そして聖遺物が納められた聖堂を中心とする聖域が、宗教的な次元や教会のなかだけでなく、政治、経済、法、文化の各分野で、王から民衆までさまざまな身分の人々に聖なる力を発揮してきたことについて、新しい研究や史料に基づいて考察を進めてきた。

カール大帝が創建したキリスト教王国としてのフランク王国は分裂し、ローマ教皇もローマ・カトリック世界に統一規範を徹底させるだけの力はまだなかった。封建社会と呼ばれる世界に生きる人々は、法的、経済的、精神的な秩序と平和を維持するために、聖なる力に頼ることが多かった。そのころの西ヨーロッパの国々では、有効な法や、法令を均一に執行するシステムが欠けていたように、聖人の認定、聖遺物礼拝、聖域の画定などについて統一した規定はなかった。ただ聖なる力にたのむ姿勢は、キリスト教の教義に従いながらも、古くからの慣習と伝統を継承するかたちで共有されていたことを、第2章と第3章でみてきた。

本章では聖遺物への礼拝や聖遺物を用いた儀礼、聖人や聖遺物の社会的な働き、聖域の創出について、詳細な史料が残っているクリュニー修道院とモワサック修道院の事例を取り上げる。修道士たちが世俗から離れて修行に専念する修道院は、もとより脱俗的な聖域であると思われがちだが、修道士たちがどのように社会との修道院の境界線を画定して聖なる空間を創出したのかを改めて考察してみたい。そして、聖人礼拝や聖遺物礼拝が育まれ、どのように営まれ、それを通していかに社会と関わったかについて、残された史料をもとに考察してみたい。

西南フランスのモワサック修道院はクリュニー修道院の傘下に入ってから発展を遂げ、地域の中心的な聖域となった。修道院建築や装飾は西南フランスを代表するロマネスク様式の傑作として現存し、小説『薔薇の名前』の舞台のモデルの一つともいわれる。ここでも守護聖人の人気にあやかって、多くの奇跡物語が書かれ、聖遺物が納められた祭壇は法的な契約の場としても使われ、聖遺物のコレクションがなされた。

1　クリュニー修道院の創立と発展

ブルゴーニュ地方南部のクリュニー修道院は、教皇直属の修道院としてあらゆる聖俗権力から解放された組織として、一〇世紀初頭に創立した。残念ながら建造物の多くはフランス革命後に破壊されてしまったが、そこに残された膨大な史料からは、聖域が創出され、発展し、これに従う支院が西欧各地に建てられていった経緯がわかる。

聖域の中心である聖堂は、二度の改築を経て当時の西ヨーロッパで最大規模となり、修道士たちは聖俗のあらゆる人々から依頼と寄進を受けて、死者の魂の安寧などの願いを神にとりなす祈りを行った。このような「代禱《だいとう》」とも呼ばれる祈りでクリュニー修道院が発展したことについては、すでに多くの研究がある。修道士の居住する空間（原則部外者立ち入り禁止の聖域）が拡大し、その一部は法的契約の場や外部にメッセージを発する書物や文書の作成の場となった。さらに修道院を囲む門前町や修道院の所有する広大な領地も、広義の聖域として周囲の聖俗権力から保護された。

クリュニー修道院の南翼

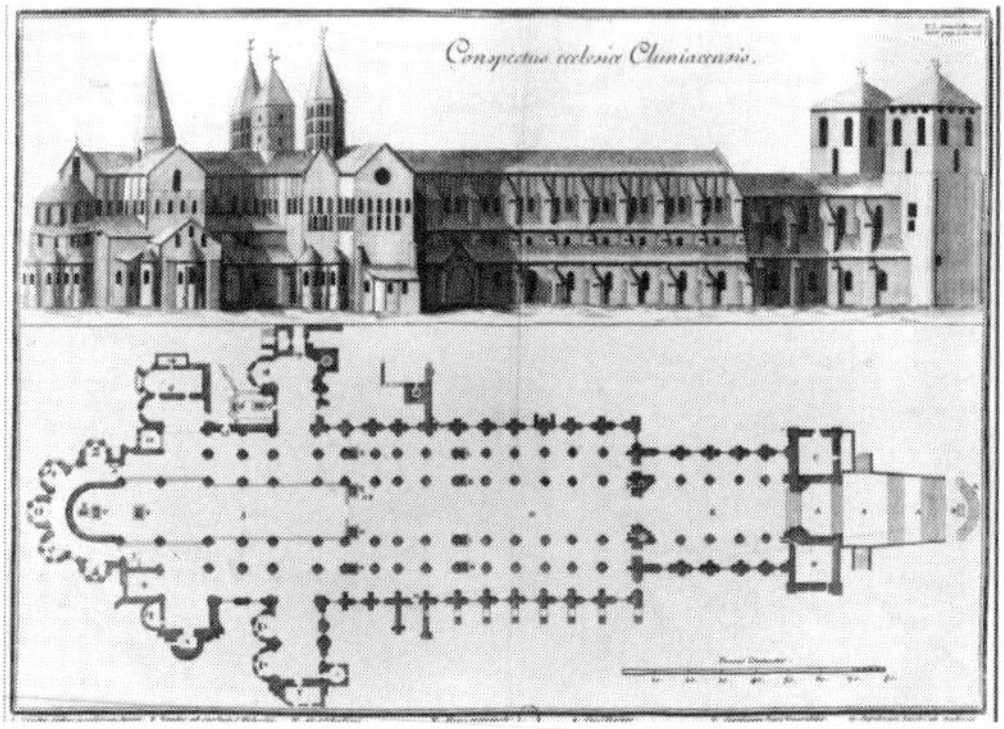

クリュニー修道院（二度目の改築後）の側面図と間取り図

修道士たちは『ベネディクトゥスの戒律』に従う生活を営んでいたが、次第に典礼や生活の細かい規定を定めた『慣習律』がたびたび文書化された。それは慣習を文書化することで、各地の支院で共有し、世代を超えて伝えるためと思われる。これらの慣習律で定められて聖遺物にまつわる規定や、典礼規定を読み込むことで、聖遺物礼拝や典礼の様子を再現することができる。

なおクリュニーという名でパリのクリュニー美術館（国立中世博物館）を思い出す方がいるかもし

れない。この建物は、一五世紀末にクリュニーの修道院長ジャック・ダンボワーズがパリに滞在するあいだの居館であった。現在は博物館となって、所蔵する有名な一角獣のタピスリーをはじめ、数多くの中世の美術・工芸品は多くの来場者を魅了しているが、その建物もフランボワイヤン様式の傑作である。ちなみに同美術館は長い改修を経て、コロナ禍収束期の二〇二二年に再開した。

聖俗権力から自立した修道院の創立

クリュニー修道院は、創立時から外部の聖俗有力者の干渉を排除して『ベネディクトゥスの戒律』を守って生活するという特権を得ていたために、これに倣おうとする修道院が相次いで、「クリュニー改革」と呼ばれる運動となった。クリュニーの支院が一二世紀にかけて西ヨーロッパ各地のみならず、十字軍の遠征先の中東やレコンキスタの最中のイベリア半島にも建てられた。ここでクリュニー修道院の創立を詳しく考察してみたい。ワインで有名なブルゴーニュ地方の南部に、アキテーヌ公ギヨームの寄進によってクリュニー修道院が創立したのは九一〇年のことである。今に残る寄進文書には動機がつぎのように記されている。

神の恩寵により公にして伯である私ギヨームは入念に考えて、許されるあいだに自分の救済に備えることを熱望し、現世で私に一時的にもたらされたものから、いくらかを魂の利益のために用いることが有効であり、それどころか不可欠であると判断した。〔中略〕この目的をよりふさわしく達成するためには、キリストの戒めに従い「彼の貧者を友にする」ほかはないと思われる。こうした行いが一時だけではなく絶えずに果たされるように、私はみずから出費して誓願を経た修道士の共同体を扶養したい。

「自分の救済」「魂の利益」とあるのは、寄進文書全体の文脈と当時の慣習から、死後の魂が永遠の救済を得る意味と思われる。これはカロリング期から続いている寄進と引き換えに修道士に祈禱を委託する慣習で、いわば財を天に積むという発想であろう。寄進者の命日に祈禱を行うために作成されたリスト「周年記念禱名簿」が、クリュニー修道院でも、支院でも作られ、次第に死者への追悼典礼の数が増大してゆく。ついで寄進する内容について、つぎのように記されている。

神とわれらの救世主イエス・キリストへの愛のために、私が権利を有する以下の物件を私の所有から聖使徒ペテロとパウロに引き渡すことを告げる。すなわちクリュニーのヴィラを、屋敷地と領主直営マンス（住居と農地）、神の母聖マリアと使徒のかしら聖ペテロに捧げられた礼拝堂とともに、ヴィラに付随する一切の物件、すなわちヴィラ、礼拝堂、男女の農奴、ブドウ畑、畑、採草地、森林、水場と水路、水車、出入り用の通路、耕地および未耕地と共に……。

第2章と第3章でも述べたように、修道院や教会に寄進を行う場合、寄進を受けるのは修道院や教会の守護聖人とされていた。クリュニー修道院はキリストの弟子の頭であったペテロと、広く宣教を行い聖書に残る書簡を記したパウロを守護聖人としていた。

そして寄進の条件として、クリュニー修道院が外部の干渉を受けることなく、ローマ教皇に直属することを明記する。

（寄進の条件は）聖なる使徒ペテロとパウロに捧げられた修道院が『聖ベネディクトゥスの戒律』に従って生活する修道士たちが共住生活を営むことである……ベルノン修道院長の死後、

修道士は神の意図と『聖ベネディクトゥスの戒律』に基づいて、彼らが欲するクリュニーの修道士を修道院長として選出する権利と自由を持つ。その際に修道士は、我々やほかの権力の干渉で修道院長の選出を妨げられてはならない……さらに修道士たちは二人の使徒（ペテロとパウロ）の保護とローマ教皇の庇護を受けるべきである。

今後、クリュニーの修道士は、われわれの親族の権力、王の支配、地上のいかなる束縛にも従ってはならない。世俗の諸侯、伯、司教、ローマ教皇は……彼らの財産を奪い、譲渡し、切り取り、交換し、贈与として誰かに与えたりしてはならない。また修道士の意思に反して、その上に高位聖職者を置いてはならない。

このような寄進と特権を得たクリュニー修道院は、ベルノン修道院長のもとで創立した。それから一二世紀までの約二〇〇年のあいだに六人の優れた修道院長のもとで拡大し、三〇〇〇人の修道士を擁し、領地は半径五キロに広がり、外部の権利から自立した聖域となった。

聖なる場としてのクリュニー修道院

初代の修道院長ベルノンが九二七年に亡くなると、ベルノンに従ってクリュニー修道院に入ったオドンがその後継者となった。彼は王や教皇をはじめとする聖俗の有力者から特権を得て、修道院の利権拡大に努めた。修道院長就任まもない九二七年九月に、西フランク王ラウルから既得権を保証する書簡を受け、九三一年三月に教皇ヨハネス一一世から既得権益を追認されるとともに、修道士を自由に受け入れることが認められ、所領の特権（インムニタス）承認が明記された勅書を得た。

さらにそこでは、現在のスイスにあるロマンモティエ修道院などクリュニーに倣う各地の修道院はクリュニーの支院であることが承認され、クリュニーを中心とするネットワークが教皇の認可のもとで生まれていった。

オドンは九四二年に没し、そのあとをエイマールが第三代修道院長として継ぎ、九五四年には第四代のマイユール修道院長が就任した。マイユール修道院長が着任早々に教皇アガペトゥス二世から受けた特許状では、クリュニー修道院の既得権が確認されたうえで、クリュニーの修道院生活、聖域、不可侵性が守られることが加えられた。そして修道士が世俗から離れた聖域に生きる純潔性が尊重された。クリュニーが聖なる場であることが、詳しい文言で承認されたのである。さらに九五五年の西フランク王ロテール三世の勅書は、この聖なる場が所有するものを確認し、クリュニーを「修道院の城」（カストルム）と表現して、修道院が所有権を伴う世俗領主の権利を持つことを示した。そして聖堂と修道士の居住空間の改築が始まり、「第二クリュニー」と呼ばれる建造物が造営された。九八一年には聖堂の献堂式が行われ、ペテロとパウロの聖遺物が納められた祭壇が置かれた。この時、ペテロとパウロの聖遺物が移葬された、という記述が、クリュニー修道院で聖遺物保有についての最初の文書記録と考えられている。

オディロン修道院長と聖なる力

九九一年にマイユール修道院長が没すると、オディロンが第五代の修道院長に着任した。紀元千年前後の時代のクリュニー修道院の舵取りを担ったオディロンは、第2章と第3章で述べたような聖なる力を活用し、聖俗両面での地位を確かなものとした。彼は神の平和会議で修道院の権限を確認し、多くの聖遺物を集め、慣習律を編纂して聖遺物に関する儀礼を詳細に定めた。オディロンの時期に聖遺物に関する記述が増えるのは、オディロンの修道院運営の方針かもしれないが、この時期に聖遺物とその力が社会に広く共有されるようになったからなのかもしれない。

彼は着任まもない九九四年にアンスで行われた教会会議に出席した。そこで「神の平和」が宣言され、暴力に対する秩序維持が表明されると、オディロンはクリュニー修道院の領内にある教会、町、城、ヴィラに対する修道院の権利を確認した。そしてアナテマ（破門とほぼ同義）の罰を持って、クリュニーの領域と近辺に城を作ることを禁じ、この合意を守る者には平和を、破る者には「アナテマ」を与えるとした。

そして一〇二四年に教皇ヨハネス十九世が発した勅書により、クリュニーに従属するすべての修道院（支院）に、クリュニーと同じように司教からの免属特権が付与された。またクリュニーの墓地も祭壇などと並ぶ神聖な場所としての特権が与えられた。これは死者と生者のために祈るクリュニー修道院にとってはもちろん、またキリスト教世界での聖なる場所の性格や（とくに墓地の神聖化）、葬儀と埋葬の位置づけにとっても画期的なとりきめとなった。

これに続いて一〇三〇年ころにオディロンは、一一月二日をクリュニー修道院がすべての死者を追悼する日と定め、教皇ヨハネス十九世の承認を得た。なおこの前日の一一月一日はすべての聖人に祈りを捧げる「諸聖人の祝日」としてすでに公認されていた。フランスのジャック・ル・ゴフは著書『煉獄の誕生』で、祈禱の効果によって死者の魂が救済される慣習が広まり、死者が罪を清める場（煉獄）の存在が理論化されたことを論じているが、オディロンをその形成期の人物として取り上げている。クリュニー修道院は、現世と来世と仲介する聖なる場としても、重きをおかれていったといえよう。

またオディロン修道院長の在位期間には、クリュニー修道院の慣習律が編纂された。そこには聖遺物に関する記述が増える。最も古いものは『古慣習律』(Consuetudines Antiquiores)と呼ばれる。これはさまざまな版や断片が存在していて成立年代の解明が難しいが、おそらく一〇世紀末から一一世紀初頭にかけて成立したとされる。そのころ聖堂が改築され、ペテロとパウロの聖遺物が移葬され、修道院生活で祈禱の比重が増して、クリュニーの独自な典礼と慣習を成文化する必要が生じたことが、慣習律の編纂に至った要因であろう。

その棕櫚《しゅろ》の主日(復活祭の一週間前の日曜日)の典礼を定めた部分で、聖遺物を用いた典礼の規定が定められている。まず助修士たちがろうそくと聖水をもって聖堂に入り、朗読福音書を運ぶ数人の修道士が続き、ついで二人の修道士が大きな聖遺物容れ(cassam maiorem)を運び、そして聖ペテロの像を持った二人の修道士が入堂する、とある。この「聖ペテロの像」は、聖遺物の入ったペテロの胸像と思われ、ほかの慣習律でも最重要の聖遺物として典礼で用いることが定められている。

一一世紀の前半から半ばにかけて成立した慣習律『道の書』(Liber tramitis)は、『古慣習律』を土台にしつつ、そのあと導入された典礼改革を反映したもので、典礼や修道院の管理運営について三五章にわたって詳細に定めている。その第三一章「香部屋係について」(De sacristiis)には、修道院が所有している聖遺物の一覧が記されている。そのなかの「聖遺物について」という小見出しに続いて、保有する聖遺物が四種類に分けられて列挙されている。

まず『古慣習律』に記されていたペテロを象った聖遺物容れと、そこに収納されている多くの聖遺物が記される。記載順に、真の十字架の断片、マリアの衣の切れ端、ペテロ、ヤコブ、ステファノ、セバスティアン、チェチリア、ゲオルギオス、罪なき嬰児《みどりご》たち、ドニと従者、イエスの墓石・イエスが昇天した岩、イエスのゆりかご、蘇生したラザロの墓石、モーゼの杖の断片である。ついで数人の司教、銀製の箱に納められた教皇グレゴリウスと教皇マルチェルス、最後に箱に納められたマイユール（第四代クリュニー修道院長）の髪である。ペテロの像をフランスの研究者アラン・ゲーローが「まさしくアリババの洞窟」とたとえているように、そのなかにはパレスチナ、ローマ、サンティアゴなどキリスト教世界の主要な聖地に由来する聖遺物が納められており、巡礼で得られる聖なる力が凝縮しているといえる。

ちなみに「香部屋」とは聖堂での典礼を準備する部屋で、聖堂に付設していることが多い。香部屋は寄付された高価な品物や、貴重な書籍、聖遺物を所蔵することもあり、クリュニー修道院の香部屋にも貴重な品々が収納されていたことがわかる。ゲーローは、一〇世紀の末ころにクリュニー修道院の役務修道士ガルニエが、ペテロ像の聖遺物容れを携えてヴァランソルに赴き、修道院権益を犯した領主に対して、聖遺物の前で誓約をさせたという事実を紹介している。ここでも聖遺物は礼拝されるだけでなく、「使われた」ことが示されている。

集められた聖遺物にはランクがあったようで、「小さな聖遺物」（reliquiae minores）を典礼のあいだに運ぶ規定は、第一章「待降誕節」（クリスマス前の四週間前）の夜のミサをはじめ六ヵ所に記されている。個々の聖遺物のランキングは明記されていないが、さきほどのペテロの像に収納された聖遺物の順番は一つのヒントになるかもしれない。すなわちキリストの受難にまつわる品、聖母マリア、使徒、殉教者、証聖者（殉教せずに聖人と認められた者）という順である。クリュニー修道院では、第3章で記したような地元の聖人や修道院にゆかりのある聖人の聖遺物よりも、キリストやマリアゆかりの聖遺物、使徒など聖書ゆかりの聖人や、教皇など高位聖職者の聖遺物が集められ、重んじられていたといえる。教皇に直属して、全西欧にネットワークを広げていたクリュニー修道院は、自らを超地域的なキリスト教世界の聖地として権威付けようとしていたのかもしれない。すなわち第2章で扱った王や皇帝が好んで保持した聖遺物が、聖槍や司教殉教者などが中心であったのと似ている。

『道の書』第六章の「枝の主日」の行列の順番も、聖遺物のランクを知る手がかりになる。そこでは、「聖なる師父たちの聖遺物」、ついで教皇グレゴリウス、ついで教皇マルチェルスの聖遺物が、それぞれ二人ないしは四人の修道士で運ばれ、最後にペテロの像が四人の修道士によって運ばれるとある。当時の聖遺物移葬を描いた図像から察するに、聖遺物容れには長い棒が付いていて、お神輿《みこし》のように担がれたのであろう。聖ペテロの像のみ四人で担ぐとなっているのは、重さのためかランクが高いためか。これが最後に運ばれるのは、大相撲の土俵入りのように、ランクの高いものがあとになるコンセプトであろう。

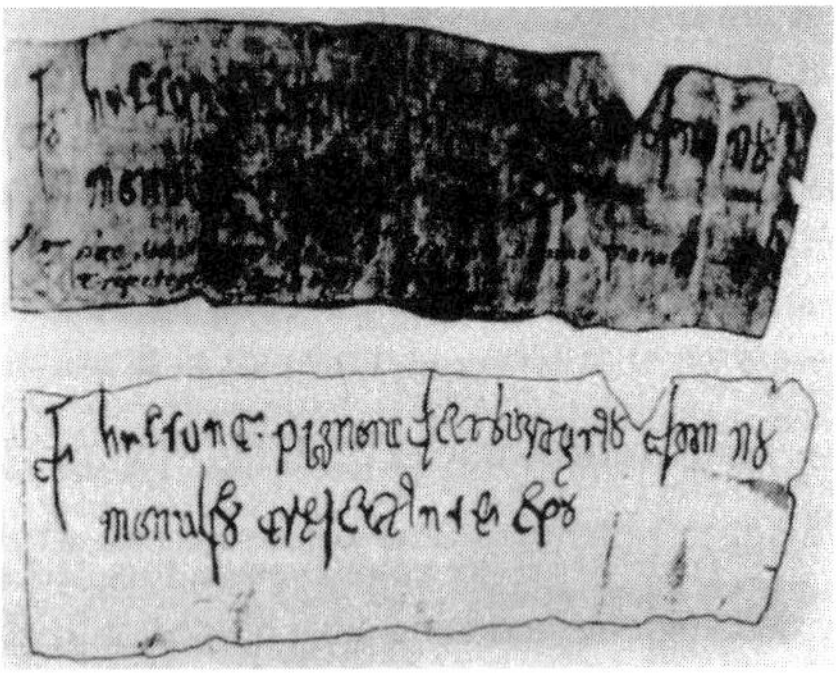
マーストリヒト司教マヌルフの聖遺物の名札

また行列には、聖遺物のほかに聖なるモノとして、十字架、香炉、聖水、燭台など祭具のほか、朗読用福音書や皇帝ハインリヒ二世から贈られた皇帝の権威を示す権標といわれる笏《しゃく》や宝珠なども加わった。
なお聖遺物収集は、クリュニー以外の有力な修道院でも行われていて、その最も古いリストは九世紀初頭にサン・リキエ修道院で記されたものといわれる。これはアンギベルトゥス修道院長が、その著作『サン・リキエ修道院代記』に挿入した目録である。アンギベルトゥスはアルクィンの弟子のひとりで、カール大帝の礼拝堂の責任者を務めた人物である。そのリストには真の十字架をはじめとするキリストゆかりのものを筆頭に、使徒、殉教者、聖人、聖女の順番で一七三の聖遺物が記載されている。十字架をはじめ、聖地にゆかりある品（棺の破片、土、衣）が教会に集まるのは、聖地を巡礼した人が土産として奉納する、という古代末期からの習慣との説もある。聖人の遺体よりも重視されることもあったという。

ちなみに、その多くには羊皮紙の小片がついていて、名札の役割を果たしていた。これら名札（authentiques）は、見ただけでは何だかわからない木や衣の欠片が、尊い聖遺物であることを示す鑑定書のようなもので、いまでも各地の教会や修道院に残っている。

十字軍時代になると、聖地からキリストやマリアゆかりの品と称する聖遺物が西欧に流入するようになる。聖遺物のコレクション熱は次第に高まってゆき、キリストの聖十字架のようにランクの高い聖遺物が地域の司教座教会や修道院でも保持されるようになり、聖遺物礼拝は新たな時代に入るが、これについては第6章で詳しく考察する。

聖遺物が修道院外に出る機会

クリュニーで定められた慣習律には、枝の主日やキリスト昇天祭の祝日に修道院内部で行列する際に、聖遺物を用いることが定められている。ただ、さきにアラン・ゲーローの研究で紹介したように、特定の機会には聖ペテロの像（聖遺物容れ）が修道院外に持ち出されることもあった。『道の書』第二七章「行列について」では、聖遺物の出発と到着の典礼について、儀式とドレスコードの規定などを含めてつぎのように詳しく規定している。

聖遺物がどこかに運び出されなくてはならない場合、つぎのように行うこととする。宝物係（armarius）もしくは任に当たる者とともに、知らせるべき時になったら全員に周知する。そして修道士たちは外套（cappa）をまとい、子供たちは白い衣（alba）をまとう。聖遺物は然るべき場所に置かれ、聖堂の係りの者は鐘を鳴らす。二つのろうそくを二人の助修士が持ち、それに聖水、十字架、香炉、旗をもつ修道院の所領に住む者（famuli, 直訳すれば身内の者）が続く……聖歌隊は聖母マリアの答唱と聖遺物に関連する別の答唱を歌い、香が焚かれるなかを、全員が一緒に修道院を囲んでいる壁の外に門を通って出る。そのとき聖遺物を運ぶために列席した修道士と修道院の領民は、聖遺物が必要な場所に運ばれるようにしなくてはならない。

聖遺物が修道院に帰還する際も、同じように遅滞なく全員に告知され、鐘が鳴り香が炊かれるなかを、聖遺物を出迎えることが規定されている。第3章では、奇跡録や聖人伝をもとに、聖遺物を伴う行列が大聖堂や修道院から出入りすること自体が、群衆が集まる一つのイベントになっていたことを論じた。修道院にとっても、これは定期的に行われる大きな行事であったことがわかる。

ちなみに『道の書』の第二七章には、聖遺物の移動に関する規定のあとに、王（妃）、司教、修道院長など身分の高い人々の入堂を、全員で行列を行って出迎える式次第が、訪問者のランクごとに詳細に規定されている。これを聖遺物の出迎えと比較しつつ紹介したい。

まずドレスコードについては、王と王妃を出迎える際に修道院と助修道士は外套を、子供たちは長衣（tunica）を纏《まと》う。司教を迎える際は修道士たちは外套を纏うが、子供たちは白衣を纏う。修道院長を迎える際は聖なるモノを運ぶもののみが外套を纏い、修道士は外套を、子供たちは白衣を纏う。行列に伴う聖なるモノとしては、王と王妃の場合に聖水、三つの十字架、二つの香炉、六つの燭台、三つの朗読用聖書とされる。司教に対しては聖水、一つの十字架、二つの燭台、三つの朗読用聖書とされ、修道院長に対してはとくに定めていない。単純な比較は難しいかもしれないが、聖遺物を移動する際の典礼上の扱いは、王と司教を出迎えるのとほぼ同じレベルで、修道院長に対するよりは上であったと考えられる。

聖なるモノへの礼拝に見る修道院と世俗君主の関係

なおフランスの研究者ドミニク・イオニャ゠プラは、『道の書』は「中世の修道院で最初に定められた、王を出迎える式次第である」としている。またアメリカの研究者バーバラ・ローゼンワインは修道院が世俗の君主を受け入れる習慣について、メロヴィング期フランク王国の時期に遡って考察し、一一世紀以降に修道院が世俗の君主に門戸を開いて、これと連携してゆく過程を論じた。この歴史的なコンテクストを考えると、『道の書』で君主を受け入れる規定を正式に定めたことは大きな意味がある。実際にオディロンが修道院長にあった一一世紀の前半に、ザクセン朝の皇帝ハインリヒ二世は妃のクニグンデとともに敬虔《けいけん》な人物で、修道院生活を順守しながら各地で改革を遂行するクリュニー修道院の運動に共感していた。さきに述べたように、ハインリヒ二世は皇帝権の証である品物をクリュニー修道院に寄付しており、これをクリュニー修道院が祭日の行列で聖遺物や聖なる祭具とともに行列したことは注目に値する。『道の書』で記された典礼は、聖俗の協力のもとに社会の秩序を維持するという思想を視覚化したのか、あるいは世俗の君主が修道院を尊重し聖なる力への礼拝を行っている姿を示したのであろうか。

クリュニー修道院の遠景（18世紀、J-P・ラルマン画）

つぎに『道の書』に定められた王を出迎える典礼の内容とその

意味を考察してみよう。王の到着が告げられると、修道院長は正装した（上着を身につけた）修道士を聖堂に集合させ、二つの大きな鐘を打たせる。王を迎えにゆく行列の先頭には、十字架、聖水、香、燭台を持った修道士、ついで二列にならんだ修道士、やがて助修士、子供たちが続く。王の前に進み出た修道院長は、これを聖水で祝福し、福音書と香を接吻させるべく差し出す。「見よ、天使を遣わす」を歌唱し、すべての鐘がなり、行列は修道院聖堂に戻る。聖堂内では聖なる十字架祭壇と主祭壇の前に絨毯が敷かれ、王は十字架の前で平伏の儀式を行う。

ローゼンワインは、この儀式と二月二日の「マリアお清めの祝日」に行われる儀式との類似性を指摘し、マリアのように純潔で神聖な修道士が住む修道院に世俗の君主が平伏するという、修道院側が描く聖俗関係をみた。さらにイオニャ＝プラは、君主が十字架に平伏したことに注目し、つぎのような興味深い論を展開している。すなわち『道の書』の記された時期に、モンテ・カッシーノ修道院をはじめとして、各地で十字架礼拝に関する言及は数多く見られるようになる。ローマ・カトリック世界ではすでに六、七世紀から五月三日と九月一四日を、コンスタンティヌス帝の母ヘレナがエルサレムで真の十字架を発見したことを祝う祝日としていたが、『道の書』ではさらに「真の十字架のミサ」（アルクィンが考案）を聖金曜日（復活祭前にキリスト受難を祈念する金曜日）と聖霊降臨祭後二週目の金曜日に行うものとし、つぎのように定めている。聖金曜日には三時課のあとで、聖堂の祭壇の前に白い衣を纏った修道士たちが集まり、助祭二人が十字架を持って入堂し、主祭壇の前で奉挙する。修道士たちは平伏し、祈り、ついで十字架を抱く。そして「聖人たちの王」「殉教者たちの王」を唱え、十字架を称える。このような規定からイオニャ＝プラは、十字架称賛はキリストの王国を称える意味があるとし、真の十字架を発見したのがコンスタンティヌス帝の母であることから、皇帝家への称賛も含まれると考えた。

さきに『道の書』第三一章の記述で、ペテロの像のなかに収納されていた数多くの聖遺物のなかに、キリストが磔《はりつけ》になった十字架（聖十字架）が含まれていたことに触れた。オディロン修道院長はキリスト教世界を代表する聖地の聖遺物を集め、これを教皇権と聖ベネディクトゥスの権威にまつわる聖遺物や皇帝権を表象する物品とともに周囲に顕示し、聖なる十字架に君侯を平伏させる規定を作ったのも、彼の修道院政策のなかに位置づけられまいか。歴代のクリュニーの修道院長教皇や世俗の君侯との関わりが強く、オディロンはラテン・キリスト教世界の中心的地位を確立しようとしていたのかもしれない。

定期的な典礼以外の聖遺物の持ち出し

ここまで見てきたように、クリュニー修道院は聖俗有力者の保護のもとで発展して各地に支院のネットワークを広げ、一一世紀にオディロン修道院長のもとでローマ・カトリック世界の中心的な存在となった。つぎのユーグ修道院長のもとでも皇帝や教皇との密接な関連を保って、その地位を確かなものにしてゆく。祈禱の依頼が増大するにつれて、聖堂や居住区域の建物の再改築が計画され、第三クリュニーと呼ばれる巨大な建造物の建築が進んでゆく。修道院の慣習律も新たに追加され、一一世紀の後半に『ベルナールの慣習律』が編纂され、ほどなく改訂版が出された。さらに一〇八〇年代に、現在のドイツ南部のヒルザウ修道院長の依頼で『ウルリヒの慣習律』が編纂された。そこには聖遺物礼拝に関する規定も少なからず含まれている。

『道の書』では、典礼暦の重要な祝日で行われる枝の主日などで、行列が催される際に聖遺物がほかの聖なるモノや祭具とともに修道院外を巡回する規定が詳細に記されていた。『ベルナールの慣習律』第五六章には、定期的な巡回のほかに特別な災厄を被った際に持ち出される規定が定められている。これは第3章で述べたような、自然災害や疫病などでの天災や、攻撃や搾取を受けて損害を被った場合などに、事態の収束を願って聖遺物が巡回したのと似たようなことが行われていたようである。ただ第3章で紹介したのは巡回や奇跡に関する記述であったに対し、これは「聖遺物が緊急に運び出されなくてはならなくなった場合」の規定で、どのような事態かを特定していないものの、巡回行列の次第を詳しく定めたものである。

まず香部屋係（sacrista）が聖遺物容れを運べるようにして（輿の形）、聖遺物を運ぶ修道士や担当の役務者たちに以下のものが渡される。すなわち二つの燭台、一つの十字架、香炉、小さな聖水の瓶、三つの旗、二人の人が運ぶ小さい鐘、タピスリーなどである。これは祝日に行われるのと同じ規模の行列であったことがわかる。そして「聖堂の外に出るときは、全員が白い衣（alaba）を纏い、聖遺物は副院長（prior）によって香が焚かれたのち、白い衣を纏った二人の聖歌隊員に託されて城壁の門まで運ばれる。すべての鐘が鳴らされ、ふさわしい答唱が歌われる」。

クリュニー修道院は肥沃なブルゴーニュ地方の南にあり、良質なワインを生むなだらかで豊かな丘陵地帯に囲まれている。「白い衣をまとったように」とラウル・グラベール（第3章参照）が形容したロマネスク様式の聖堂から、白い衣に身を包んだ修道士の一行が町にでて、輝く祭具と聖遺物を担って町や領内を練り歩く。鐘と聖歌が周囲に鳴り響き、多くの群衆が祈りをもって集まり、ともに歩いた光景が目に浮かぶ。彼らが祈ったのは疫病の退散か、戦乱の終結か、五穀豊穣の祈りか、あるいは良い出来事の感謝であったか、これを特定する記述は見当たらない。

携帯用の小さな聖遺物

『ベルナールの慣習律』には、各修道士が祈願祭（キリスト昇天祭まえの三日間）の行列で聖堂から出る際に、聖遺物の入ったネックレス（philacterium）を渡され、首にかけて行列の目的地の教会に着くまで下げておくことが定められている。教会に着くとネックレスを祭壇に置いて、内陣の各人の席の反対側の席に置き、ミサが終わると自分のネックレスを持って帰れるようにしておく。自分のもの以外を持ち帰ってはならず、その場合の謝罪は認められない、と厳しく定めている。なお子供には配らない、と念を押している。

このような携帯用の聖遺物（phylacterium）を各自が身に着けていたことについては、クリュニーのほかの三つの慣習律すなわち『古慣習律』『道の書』『ウルリヒの慣習律』にも言及がある。王侯や戦士たちが、武器に聖遺物の小片を入れていたように、修道士たちも聖遺物を携帯して、護符のように持ち歩いていたと思われる。

聖遺物を入れるペンダント

教皇の訪問と祭壇の祝福

教皇ウルバヌス二世は一〇九五年から翌一〇九六年にわたって、一年間フランスを旅した。この旅のあいだの一〇九五年一一月に、クレルモンで開かれた教会会議で十字軍を勧説したことはよく知られている。ウルバヌスは一年におよぶフランス滞在で、各地の聖堂の祭壇を祝福してまわった。クレルモンに向かう前の一〇月末には、かつて自分が副院長を務めていたクリュニー修道院を訪問し、改築中の聖堂の主祭壇と副祭壇を祝福した。その時の様子がクリュニー修道院の文書に残っている。

一〇九五年一〇月二五日に、尊い教皇ウルバヌス二世猊下《げいか》は、神を讃えつつ、使徒聖ペテロと聖パウロを祀るわれらが新しい修道院聖堂の主祭壇を祝福した。さらに教皇は、早朝のミサが行われる第二祭壇を祝福した。同じ日に教皇の命により、リヨン大司教ユーグ、ピサ大司教アダルベルト、セーニ司教ブルノも三つの祭壇を祝福した。その際、教皇は祝福式とミサのあいだに、司教、枢機卿をそして多数の者たちの前で、以下の説教を行った。

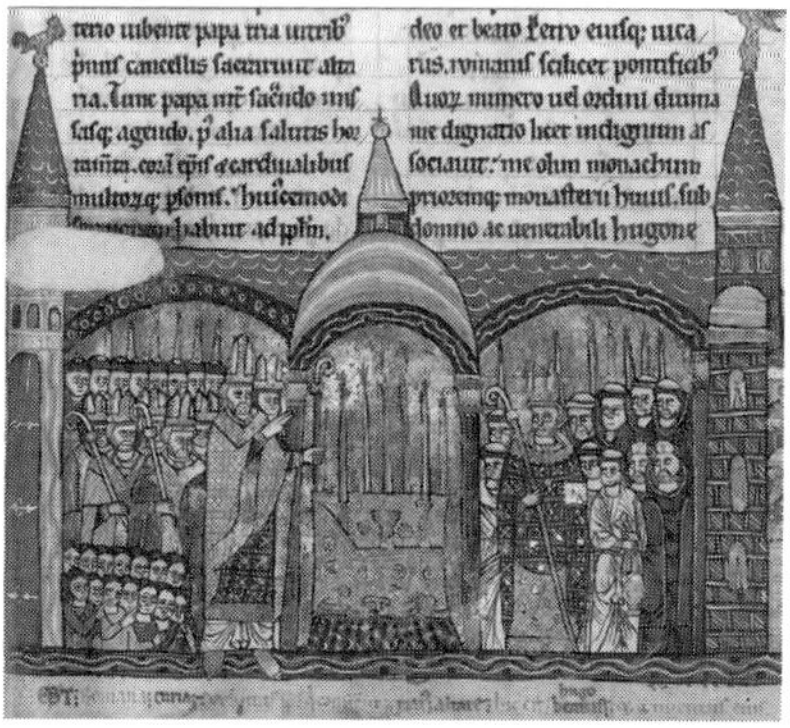
教皇ウルバヌス２世によるクリュニー聖堂の祝福（フランス国立図書館蔵）

この祝福の儀式にはクリュニー修道院に居住していた三〇〇人の修道士と、教皇に随行していた枢機卿や司教など高位聖職者と世俗の有力者たちが多数参列していた。さきに慣習律で有力者や聖遺物を出迎える規定を紹介したが、教皇が祭壇を祝福する際も数多くのろうそくがともされ、香が炊かれ、祭具や聖遺物の行列が催されたと思われる。

教皇が行った説教はつぎのようなものである。まず自分の古巣でもあり、教皇の片腕ともいうべきユーグ修道院長を頭として、聖なる場として地歩を固めつつあったクリュニー修道院への支援を語る。

私に至るまで崇高なる教皇たちが教皇の座を継承してきたが、誰も自らこの場所を訪問することはしなかった。神の慈悲が私にこれを許された。私をガリア（フランス）訪問へと導いた諸々の理由のなかで最も主要なものは、この場所（クリュニー）と特別な家族的関係を持つ私にとって兄弟のようなこの修道院連合体を、私の現存によって富裕にし、私の愛顧と激励で支援し、あらゆる便宜のために彼らのため尽力することである。

ついで教皇は、このクリュニー修道院を中心として、半径五キロにわたる所領を「聖なるバン（罰令権を伴う領主の所領）の境界と呼ぶことは私の喜びである」と述べ、具体的な境界の地名を列挙してそのエリアを確定している。そしてそのなかでは「いかなる地位にあるもの、権力を持つものであれ、聖なる権威が禁止するように、大きさの大小を問わず襲撃や放火、窃盗や略奪、四肢の切断を行ってはならない」と定める。創立より築き上げてきたクリュニーとその所領が、聖なる空間でありバン領主権の及ぶエリアとして公認されるに至ったのである。

全盛期のクリュニー修道院の門前町の模型

ついで禁を犯して修道院領に危害を加えた者は直ちに破門されるとし、破門された場合は適切な弁済を行うまで「アナテマと聖ペテロの剣で打たれる」と、罰則について述べている。

このように、教皇ウルバヌス二世は旅のあいだに、各地の聖堂の祭壇を祝福するとともに、教会の権益を聖なる権威で守った。クリュニーのみならずフランス各地の教会にとってはありがたいものであったろう。一方、土地所有権などで教会と争っていた世俗の領主や諸侯にとって、教皇は厄介な客であったろう。この時期の聖俗関係は、ドイツの叙任権闘争のように国レベルで複雑なものであったが、地域レベルでも土地所有や経済的な利権をめぐって聖俗有力者が争うことも多かった。

2 モワサック修道院——聖域の創出と聖遺物の力

モワサック修道院は、フランス南西部のミディ・ピレネーと呼ばれる地方にある。その源は伝承によると、フランク王国を五世紀に創始したクローヴィスに遡る（実際の記録が残るのは七世紀くらいから）。修道院は一一世紀にクリュニーの傘下に入ってから目覚ましく発展し、サンティアゴ・デ・コンポステラ巡礼路の聖堂ともなって、多くの参拝者を集めた。修道院の拡張とともに改築された聖堂と回廊は見事な彫刻が施され、ロマネスク美術の白眉とも讃えられている。クリュニー修道院と同じくモワサック修道院も、修道院の領地に門前町が発達した。南フランスを大西洋から地中海まで貫くガロンヌ川と、南仏を東西に走るタルン川が交わる交通の要衝にあるこの町は、現在人口一万人余りを数え、鉄道の駅もあるために、ロマネスク期に創立した修道院としては例外的に交通の便が良い。

この修道院の記録は近代に入ってからかなり散逸してしまい、後世に捏造《ねつぞう》された偽書も多いことから、いまなお専門的な編集が進んでいない。残存する文書によると、七世紀ころの修道院長の記録が最古なので、創建はクローヴィス二世の時期と思われる。そのあと九世紀初頭にルートヴィヒ敬虔帝が修道院を訪問して、それまでの王たちが与えた特権を確認するとともに、王の保護下に置くとする文書がある。一〇世紀の寄進文書が二三件残されているので、修道院は王権の保護下に置かれていたものと思われる。しかしノルマン人に襲撃され大きな被害を受けて衰退し、この時期の修道院の姿や活動についてはまったく知られていない。当時の聖堂の様子を偲ばせるのは、一九六三年に発見された祭壇のみである。

その後モワサック修道院は、実質的に俗人有力者の私有修道院となっていたと思われるが、一一世紀の半ばにクリュニー修道院の傘下に入ってからは、優れた修道院長たちのもとで、わずか半世紀ほどで地域の聖地となった。現在に残るロマネスク建築は、この時期の遺産である。このモワサック修道院の輝かしい半世紀の考察は、いかに修道院が聖なる場所となっていったか、そのプロセスのなかで修道院建造物、聖なるモノ、聖人や聖遺物がどのような役割を果たしたかについて教えてくれる。

モワサック修道院の南面の入り口

祭壇の後ろに高く置かれた聖ウルスラの聖遺物容れ（19世紀、ケルン）

クリュニー修道院群への編入

一〇四八年に、当時のクリュニー修道院長オディロンは、側近の修道士デュランをモワサックに修道院長として派遣した。同修道院はクリュニー修道院と同じ慣習を営むことになった。前述したように、そのころクリュニーを本院とする修道院（いわば支院）は増え続けていて、八〇〇を超えるまでになったといわれる。デュランはクリュニー本院から派遣されたというだけでなく、出身がフランス中部オヴェルニュ地方の副伯家という名門であることから、聖俗の有力者にも一目置かれていたと思われる。一〇四九年にオディロン修道院長が亡くなり、そのあとを継いだユーグ修道院長は、一〇五三年と五九年にモワサック修道院を訪れ、モワサック修道院はクリュニー本院と密接な関係をもって発展していった。

ちなみにモワサック修道院をクリュニー修道院群へ加入させる動きを進めたのは、カオール司教のベルナールとトゥールーズ伯のポンスで、いわば地域の聖俗双方の有力者による企画であった。彼らは拡大を続けるクリュニー修道院の勢いを借りて、一つの聖地を地域に築こうと思ったのかもしれない。クリュニー修道院としても、オディロン修道院長のもとで、南西フランスからイベリア半島に向けて影響力を伸ばしつつあったので、地域の要請とクリュニーの拡大方針が一致したとも考えられる。後述するが、ほぼ同じ時期にブルゴーニュ地方の北にあるヴェズレー修道院が、荒廃していた状態からクリュニーの傘下に入って急速に発展した例もある。著名な修道院の傘下になるというだけでなく、本院から有能な人材が派遣されて、クリュニーの慣習が導入されるとともに、同じような聖域が創出されたともいえる。それは修道院だけでなく、地域を活性化させることも期待されたのであろう。

それではモワサック修道院がいかに地域の聖地となり、社会に聖なる力を発揮する場となったか、考察してゆこう。

聖堂と回廊——聖域の創出

デュラン修道院長のもとで、荒れ果てていた聖堂、回廊、付属施設の改築工事が着工したのは、一〇六三年のことであった。聖堂を祝福する儀式を、デュラン修道院長と近隣の司教が行った。これを記念した大理石の碑文が、現在でも聖堂のなかに残っている。改築工事は半世紀余りを費やして完成し、建物は装飾とともに南西フランスを代表するロマネスク様式の傑作として、なお高い評価を受けている。その当時から、壮麗な建物として注目を集めたことは間違いない。

モワサック修道院の回廊

モワサック修道院入口のタンパン

聖堂の入口を飾る彫刻は、厳粛な雰囲気に満ちていて、訪れる者は思わず襟を正してしまう。これは一二世紀初頭の修道院長ロジェのもとで制作されたと考えられている。タンパンと呼ばれる入り口上部の半円部分には、聖書の『ヨハネの黙示録』第四章の様子が描かれる。中央のキリストは、見る者に世の終わりと裁きを想起させる。二四人の長老たちが香の瓶とヴァイオリンのような楽器を手にしてキリストを取り巻き、荘厳な楽の音が聞こえるようである。入口の左右の壁には、罪を犯した人が神の罰を受ける図像が刻まれ、訪れる人に日ごろの行いを反省させるメッセージとなったにちがいない。入り口脇の上部には、この正面彫刻の制作時の院長ロジェの立像があり、訪れるものを出迎えている。

なおこの聖堂入口は、前述の小説『薔薇の名前』で、修道院聖堂のモデルとして描写され、同名の映画化でも、これを模した聖堂のセットが使用されている。

聖堂と付属施設に囲まれた空間には、美しい回廊が建てられた。完成したのはアンスキティル修道院長の在職中（一〇八五〜一一一五年）で、モワサック修道院に居住する修道士の数は、八〇〜一〇〇人に達したとされる。それは中庭を囲む、五メートル×四・五メートルのほぼ正方形の静謐《せいひつ》な空間である。回廊の屋根を支えるのは、八〇近くの細めのエレガントな柱で、規則正しく並んでいる。それぞれの柱の上部には聖書や聖人伝の場面、動植物の装飾模様が刻まれている。この俗世から遮断された聖なる空間で、修道士たちは典礼や作業の合間に瞑想《めいそう》し、書を読み、柱のもとを歩みながら行列をなしていた姿が想像される。

なお回廊の東側の中央部分には、デュラン修道院長の浮彫像がある。典礼で纏う盛装をして、左手に権威の象徴である杖を持ち、右手で祝福の手を挙げている姿である。また西側の中央部分には、「キリストが誕生して一一〇〇年の年に、回廊はアンスキティル修道院長の在任時に竣工した」と記された碑文がある。

回廊に隣接した集会室や聖堂では、後述するように世俗の領主たちが修道院と契約を結ぶ誓約を行った。これはクリュニーなど当時の修道院ではよく行われていた。聖なる空間で、時として聖遺物を前に約定を交わすということは、修道院側のペースで契約が進み、これを神聖なものとして不可侵とする設定なのかもしれない。モワサック修道院で成立した寄進文書や特権文書で現存するもののの数は、一一世紀の前半に作成されたものは一三通に過ぎないのに対し、一〇四八年にデュラン修道院長が就任してからアンスキティル修道院長が退く一一一五年までのものは一四九通と激増した。この時期の修道院の発展が文書発給の数にも示されている。

聖域の中心としての祭壇——法契約や宣誓の場

モワサック修道院がクリュニー修道院群に加わり、本院から修道院長が派遣されたことを契機に、地域社会の有力者から寄進が集まり、聖地にふさわしい改築工事が行われた。そのさなかの一〇九六年五月一三日、フランスを巡回中の教皇ウルバヌス二世がモサワック修道院を訪問し、祭壇を祝福した。モワサック修道院の文書には、教皇ウルバヌス二世は聖なるモワサックの祭壇を祝福したと、簡潔に記されているのみである。ただその直後に教皇は勅書を地域の司教たちに発し、モワサック修道院の権益を確認するとともに、不当に所領を犯している俗人については、聖人（おそらく使徒ペテロとパウロ）による罰が下ることを予告している。「上記の（俗人よって）占有されている教会を、汝らの職責によって忠告し、彼らや頑迷な親族を追い払い、神の僕《しもべ》に返還するように強いよ。もし彼らが汝らの警告に従わなければ、教会財産の越境者として、聖なる使徒たちの怒りを知るだろう」。

教皇ウルバヌス二世による祭壇の祝福と、聖なる空間を犯すものを恫喝《どうかつ》したことは、近隣の有力者に対して一定の効果があったと推察される。祭壇を前に領主たちが修道院と法的な契約を結ぶことが増え、修道院側に有利な約定が締結されていたことが文書から窺えるからである。クリュニーから派遣されたデュラン修道院長の在任中（一〇四八年〜七二年）に作成された文書は四五通現存していて、そのうち祭壇で契約されたものは三通、つぎのユノー修道院長の在任中（一〇七二年～八五年）の残存する四七通のうち祭壇で契約されたのも三通のみであった。それに比べてつぎのアンスキティル修道院長の在任中（一〇八五年～一一一五年）の五七通のうち、ウルバヌス教皇による祭壇祝福後のものは四倍近い一一通に及ぶ。そのうちわかりやすい例をいくつか紹介する。

- 一一〇三年のレモン・セガンとその親類セガン・ド・ラランドによる寄進文書は「聖ペテロの祭壇の上」でアンスキティル修道院長と修道士たちと俗人たちの前で確認された。
- 一一〇五年にレモン・ギヨームという人物は「福音書を片手に聖ペテロの祭壇で」返済契約を行った。
- 一一〇七年に地域の有力者ゴスベールが、教会とそれに付随する財の寄進を「修道士たちの前で聖ペテロの祭壇で行った」。
- 一一〇九年にレモン・ベルナール・ガンダルーが土地を寄進した契約は、「聖ペテロとパウロの祭壇の上」で「モワサック修道院の副院長、祭具係、そのほかの人々の前で結ばれた」。
- 一一〇一年の文書では、地域の有力者ゴスベールとその兄弟たちが、モワサック近郊の二つの教会に暴力をもって略奪行為を行い、教皇使節からの破門宣告や地元の司教や伯の制止を無視してこれを続けていた。しかし最終的にモワサック修道院側に屈服し、和解に合意したことが文書に記されている。そこにはまずゴスベール一党の侵害行為が書かれ、ついで教皇ウルバヌス二世がモワサック修道院を訪問して祭壇を祝福したことが記され、そしてゴスベール一党が修道院との和解に合意し、文書を交わしたことが記される。教皇による祭壇祝福の効果を明記したものといってよい。

- 一一一〇年のレーモン・アルヌーとその妻ユゲットの寄進文書は「聖ペテロの至高の祭壇」で、「アンスキティル修道院長、ベルナール出納長の手によって行われた」とある。
- 一一一四年のレーモン・ド・ガンダルーとその子供たちによる寄進は、「聖母被昇天の日」（八月一五日）に「聖ペテロとパウロの祭壇」の上で行われた。聖母被昇天の日は、復活祭や降誕祭と並ぶ宗教祝日で、いわば大安吉日を選んだということであろうか。

ちなみに、モワサック修道院の守護聖人は使徒の聖ペテロであるが、寄進文書の多くで祭壇を「聖ペテロとパウロの祭壇」としているのは、おそらく本院のクリュニー修道院が聖ペテロと聖パウロを守護聖人にしているためかもしれない。モワサック修道院（聖ペテロ）への寄進は、本院のクリュニー修道院（聖ペテロと聖パウロ）へ寄進したことが了解されていたのであろう。したがって修道院に害をなすものは、聖ペテロと聖パウロから罰をうけることになる。教皇ウルバヌス二世の勅書に「使徒たちの怒り」とあるのは、この両聖人を意味している可能性もある。

また、地域の有力者ベルトランがモワサック近くの教会に対して行った暴力と略奪を告白し、これをやめて修道院に屈服することを宣言する一〇九七年の文書では、契約を修道士たちの前で修道院の墓地で結んだとある。墓地もまた聖なる場所とされ、契約締結の場となったことを示している。これはさきにクリュニー修道院の文書からも読み取れることを確認した。

聖遺物の役割

祭壇を中心とする修道院を聖域として社会に認知させるうえでは、ふさわしい建物、高位聖職者による祝福に加えて、納められている「聖遺物」の役割も大きかった。たとえば教皇ウルバヌス二世が祭壇を祝福する半世紀まえの一〇四〇年代、俗人有力者ゴスベールが、修道院に関して持っていたすべての権利をデュラン修道院長に譲渡するという誓約を結んだ文書には、「神と祭壇の前で、神によって証人と呼ばれるにふわさしい聖人たちの聖遺物、すなわち真の十字架と聖ペテロの袋の前で、私は聖ペテロ、モワサック修道院共同体、デュラン修道院長、修道士たちに寄進を行う」とある。

聖なる祭壇の前で不可侵の契約が結ばれたことについてはさきに述べたが、この文書で注目すべきは「証人と呼ばれるにふさわしい聖人たちの聖遺物……の前で」という部分である。第2章で「ノルマン征服」（モワサックの文書のほぼ二〇年後の出来事）に関する史料で、聖遺物への誓いが重視されていたのと整合している。「聖ペテロの袋」とはクリュニー修道院の慣習律に記されていた「聖ペテロの像」と類似するものと思われ、聖ペテロをはじめ多くの聖遺物が納められた容器であろう。修道院が保有する主要な聖遺物に有力な俗人領主が行った宣誓は、デュラン修道院長がクリュニー修道院から派遣されてまもない時期に行われていることから、デュラン修道院長は就任当初から聖俗関係の重要な場面に、祭壇と聖遺物を活用していたと思われる。

ちなみに、つぎのユノー修道院長在任中の一〇七三年に、俗人有力者ベルナールが修道院に対する暴力行為を放棄した際に、聖遺物（特定していない）に誓った文言がつぎのように詳しく残っている。

われベルナールは……かつて文書で契約され実現したように、わが父ギヨームと伯父フルクと私の前任者ゴスベールと兄弟レーモンがデュラン修道院長と居住するすべての修道士に対するすべての悪しき行為と習慣を放棄した。それと同じように私は同じことを確認する。ユノー院長、この神の場にいまも未来も住む修道士の手に、私の右の手を聖遺物の上において、一生のあいだこれまで行ったような苦痛や悪しき行いが私を襲うことがないように熱意をもって誓い、この世にあるかぎり悪しき性根を捨てて、この場所とわが主ユノーとすべての修道士に対してまったき忠誠をもってとどまることを誓う。

そしてユノー修道院長の後継者アンスキティル修道院長の時に、モワサック修道院の聖遺物礼拝がさらに活発になった。ウルバヌス二世が祭壇を祝福した翌年の一〇九七年、俗人有力者ゴスベール・ド・フュメルが暴力行為を慎むことを誓ったつぎのような文書を残している。「多くの聖遺物が置かれている聖ジュリアンの祭壇に……多くの修道士と騎士を前にして……聖ペテロ（修道院）の名誉を守る場合や、悪事を犯した者を捕まえる場合を除いて、この町で戦いをおこさず、戦士を雇わないことを誓った」。

ここまで言及されていた主祭壇ではなく、聖ジュリアンの祭壇で宣誓が行われ、そこには多くの聖遺物が置かれていたと記されている。聖ジュリアンとは三世紀にフランス中部で活動したキリスト教徒のローマ兵士で、ブリウドで殉教したとされる聖人である。ブリウドとはクリュニーから派遣されたデュラン修道院長の故郷オヴェルニュ地方の町で、この修道院長の着任を機にモワサックで聖ジュリアンの礼拝が始まったと推察される。

中世末期にモワサック修道院で書かれた修道院年代記には、一一二二年にこの祭壇が開けられて、「聖ジュリアンの頭部と大理石の箱が発見され、そこから大理石の一八人の聖人の骨、灰、血のあと、衣服、そして聖ペテロの歯が残存している顎の骨などが見つかった。これらのものはもとに戻され、そのまま現在に至っている」とある。

さらに修道院年代記は、聖ジュリアン礼拝が民衆に流行したことをつぎのように伝えている。「修道院内に聖ジュリアンを記念した礼拝堂が建てられ、長いあいだ常にハンセン氏病を患う患者で満ちていた……奇跡の沐浴によってこの重い病に侵された多くの者は神と聖ジュリアンの力によって以前の健康を取り戻した」。

聖ペテロと聖パウロは、モワサック修道院と本院であるクリュニー修道院の守護聖人として、おそらく主祭壇と公的な宣誓の場に紐づけられていたことと察するが、民衆には南フランスで殉教した聖ジュリアン礼拝が高まっていたことがわかる。

修道院年代記はさらに、古《いにしえ》からの伝えとして、聖ジュリアンとその盟友で、同じキリスト教兵士として殉教した聖フェレオルの頭部は、羽の枕に包まれて発見され、聖ジュリアンの祝日である八月二八日に公開される習慣があったと記している。聖フェレオルへの礼拝も高まり、回廊に面した聖フェレオル礼拝堂も建てられた。モワサック修道院が、民衆に愛されている聖人を修道院の典礼にも組み入れようとした試みとも読み取れる。一四世紀初頭に記されたモワサック修道院の規則では、祭具係についての章の「祭日にいかに燈火をともすか」と題する部分で「すべての修道院長の祭日では、聖務日課とミサのあいだ、聖ジュリアンの祭壇では五つのろうそくがともされる」とあり、聖ジュリアンの祭壇が典礼のなかで重きをおかれていたことがわかる。

もうひとり、同修道院の聖遺物礼拝で重きをおかれていた聖人は聖シプリアンである。聖シプリアンは三世紀のカルタゴの司教で、二五八年にウァレリアヌス帝の迫害によって殉教したといわれる。聖シプリアン崇敬はヨーロッパ全体に広まった。それはカール大帝がアルル、リヨンに移葬し、シャルル禿頭王がコンピエーニュに移葬したとする記録があることからもわかる。聖シプリアンの頭骨がモワサック修道院に移葬されたことについては、『修道院長年代記』にのみ記述がある。それによると、前述のジュリアンの聖遺物が発見された時期に、ノルマン人の侵攻を逃れてレ・ヴォー修道院に避難していた聖遺物が、モワサック修道院に移葬されたという。

聖シプリアンは殉教者であると同時に、多くの著作を残した名高い聖人であり、モワサック修道院で一一世紀半ばに作成された聖人伝読唱集（légendier）にも記載されていることから、早くから礼拝されていたことが窺える。グルノーブル大学の名誉教授で中世文学を専門とするフィリップ・ヴァルテール氏は、聖シプリアンのラテン語名Cyprianusがcypriumに由来することに着目し、これがフランス語の銅cuivreの語源であることと、モワサックに銅の鉱脈があることとの関連性を指摘している。

これまで第2章、第3章、第4章と、中世社会が確立してゆく時期に聖なる力が果たした役割について、王侯、民衆と地域社会、修道院を通して考察してきた。そして一二世紀に足を踏み入れると、西ヨーロッパでは経済が活性化して人口も増大し、人やモノの流れがさらに活性化する。そのなかで聖ヤコブの墓に詣でるサンティアゴ・デ・コンポステラに向かう巡礼が流行し、『巡礼案内書』や奇跡物語も書かれて、身分を超えた老若男女のあいだで熱狂が高まってゆく。これと並んでマリア礼拝や大天使ミカエル礼拝の流行とともに、ル・ピュイやロカマドゥールをはじめとするガリアの霊場に由来するフランスの巡礼地の人気も高まってゆき、聖域としてのコンセプトも明確になってゆく。つぎの第5章では、これら巡礼地の発展について考察することとする。

第5章　巡礼と伝承

農業生産が高まり流通も盛んになると、人の移動も増えて、遠く離れた聖なる場所を訪れる巡礼が流行する。代表的なものはイベリア半島の西北端サンティアゴ・デ・コンポステラ巡礼であり、現在でもヨーロッパを代表する巡礼地である。一二世紀には聖ヤコブの移葬、典礼、奇跡などを集めた『聖ヤコブの書』（カリクトゥス写本）が成立する。その第五部は『巡礼案内書』は、フランスの四ヵ所を出発点とする四本の路がイベリア半島で一つになって、目的地であるサンティアゴ・デ・コンポステラに向かう手引きとなっている。そこでは路沿いの聖堂と、葬られている聖人（聖遺物）と、それがもたらすご利益（奇跡）が記され、四国のお遍路さんが札所をまわるように、サンティアゴ巡礼者が聖堂を訪ねながら目的地に向かうように記されている。

第3章と第4章で扱ったコンクやモワサックは、それぞれが高名な聖人の聖遺物が納められて、立派な聖堂を中心とする聖域である一方、サンティアゴ巡礼者が立ち寄る聖地としても知られ、多くの人々が訪れた。言い換えると、各地に点在していた聖地が線で結ばれ、各地の聖人の物語や聖遺物が起こす奇跡を、西ヨーロッパの会が広く共有する時代になったといえる。

本章ではサンティアゴ巡礼について考察し、ついで聖母マリア礼拝や大天使ミカエル礼拝の流行が高揚していったことを考察する。併せてフランス中南部のル・ピュイやロカマドゥールを例に、古いガリアの霊場がキリスト教の聖地へと転じたことも考察することとする。また『聖ヤコブの書』に書かれた聖母マリアと聖ヤコブの奇跡物語について論じ、一二世紀の聖なる力について考察する。

1　サンティアゴ・デ・コンポステラと巡礼案内

中世の趣を残す、17世紀のサンティアゴ・デ・コンポステラ大聖堂

イベリア半島の西北端のサンティアゴ・デ・コンポステラの大聖堂は、中世にはローマ、エルサレムと並ぶ三大巡礼地の一つとされ、いまなお多くの巡礼者を集めている。二〇二〇年に始まったパンデミックによって途絶えていた巡礼は、感染の収束とともに次第に増えはじめ、巡礼路は以前にもまして賑わっていると聞く。リュックを背負って、時として仲間と語らいながら、杖を片手に歩む現代の巡礼者たちの目的は、健康増進のため、苦難に遭遇したときの自分探し、ヴァカンス中のリフレッシュなど、さまざまである。中世の巡礼者たちの目的は、残された史料から推察するしかないが、これまで述べてきたようにサンティアゴ・デ・コンポステラ大聖堂の祭壇下に葬られた聖ヤコブ（サン

ティアゴ）に祈りを捧げ、めいめいに願うことであったろう。『巡礼案内書』などをもとに、中世の巡礼について考察してみたい。

キリストの使徒ヤコブとイベリア半島

ヤコブはキリストの弟子（十二使徒）の一人で、福音書の複数の個所に登場する。しばしば「大ヤコブ」と呼ばれるのは、使徒にはもう一人ヤコブという名の人物がいたためで、こちらは「小ヤコブ」と呼ばれる。福音書のヤコブに関する記述はキリストとの関わりで記され、ペテロとヨハネとともに三人の特別な使徒の一人であったことはわかるが、ヤコブの人物像と人生については不明なことが多い。彼の殉教についても『使徒言行録』第一二章で、ユダヤの王ヘロデが「教会のある人々に迫害の手を伸ばし、ヨハネの兄弟ヤコブを剣で殺した」（新共同訳）と簡潔に記されている。そののちヤコブに関する伝承が数多く書かれるが、彼の布教活動や、殉教に至る経緯、埋葬などの詳しい経緯は聖書に記されていない。

ヘロデ王によってユダヤの地（おそらくエルサレム）で殉教したヤコブの墓が、はるか遠いイベリア半島のサンティアゴ・デ・コンポステラにあるのはなぜであろうか。ヤコブとイベリア半島の関係について言及した史料については数多くの研究が行われている。ヤコブがイベリア半島で布教活動をしたと証言する最古の史料は、六世紀末ころにイタリアか南フランスで編纂されたとされる『使徒要覧』と呼ばれる書物とされる。それから一世紀後に書かれたベーダの『殉教者列伝』には、ヤコブの遺体がイベリア半島の端の海を臨む場所に埋葬されたという記述がある。そしてイスラーム教徒がイベリア半島に進出した八世紀になると、リエバナの修道士ベアトゥスが記した『黙示録注解』に聖ヤコブをイベリア半島の守護聖人とする記述があり、そのころにはヤコブ崇敬が高まっていたと推察される。

巡礼地サンティアゴ・デ・コンポステラの誕生

ヤコブの遺体がイベリア半島の西端に埋葬されたという記述は、九世紀になると複数の殉教録に見られるようになる。また後述する『聖ヤコブの書』に挿入された『教皇レオの書簡』と呼ばれる史料には、遺体がエルサレムから船で運ばれた移葬の経緯が書かれている。この書簡の最古の写本は一〇世紀のもので、現在では偽書と言われている。

ただ埋葬された遺体が、のちにサンティアゴ・デ・コンポステラと呼ばれる地で発見されたという伝承は、九世紀初頭に起きたとされる奇跡物語に由来する。ただこの発見について記した同時代の史料はなく、一一世紀の後半に記された伝承に基づくものである。それはサンティアゴ・デ・コンポステラの聖堂改築工事が行われている一〇七七年に、サンティアゴの司教ディエゴ・ペレアスとアンテアルタレス修道院長のファヒルドのあいだで結ばれた『アンテアルタレス協約』と呼ばれる文書に書かれた、つぎのような伝承である。

聖ヤコブの棺（サンティアゴ・デ・コンポステラ大聖堂）

ガリシア地方にサン・フィス・デ・ソロビオという由緒ある教会があり、その近くにペラギウスという名の隠修士の庵があった。ある時、ペラギウスに天使が出現してヤコブの遺体が近くにあることを知らせた。その時、神々しい光が輝き、周辺の多くの者がこれを見た。この出来事がイリア司教のテオドミルスに知らされ、民衆とともに光が照らす方角に行くと、大理石で覆われた墓を発見した。司教は王アルフォンソ二世に知らせ、王は既存の洗礼者ヨハネの聖堂のそばに、ヤコブに捧げた教会を建立した。ついでさらに大きな聖堂を建てたという。この史料を詳しく分析した田辺加恵氏は、この時の教会改築によってアンテアルタレス修道院の移築が必要となったために、司教と修道院長のあいだでこの協約が結ばれ、そのためヤコブの遺体が発見された経緯が詳しく記されたと考察している。

この時、王がオビエドから聖ヤコブの遺体に詣でた道は、「原初の路」(El Camino Primitivo)と呼ばれ、サンティアゴ・デ・コンポステラ巡礼路で最も古いものとされている。この三〇〇キロ余りの路は、後述する『巡礼案内書』に記された路から外れているが、最古の巡礼路として尊重され、いまでもこの道をたどる人は多いと聞く。

サンティアゴ・デ・コンポステラ大聖堂の遠景

ヤコブの遺体(聖遺物)が発見された時期の九世紀のイベリア半島は分裂状態で、北部はキリスト教諸国、南部はイスラーム教諸国があり、両者は共存しつつもキリスト教側が領土を拡大しつつあった。キリスト教徒がイスラーム教徒から領土を回復するという、いわゆるレコンキスタの時代に入っていて、これは一五世紀末まで続く。アルフォンソ二世は軍事的な勝利を収めるとともに、征服地に教会を再建していった。この時期にヤコブの墓が発見されたことについて、レコンキスタとの関係でさまざまに論じられている。

墓の発見後の八四四年のクラビホの戦いでは、ヤコブが戦士の姿で現れて、イスラーム教徒を撃退したという伝承が生まれた。ヤコブは戦場でキリスト教側の兵士の守護聖人となり、その闘う姿が図像にも描かれるようになった。そして一一世紀にイベリア半島北東部のナバラ王サンチョ三世が、王権を強化するとともにピレネー山脈の北の西ヨーロッパ諸国との関係を強め、このころからサンティアゴ・デ・コンポステラの礼拝も高まってゆく。そして一〇七五年に聖堂はロマネスク様式への改築が始まり、多くの巡礼者を受け入れるようになった。そのころイベリア半島北部のレオン・カスティリア王アルフォンソ六世は、クリュニー修道院への寄進を行い、トレドの大司教にクリュニー出身のベルナールを任命するなど、クリュニーとの関係を密にした。そして一一三〇年代に『聖ヤコブの書』が成立する。まずはこの史料を紹介しよう。

『聖ヤコブの書』カリクストゥス写本

『聖ヤコブの書』は五巻からなり、その序文は教皇カリクストゥス二世（一一二四年没）がクリュニーの修道院長、エルサレム総大司教、コンポステラ大司教に宛てた書簡であることから、カリクストゥスに帰されて『カリクストゥス写本』と呼ばれてきた。そこには彼が若い時から聖ヤコブを崇敬し、各地を訪ねてヤコブに関するあらゆる文書を集めて書き写し、ヤコブとキリストの幻がたびたび現れて執筆を励まされ、一冊にまとめたものであると記されている。この写本は現在サンティアゴ・デ・コンポステラ大聖堂が所蔵していて、これに基づく三〇〇種類以上の写本がヨーロッパ各地に散在していて、後世に伝えられたヤコブに関する伝説の多くは『聖ヤコブの書』に起原があるというほどである。第8章で扱う一三世紀に成立した『黄金伝説』にも『聖ヤコブの書』に由来する記述が認められる。

この書の構成は以下のとおりである。
第一書『聖ヤコブをたたえる典礼集』説教、典礼、聖歌など
第二書『奇跡の書』一一世紀から一二世紀に広まっていた聖ヤコブの奇跡を集めたもの
第三書『移葬の書』聖ヤコブのイベリア半島での布教活動、殉教、伝承
第四書『カール大帝とローランの物語』ローランの歌にも登場するカール大帝の側近テュルパン大司教が書いたとされる物語
第五書『サンティアゴ・デ・コンポステラ巡礼案内書』フランスを通る四つの巡礼路を歩む巡礼者たちへ向けた、具体的な旅行案内書。途中で立ち寄るべき聖堂、礼拝すべき聖人（聖遺物）とその由来、道中で注意すべきことなどが詳しく記されている。

なおこの書はカリクストゥス教皇が没したのちの一一三九年の奇跡物語が含まれていることなどから、カリクストゥス教皇が記したものではありえない。おそらく一一三九年から一一七三年のあいだに、複数の人物が執筆した材料が集められたものと考えられている。サンティアゴ・デ・コンポステラ聖堂所有の写本には、一二〇〇年ころまで奇跡物語やヤコブ讃歌などに追加記載があったことが認められている。「われわれフランス人は」という表現が散見されることから、筆者はフランスの出身と思われ、フランス西部ポワトゥー地方の記述が詳しいことから、自作の讃歌を本書に挿入した巡礼者エムリー・ピコーと推測する説がある。さらにヴェズレーなどブルゴーニュの地やリヨンに関する記述が多いことから、それらの地方出身者も執筆に関わったと考えられている。
一一七三年にアルノー・デュ・モンというリポイ修道院（カタルニヤ地方）の修道士が、サンティ

アゴ・デ・コンポステラ聖堂から同僚の修道士に送った書簡には、宿願で巡礼を達成できた喜びと、「聖ヤコブの数々の奇跡を記した五巻からなる本を、許可を得て見た。そこには聖ヤコブの祝日に朗読し、一年を通して礼拝するのにふさわしい他の聖人たちの伝記や祈りも記されている」ことが述べられている。この時にはすでに『聖ヤコブの書』は出来上がっていて、修道院の典礼で使用されるのにふさわしいと考えられていたことがわかる。

教会史の研究者で修道女でもあるベネディクタ・ウオードによると、『聖ヤコブの書』所収の奇跡物語は、修道院典礼での朗読にふさわしく作成されたことを指摘している。クリュニーに従属する修道院のあいだで典礼が統一されていったように、聖人礼拝も次第に超地域的に共有されてゆくさまが見て取れる。一二世紀末には、教皇インノケンティウス三世が『聖ヤコブの書』の真正さを証明した書簡が流布する。この書簡は贋作《がんさく》と考えられているが、『聖ヤコブの書』とサンティアゴ

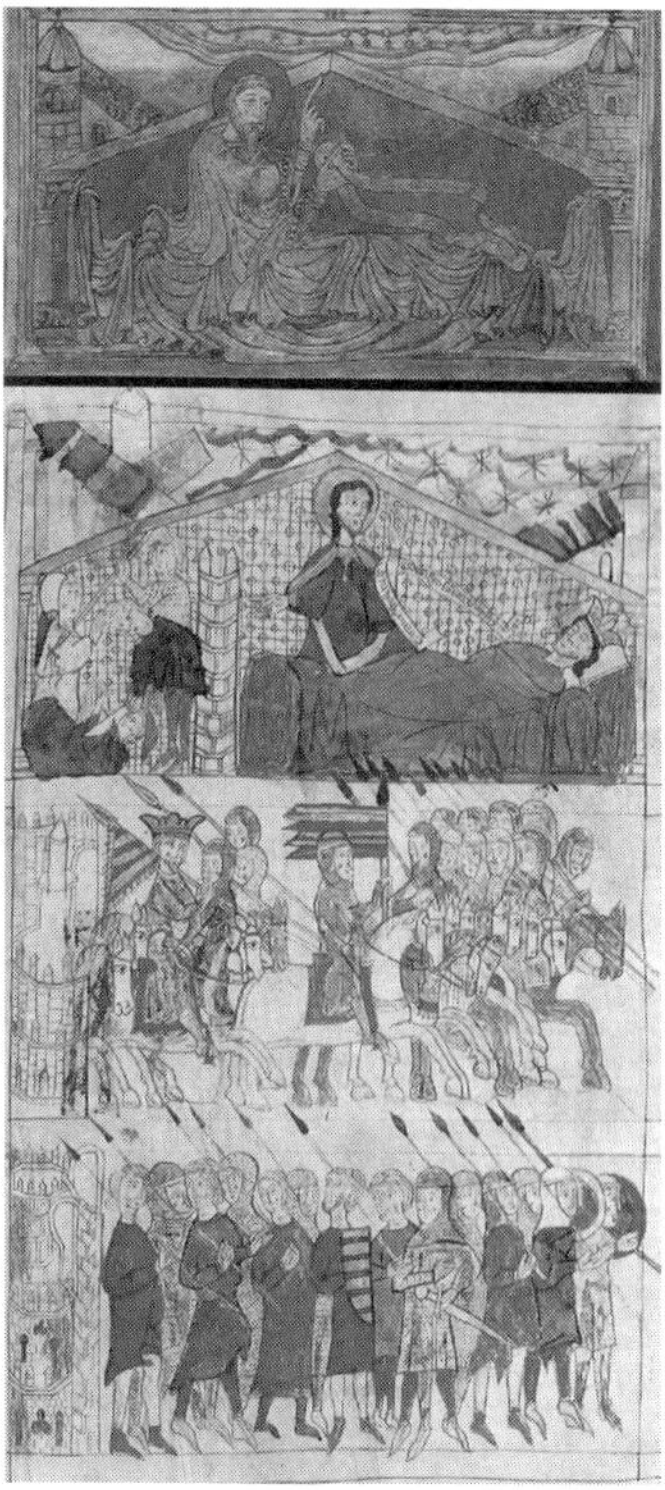

イベリア半島に向かうカール大帝（カリクトゥス写本）

巡礼をローマ・カトリック世界に広く知らしめる試みは成功したといえる。

『聖ヤコブの書』成立時期の一一七三年に写された冊子がカタルーニャのリポイ修道院にあり、一二〇〇年ころの作成と思われる写本がポルトガルのアルコバサ修道院にある。そして第二書に記された奇跡物語のいくつかは、一三世紀に流布した著作であるヴォラッツェのヤコブスの『黄金伝説』、ヴァンサン・ド・ボーヴェの『四つの鏡』などに採録されていることからも、内容が広く伝播したことと推察される。

サンティアゴ・デ・コンポステラへの四つの巡礼路

それでは『聖ヤコブの書』の第五書『サンティアゴ・デ・コンポステラ巡礼案内書』を紐解いて、巡礼路沿いの聖地と、それらの地の聖堂や聖遺物などについて考察してみよう。

教皇カリクストゥスが記したとされる短い巻頭言に続き、第一章にはフランスの四つの聖堂を出発する四つの巡礼路についてつぎのように概観している。

サンティアゴへの道は四本あり、それらはスペインのプエンテラ・ラ・レイナで一本に合流する。その一本はサン・ジル、モンペリエ、トゥールーズおよびソンポールを経由する。次の一本はル・ピュイのノートル・ダム、コンクの聖フォア修道院およびモワサックの聖ペテロ修道院を、さらに別の一本はヴェズレーの聖マリー・マドレーヌ修道院、リムザン地方のサン・レオナール、そしてペリグーの町を通る、さらなる一本はトゥールの聖マルタン修道院、ポワティエの聖イレール修道院、アンジェリのサン・ジャン、サントのサンテュトロップ、そしてボルドーの町を通る。聖フォア修道院を通る道、サン・レオナールを横切る道、および聖マルテ

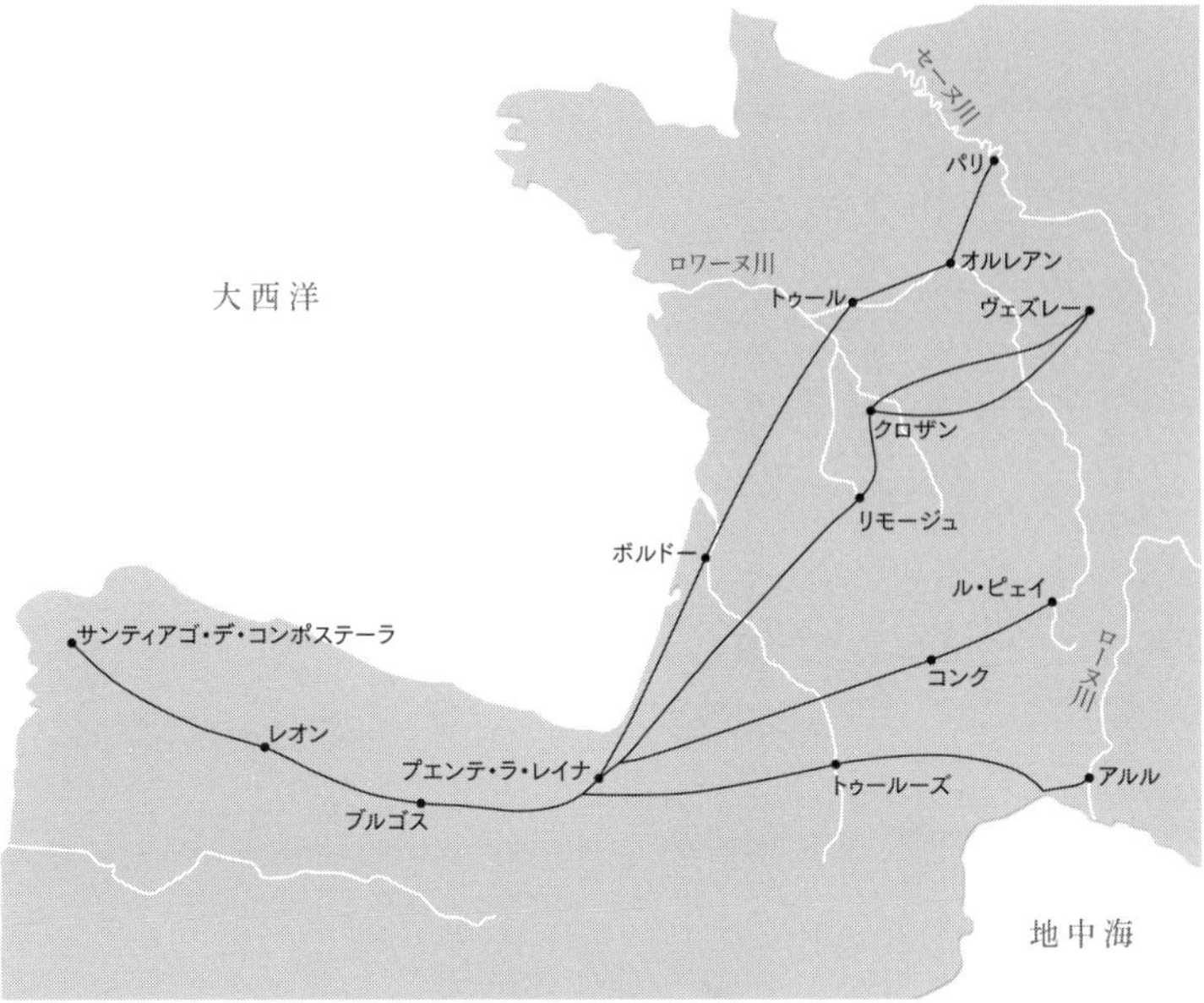

サンティアゴ・デ・コンポステラに至る4つの巡礼路

ィヌス修道院を抜ける道はオスタバで合流し、スィーズの峠を越えたあと、プエンテ・ラ・レイナでソンポール峠経由の道と合流する。（柳宗玄訳、一部改）

サンティアゴに向かうフランスの四つの巡礼路について、出発点、巡礼途中の主な聖地、合流点とともに南から北へと記されている。そのうちトゥールを起点とする巡礼路では、巡礼者たちがパリに集結して出発するようになった。パリの中心部には、シテ島を貫いてソルボンヌを抜けて南に向かう「サン・ジャック通り（フランス語で聖ヤコブ通り）」と呼ばれる道がいまもあり、かつて巡礼者たちが通ったことを偲ばせる。フィリップ二世が一二世紀末ころにパリを囲む城壁を作った時に、城壁の南の門はサン・ジャック門と呼ばれた。一四世紀の初頭に描かれた聖ドニ伝の写本には、シテ島の橋の上に袋を背負って杖を持つ巡礼者の姿が描かれている。シテ島の北の、巡礼路の起点と言われるところに、ランドマークというべき「サン・ジャックの塔」が、いまなおそびえている。高さ五二メートルの現在の塔は、一六世紀初頭に建てられたサン・ジャック・ラ・ブーシュリー教会の鐘塔であった。教会は一八〇二年に焼失したが塔は残り、頂上には気象観測所が置かれ、周辺には広場が整備された。

さきの巡礼案内書に記された四つの路のなかに、本書で取り扱った聖堂がいくつか含まれていることに気づかれた方もいると思う。第1章の聖マルティヌス修道院、第3章の聖フォア修道院、第4章のモワサック修道院などは、安置されている聖遺物とともに巡礼者が訪れるべき名刹として紹介され、一体化してゆくローマ・カトリック世界に高いステータスを得て、地域の聖地であると同時に超地域的な名声を高めることとなった。街道沿いの二〇を超える聖地をサンティアゴ・デ・コンポステラとの関係で紐づけたのは、当時ローマ・カトリック世界に八〇〇を超える支院を有したクリュニーであると推論したのは、往年のフランス中世文学の大家ジョゼフ・ベディエであった。

しかし、クリュニーが巡礼を主導したとする史料的根拠はなく、クリュニー本院は巡礼路から外れているため、この説をそのまま受け入れるのは難しい。ただ聖なる場や聖なるモノに礼拝するということを文書化して超地域的に共有するという時代の動きを、クリュニーをはじめ同時代の教会と社会が共有していたことは間違いない。

巡礼案内書は、「参詣すべき街道沿いの諸聖人の墓所」として途中で訪れるべき聖なる地と、葬られた聖人の由来を記すとともに、宿泊所、救護所、飲料水、各地域の町や人の様子などを詳しく紹介する。そこには聖書の時代や迫害時代の殉教物語から同時代の奇跡の逸話が記され、エルサレムからイベリア半島に至る時空を越えた奇跡と移葬の物語ともいえよう。そして巻末近くでは、目的地のサン・ティアゴ・コンポステラの町と聖堂について、聖なる場としてかなり詳細に記述している。なお、さきに述べた「原初の路」をはじめ、この四つの路以外にもサンティアゴ・デ・コンポステラに向かう多くの路があり、とくにイベリア半島では宿泊所など巡礼者をもてなす施設が数多く建てられている。

それではサンティアゴ・デ・コンポステラ以外の巡礼地の発展についても、考察してみたい。

2 ル・ピュイ――ガリア人の霊場に由来する聖地

第3章でとりあげた聖女フォアの聖遺物が納められたコンクの修道院は、サンティアゴ巡礼案内書に記されている。コンクが位置する路の出発点はフランス中部のル・ピュイで、第4章で扱ったモワサック修道院もこの途上にある。巡礼案内書はコンクについて詳しく記述しているのに対し、モワサックについては簡潔である。これは巡礼案内書の執筆者（たち）が得た情報の濃淡によるものと思われる。ル・ピュイを出発してオヴェルニュ地方を通る路は、美しくも起伏に富み、険しいながら古くからの霊場に由来する聖なる地をたどる。

出発点のル・ピュイは、三世紀から四世紀にかけてキリスト教が伝わる前から霊場とされ、地元のガリア人にとって神聖な地とされていた。高さ八〇メートル近い二つの岩山に対する礼拝の地であったと思われる。ル・ピュイの語源がラテン語のポディウム（高い山）という説があるのも、岩山（というより奇岩）がローマ支配の時代にこの地のランドマークであり、信仰の対象であったことを物語っている。キリスト教の時代になって、岩の上には礼拝堂やマリア像が建てられ、旧来の土着信仰を克服したことを印象づけている。なおこの地方には、同じように火山性の岩山からなる所

シャルトル大聖堂

ル・ピュイの奇岩の上に建つサン・ミシェル・デギュイーユ礼拝堂

をル・ピュイと名づける習慣があり、ル・ピュイと名のつく地は複数ある。現在はほかと区別するために、この地は「ル・ピュイ・アン・ヴレ」と呼ばれている。

　このように古来の自然崇拝の霊場が、そのままキリスト教の聖地に置き換えられる事例は珍しくない。岩山を霊場として礼拝の対象としていた地がキリスト教布教後に礼拝堂や修道院が建てられた例としては、現代では有数の観光地モン・サン・ミシェル、ピレネー山脈のサン・マルタン・デ・カニグー修道院、キュクサ修道院など枚挙にいとまがない。なお北イタリア（トリノから三〇キロ西）の標高九〇〇メートルを超す岩山の頂上に、九八七年に建てられた「聖ミカエル修道院」（サクラ・ディ・サン・ミケーレ）は、小説『薔薇の名前』の修道院のモデルの一つともいわれる。なお『薔薇の名前』は架空の物語で、著者ウンベルト・エーコは舞台となった修道院の名を「北イタリアの修道院」とのみ記している。荒涼とした岩山の上に建てられた修道院の姿、とりわけ映画化された際のミステリアスな視覚効果は絶大であった。

　ちなみにル・ピュイとならんでガリア人の古い霊場であったシャルトルは、パリから西に九〇キロ離れた地にあり、神聖な泉が信仰の対象とされていた。キリスト教化したのちに聖堂が建てられ、いまでは美しいステンドグラスで飾られたカテドラルとして有名である。カテドラルの地下にはサン・フォールの井戸と呼ばれる聖なる場所があって、現代でもガイドツアーに参加しないと行くことができないほど、特別な場所とされている。この井戸がサン・フォール（le puits des saints forts 強き聖者たちの井戸）と呼ばれるのは、キリスト教の殉教者が放り込まれた故事に基づくらしい。ただキリスト教布教以前は、この井戸が聖なる泉として礼拝の対象であったようである。

なお紀元前一世紀にこの地に侵入して、ローマの支配下に置いた将軍カエサルは、有名な著書『ガリア戦記』のなかで、シャルトルが全ガリアの聖地であったことをつぎのように記している。

> ドゥルイデス（ガリアの聖職者、「ドルイド」とも）は毎年定まった日に、全ガリアの中心と考えられているカルテヌス（シャルトルの語源）族の領土に集まり、聖なる場所で法廷を開く、この時もめごとを抱えている人が、あちこちより皆集まって、ドゥルイドゥスの判決や審判を仰ぐのである。（国原吉之助訳）

聖なる場で争いを解決し、社会秩序の維持に聖なる場や聖職者が役割を果たしていたことも、これまで論じてきた中世の聖性と整合するものとして注目したい。

マリアに捧げられた大聖堂

ル・ピュイに話を戻すと、この地の大聖堂はマリアに捧げられ、ノートル・ダムの名を冠している。それは奇岩に囲まれたコルネイユと呼ばれる丘の傾斜を昇って行った場所にあり、その名は古いガリアの神に由来するともいわれる。一二世紀の大改築によって、ほぼ現在の形になった大聖堂は、長さ八〇メートルの三廊式の身廊《しんろう》、回廊、洗礼堂など複数の独立した礼拝堂を備えた大規模なものである。とくに身廊が一一世紀から一二世紀にかけて増築されたことを考えると、サンティアゴ・デ・コンポステラに向かう巡礼と、エルサレムへ向かう十字軍が参集するにふさわしい規模と格式を備えたものであったといえよう。入り口のファサードは、三つの入り口を含め、各層の窓とアーチを備えていて、濃淡の花崗岩《かこう》でできたモザイク模様が美しい。これはイスラーム建築の影響が指摘されていて、巡礼と十字軍を通して中東イベリア半島と関係が濃かったことを物語っている。大聖堂に付設した美しい回廊も、そのアーチの形やモザイク状の色彩から、当時のイベリア半島のイスラーム建築の影響が指摘されている。

大聖堂に入ると、「熱病の石」という大きな平たい石を納めた礼拝堂に出会う。これは三世紀に熱病に悩む人にマリアが出現して、この石の上に座れば治るといわれて、そのとおりにしたところ癒えたという奇跡にちなむものといわれる。おそらくこれはガリア人が崇拝していた神聖な岩（ドルメン）であった可能性もある。

主祭壇の奥には黒い聖母子像（俗にいう黒マリア）が安置されている。一三世紀にフランス王のルイ九世が十字軍の帰途にル・ピュイに立ち寄って寄進したといわれる。残念ながらフランス革命さなかの一七九四年に破壊されてしまい、現在安置されているものは一七世紀に造られた像である。なお破壊された古い像は、一七七八年の銅版画でその様子を知ることができるが、その正体はホルス神を抱くエジプトの女神イシス像とも、エチオピアのコプト派のマリア像など諸説ある。この黒いマリア像は、フランスのほかイタリアやスペインにもあり、さきほど紹介したシャルトルの地下聖堂にも安置されている。

この「黒マリア」の起源や熱狂的な礼拝については、あまりにも多くの学説があり、ここでは紹介しきれない。ただ、この聖像が王から民衆まで広く礼拝され、聖遺物と並んで聖なるモノであったことは確かである。そして聖母マリアへの礼拝が十字軍の時代に次第に高まってゆくことも、注目すべきである。

大聖堂と並んでル・ピュイのもう一つの聖なる場は、大聖堂の北五〇〇メートルほど離れたところにある。高さ八〇メートルの岩山の上に立つサン・ミシェル・デギュイーユ礼拝堂である。起伏に富んだル・ピュイの町にあって、天を指して立つ急峻な岩山は、エギュイーユという「針」を意味するフランス語の名のとおり、その天に突き出たような姿は訪れる者の目を引く。これは古くはガリア人が礼拝していた岩山で、同地がローマ人の支配になってからはメルキュール神を礼拝する場となった。やがてキリスト教が布教されて、第4章で扱ったモワサック修道院で礼拝されたジュリアンとフェレオルは三世紀にこの地で布教活動をして、ジュリアンはル・ピュイ近郊のブリウドで殉教したといわれる。キリスト教の時代になってからその頂上に礼拝堂が建てられ、やがて大天使ミカエルを守護聖人とするロマネスク様式の礼拝堂が、九六二年の創建から一三世紀に

ル・ピュイ大聖堂の「熱病の石」

ル・ピュイ大聖堂の黒マリア

かけて増改築を重ね、現在の姿になった。天を指す針のような鐘塔は一二四五年の落雷で焼失したのちに、現在の姿に改築されたものである。

このようにル・ピュイでは、大天使ミカエル礼拝と聖母マリア礼拝が併存していて、岩山の礼拝堂はミカエルに、大聖堂はマリアに捧げられている。ミカエル礼拝の拠点というべきガルガーノにも、聖なる洞窟の近くにマリア聖堂が建てられている。またピレネー地域の有力貴族セルダーニュ伯家は、支配拠点としてミカエル礼拝の拠点サン・ミシェル・ド・キュクサ修道院とマリアに捧げたリポイ修道院を支配拠点とした。マリアに受胎告知を行ったのは大天使ガブリエルで、マリアが天国に上がる際に導いたのが大天使ミカエルといわれるのも、マリアと天使の縁《えにし》であろうか。

セルダーニュ伯家は一〇世紀から一一世紀にかけて、修道院創建と教皇保護によって、地域支配権の確立に努めた。その主要な修道院がミカエルとマリアに捧げられ、修道院間の交流もあり、伯家ゆかりのオリバという人物が両修道院の院長を兼務したこともあった。同地域でのミカエル礼拝や聖母礼拝の拡大に、修道院を実質支配する領主権も大きく関与していたことを窺わせる。

大天使ミカエルを祀る岩山の礼拝堂

この礼拝堂は「サン・ミシェル」という名が示すように、大天使ミカエルを守護聖人とするものである。岩や山が聖ミカエルゆかりの聖地とされて、礼拝や巡礼の対象となるのは、西ヨーロッパの各地にみられる。古いものとして南イタリアの巡礼地モンテ・ガルガーノがよく知られている。四世紀末に大天使ミカエルがガルガーノという名の羊飼いに洞窟で奇跡を起こし、これを聞いた地元の司教が洞窟に入ったところミカエルが出現して、この地域を守護すると告げた物語が伝わっている。やがて洞窟に礼拝堂が建てられ、ランゴバルト人が侵入した六世紀ころには、異教徒と戦う大天使ミカエルへの礼拝が盛んになり、足跡とされるものが聖遺物となった。

ついで教皇グレゴリウス一世の在位期間（五九〇年〜六〇四年）のローマに、大天使ミカエルが出現した物語が伝えられている。そのころペストが大流行していて、疫病退散を祈る行列が催された。するとテヴェレ河沿いのハドリアヌス帝の霊廟の上にミカエルが現れ、血に濡れた剣を鞘に納めた。グレゴリウス教皇は、これをミカエルが疫病で戦ったと解釈し、その場所にミカエルの教会を建てた。それ以来、ハドリアヌスの霊廟は天使城（サン・タンジェロ）となった。モンテ・ガルガーノにみられる戦勝とサン・タンジェロにみられる疫病退散という二つの祈願が、主として大天使ミカエルに向けられるようになる。やがては最後の審判の際に、裁きの天秤を持つミカエルの姿が頻繁に描かれるようになり、第3章で述べたコンク聖堂の入り口の浮彫にもその姿がある。ミカエルのイメージに、来世の行く末を示す役割が加わる。

モンテ・ガルガーノの洞窟内の礼拝堂

フランス北部ブルターニュ地方のモン・サン・ミシェルも、大天使ミカエルが出現したとされる地である。モン・サン・ミシェルは八世紀にノルマンディー地方のアヴランシュ司教オベールにミカエルが現れ、モンテ・ガルガーノの礼拝堂を模した礼拝堂を建てた。モン・サン・ミシェルは、建立の際にモンテ・ガルガーノを意識していて、やがてモンテ・ガルガーノやローマなど、天使ゆかりの聖地をめぐる巡礼も行われるようになった。九世紀後半に、ベルナルドゥスという名の修道士が、この三つの霊場を巡った記録を残している。ま

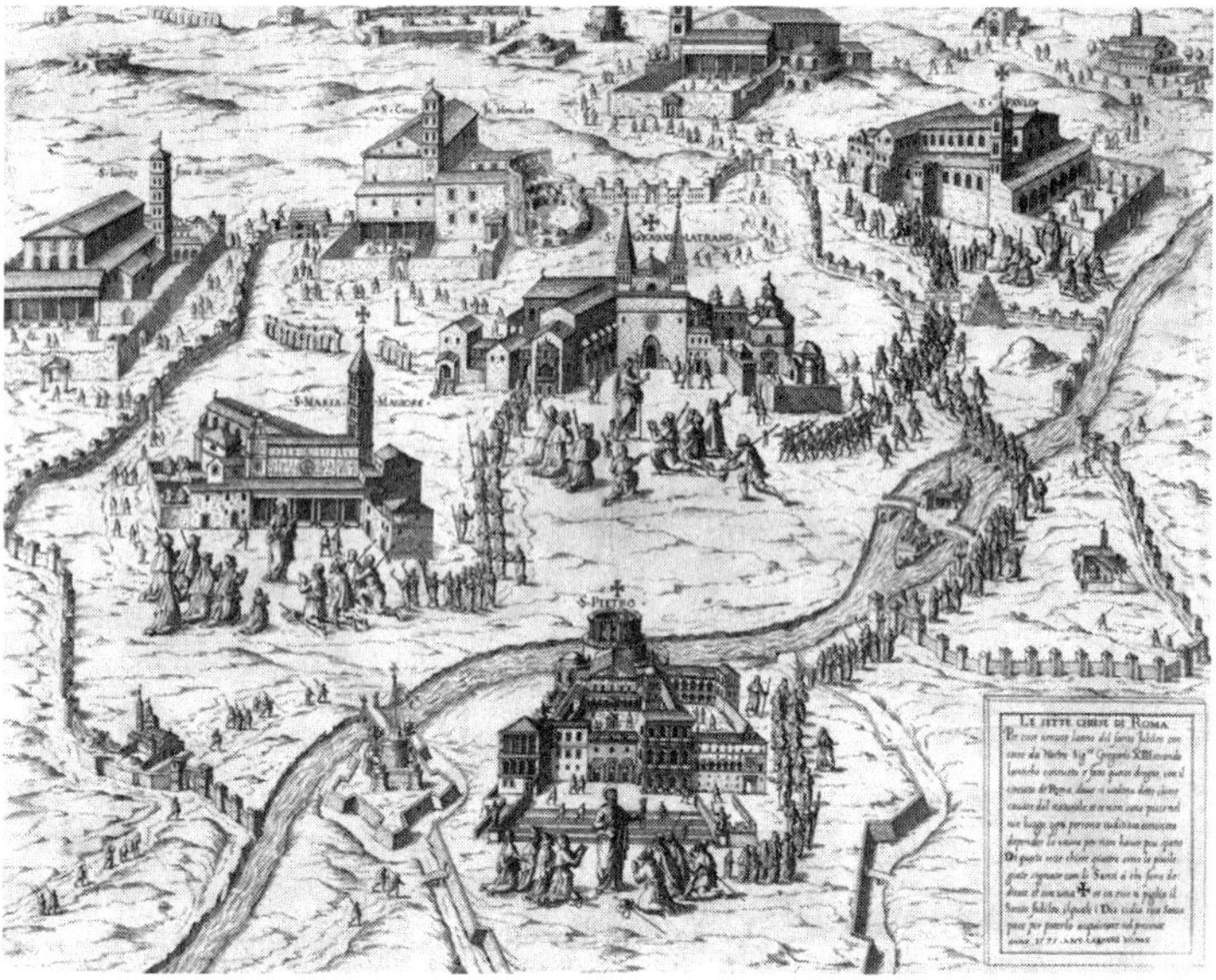

ローマ巡礼のための教会地図

た同時期に、モンテ・ガルガーノが持つミカエルの聖遺物を、各地のミカエルを祀る聖地が分与される事例が散見される。これは古代末期のイタリア半島に始まったミカエル礼拝が西ヨーロッパ全体に広まって行くさまを示している。

　ル・ピュイの礼拝堂も、モン・サン・ミシェルと同じく急峻な岩山の上に建てられた。麓にはサン・クレール礼拝堂があり、ここは巡礼の救護所としても使用されたという。そこから急峻で細く曲がりくねった二六八段の階段を上ってゆくと、頂の礼拝堂にたどりつく。これもロマネスク芸術とイスラーム芸術が融合したもので、一九世紀にフランスの作家で文化行政を担う政治家でもあったメリメが「建築の宝石」と称賛している。建材の色は白、赤、黒で、ひし形の三色モザイクの模様とリズミカルなアーチはイスラーム建築を思わせる。正面ファサードには上部のタンパンの中央にキリストの象徴である神の子羊が刻まれ、左右に黙示録の長老の浮彫が刻まれている。ファサード上部にはキリストを中心に、聖ヨハネ、聖母マリア、大天使ミカエル、聖ペテロの像が刻まれている。そして入り口上部に描かれた人魚セイレーンの像は、訪れるものを天上の世界に誘うようである。

入り口を通ると、階段を上って内陣と三廊式の身廊からなる礼拝堂に達する。岩山の上に建てられたということもあって、岩板のような床、太い柱、壁面を埋め尽くすフレスコ画など、狭いながらも独特な聖性を感じさせる空間である。壁画は一〇世紀から一二世紀のあいだに作成され、玉座のキリストと大天使ミカエル、竜を退治する聖ミカエルなどの図像が描かれている。

サン・ミシェル・デギュイーユと並んで、もう一つの巨岩が対をなすように点に向かってそびえている。麓に大聖堂があるこの岩山の頂点には、一八六〇年に建てられた巨大な聖母子像が立っていて、ノートルダム・ド・フランス「フランスの貴婦人＝聖母」と呼ばれている。この像はクリミア戦争でフランスがロシアから奪った二〇〇門の大砲を鋳つぶして造ったものである。

ル・ピュイはサンティアゴ巡礼の出発点であると同時に、聖母マリアと大天使ミカエルという超地域的で聖書ゆかりの礼拝が行われていた場所であった。またレコンキスタと十字軍が進むにつれて、イスラームの影響が顕著になるとともに、地域を超えた聖人礼拝が盛んになり、王侯をも引きつけるというつぎの時代へ移行するさまがみられるといってよい。ただ黒マリアや聖ミカエル礼拝堂などに、キリスト教以前の土着信仰も色濃く残っていて、必ずしも教会や王侯が主導した礼拝ではないことにも着目したい。

ロカマドゥールの黒マリア

ロカマドゥール

巡礼案内によれば、ル・ピュイを出発した巡礼者は西の方角にオーブラックを通って、コンクからモワサックに至り、ピレネー山脈をめざす。このメインルートから外れて、コンクとモワサックを結ぶ線を底辺として北に向かった三角形の頂点にあるロカマドゥールという場所は、王も訪れた聖地であった。おそらく多くの巡礼者も、美しいドルドーニュ川の流れに沿って「寄り道」したのであろうと推察しつつ、ロカマドゥールについても考察してみたい。

ロカマドゥールは「岩を愛する者」という意味で、石灰岩の岩山からなる地である。ル・ピュイが火山性の岩で赤色が多かったのに対し、こちらは白色が目立つ。旧市街の城門を通って門前町を抜けると二一六段の階段があり、それを登り切ったところに七つの礼拝堂が囲んだ広場がある。ロカマドゥールに向かう巡礼者がめざすのはこの場所で、ここが聖地となったつぎの伝承は一二世紀半ばに由来するもので、これまで紹介した聖地に比べて新しい。

それによると、ここには古くから聖母礼拝堂があり、その地下の岸壁から一人の遺体が発見された。これが奇跡を次々と引き起こして、巡礼者が集まるようになったという。この遺体が誰のものなのかがわからなかったが、この岩山に住んでいた隠修士のものということになり、隠修士はアマドゥール「岩を愛する者」の名で呼ばれるようになり、この地の名ともなった。アマドゥールのための礼拝堂も建てられ、巡礼者の数が急速に増えた。イングランドのヘンリー二世、フランスの聖王ルイやフィリップ四世などの王もこの地を訪れ、クレルヴォー修道院長ベルナールやドミニコ会の創立者のドミニコなど教会の有力者の姿もあった。

彼らはアマドゥールの聖遺物だけではなく、付設するノートル・ダム礼拝堂に祀られた黒い聖母子像も参拝したことであろう。現在ではこの礼拝堂はアマドゥールの礼拝堂やサン・ミシェの礼拝堂などとともに、大きな城館のような教会施設のなかに入っている。黒い聖母子像いわゆる黒マリアは、小ぶりのノートル・ダム礼拝堂の祭壇置に安置されていて、黄金の浮彫や祭具の上のひときわ高いところに置かれている。これはル・ピュイのような異教的な様相はしておらず、覆われていた銀が剝げてろうそくの煙ですすけてしまったといわれている。ただ岩山をくりぬいた礼拝堂に置かれ、冠をかぶって玉座に就いた姿には、奇跡を起こす予感を抱かせる。いまだに巡礼者からの奉納物が置かれているのは、信心を集めている証であろう。

なお岩山の聖地であるロカマドゥールにも、サン・ミシェル（ミカエル）礼拝堂がある。さきのノートル・ダム礼拝堂の隣にあり、後陣には荘厳のキリストとそれを囲む四福音書記者とミカエルが描かれている。なお、外壁にはマリアの受胎告知（天使ガブリエルによるもの）とエリザベトの訪問と、マリアゆかりのフレスコ画がある。

3　ヤコブと聖母マリアによる奇跡物語

『聖ヤコブの書』に収録された奇跡物語

『聖ヤコブの書』には、ヤコブが起こしたさまざまな奇跡が書かれている。巡礼案内書の末尾ちかい第九章には、ヤコブの遺体（聖遺物）を安置するサンティアゴ・デ・コンポステラ大聖堂で、ヤコブが起こした奇跡についてつぎのような記述がある。

ここでは、健康は病者に与えられ、視力は盲人に返され、唖者には言葉が戻され、聴力は老者に返され、通常の歩みが障害者に与えられ、悪魔憑《つ》きは救われ、そしてさらに信徒の祈りはかなえられ、彼らの請願は聞き入れられ、罪の鎖は落ち、天の扉をたたく者には開かれ、苦しむ者には慰めが与えられ、世界のあらゆる土地から来た異教の民は群れをなして寄り集まり、神に贈り物と賛辞を捧げるのである。(柳宗玄訳、一部改)

ここでは病者の治癒、悪魔憑きの救済、誓いの成就、贖罪《しょくざい》(あるいは囚人解放)、異教徒の回心など、本書で記してきた聖遺物による奇跡のほぼすべての種類が網羅されているようである。

ヤコブが起こした個々の奇跡は、『聖ヤコブの書』の第二書に集められている。前述したように、それらは修道院の典礼朗読(とくに一〇月三日のヤコブ奇跡の典礼)に適しているような、定型の構成をしている。それぞれの物語は、奇跡が起きた時や場所の記述で始まり、ついで奇跡物語が語られ、聖書や典礼の成句で終わっている。そこから『聖ヤコブの書』が修道院典礼で使用されることを意識している側面が認められる。ここに収められた奇跡の多くは、サンティアゴ・デ・コンポステラ大聖堂以外の地で聖ヤコブを崇敬する人に起こったもので、その多くが兵士であるのが特徴である。そのほかは商人、司教、農民、職人、子供で、女性はほとんど出てこない。

囚われからの解放

冒頭に挙げられた奇跡は、北アフリカのムラーヴィト朝が一一世紀後半にイベリア半島に進出した際に起きた次のような出来事である。迎え撃ったウルヘルのエルメンゴトゥス伯のキリスト教軍は敗北し、司祭一人を含む二〇人が捕縛された。彼らはイベリア半島東部のサラゴサに連行されて牢獄に入れられた。彼らは牢獄のなかでヤコブに助けを求めたところ、ヤコブが出現して彼らを解放した。一行はヤコブに導かれて味方の城に到着すると、ヤコブは昇天した。やがて彼らのうち一人が、一二月三〇日のヤコブ移葬の祝日にサンティアゴ・デ・コンポステラを訪れたため、この物語が同地に知られるようになったとする。

いかにもレコンキスタの戦いのさなかの奇跡物語であるが、巡礼に赴かなくても聖ヤコブに救われる奇跡物語は、このほかにもいくつか収められている。奇跡で救われた人々は、この物語の兵士同様に、あとでサンティアゴ・デ・コンポステラに巡礼し、奉納物を捧げる者も多い。第3章で紹介したコンクの聖女フォアが囚人を解放したストーリーに似た、つぎのような奇跡物語もある。一一〇七年のこと、ある商人が祭りで店を開こうと出かけたところ、悪魔にそそのかされた領主に商品ともども捕縛されて、牢に入れられ鎖につながれた。商人は牢獄で聖ヤコブに救済を願い、かわりにすべての財産を寄進すると誓った。すると聖ヤコブが現れて商人を解放し、商人はサンティアゴ・デ・コンポステラに詣でて鎖を奉納した。

囚人解放とお礼参りのストーリーをもう一つ紹介する。一一〇一年に戦で敗れて捕虜になった戦士が敵の手で斬首される時、聖ヤコブに祈った。すると彼は三度首を打たれたが、傷一つ負うことはなかった。彼は城に幽閉されるが、聖ヤコブによって解放された。彼は聖ヤコブの移葬の日にサンティアゴ・デ・コンポステラに詣で、この話を語った。また絞首刑から救われた者が、その証の品をもってサンティアゴ・デ・コンポステラに詣でた話もある。絞首台に吊るされた者が、足や体を支えられた助かったという話は、聖ヤコブの奇跡物語集のほかにも数多く伝えられている。

絞首台で聖ヤコブに救われた囚人

また一一一〇年のこととして、イタリアで敗走した兵が残酷な残党狩りが行われているのを目の当たりにして、聖ヤコブに助けの祈りを唱えた。この兵士は何度も聖ヤコブに詣でたことがあった。祈りが終わると聖ヤコブが現れて、追っ手の前に立ちはだかって盾で兵士を守り、彼は逃げ切ることができた。この兵士は馬に乗ったまま聖ヤコブの墓に詣でて、ほかの聖俗の参拝者とともに感謝の祈りを捧げた。この物語の最後に、この奇跡を疑う人に向けて、兵士が乗っていた馬は高価な駿馬でなく、逃げられたのは聖ヤコブの奇跡のおかげであって馬のおかげではない、と付け加えているのは興味深い。第3章で述べたように、そのころの人々が奇跡を鵜のみにしていなかったことの証であろう。

エルサレム巡礼の海難救助

エルサレム巡礼が救われた話も収められている。その一つは一一〇一年の出来事として、エルサレムへの巡礼者を乗せた船がイスラーム教徒に襲われたとする話である。船を乗っ取って巡礼者を奴隷として売ろうとする敵に対し、一人の船乗りが甲冑を纏い、盾を持って懸命に戦ったが、とう海に落ちてしまった。沈みながらヤコブに助けを求めたところ、ヤコブが現れてイスラーム教徒を一喝し、大きな波を起こして混乱させ、キリスト教徒の船を逃がしたという。ちなみにこの船乗りもかつてヤコブの墓に巡礼した経験があった。その後、彼は無事にエルサレムでキリストの墓に詣で、そののちサンティアゴ・デ・コンポステラに向かった。

同様に海難にあったエルサレム巡礼の話がある。ある司教の乗った船が帰途に嵐に襲われ、ほかの巡礼者とともに海に投げ出された、ヤコブに祈りを捧げたところ、たちどころにヤコブが現れ、彼らを船まで導いたという。そして司教はサンティアゴ・デ・コンポステラに詣でたという。

船の遭難など海難救助の奇跡は、病気治癒や囚人解放とともに中世初期から数多く書かれている。『聖ヤコブの書』にも、紹介した二つの話（その一つはむしろ海戦かもしれないが）のほかに、エルサレム在住のフランス系貴族がサンティアゴ・デ・コンポステラに船で向かう途中に嵐に襲われた話がある。船に乗っていた巡礼者たちが、ヤコブに祈り、聖堂への献金を誓ったところ、ヤコブが現れた。ヤコブは帆を下ろし、錨をおろし、嵐を沈め、消え去った。巡礼者一行は無事にイタリア南部に上陸し、サンティアゴ・デ・コンポステラに詣でた。この貴族は船上で集めたお布施を、聖堂に寄進した。またエルサレム巡礼から帰途の船で、用を足していて海に落ちた巡礼者がヤコブに助けを願ったところ、三日三晩のあいだ海中でヤコブに首筋をつかまれて助かったという話がある。これはサンティアゴ・デ・コンポステラ巡礼と紐づく部分がない。

船の旅が危険であったからか、嵐の船上のキリストにまつわる聖書のエピソードによるものか、このように海の遭難に関わる奇跡物語は数多く伝えられている。

エルサレム巡礼（15世紀のミニアチュール）

サンティアゴ・デ・コンポステラ巡礼と奇跡

第二書に集められた奇跡物語には、サンティアゴ・デ・コンポステラへ詣でた巡礼者に起きたものがあることは、言うまでもない。

治癒の奇跡として典型的なものは、足が不自由なブルゴーニュの男性が、サンティアゴ・デ・コンポステラ聖堂で二晩祈りを捧げ、三日目にヤコブが現れて自分の足で立てるようにした、というものである。さきほどお礼参りの日として、サンティアゴ移葬の祝日が選ばれていたことを記したが、治癒の奇跡が起きた日としてヤコブの祝日（七月二五日）を特定した物語もある。この日の参拝をめざして巡礼する者も多かったと察するので、聖堂や町はさぞかし賑わっていたことであろう。また悪魔憑《つ》きが治った話のなかには、サンティアゴの町にいるときだけ悪魔が去り、サンティアゴから離れると再び悪魔に取りつかれたというストーリーがある。これはサンティアゴの大聖堂だけでなく、町全体を聖域と意識していたことを窺わせる。

とはいえ、ヤコブが葬られた礼拝堂が最も聖なる空間であることは言うまでもない。南フランスのサン・ジルの伯が巡礼に詣でた時に、聖堂に着いた時には日没を過ぎていて、礼拝堂が閉まっていた。香部屋係に開門を願ったが聞き入れられなかったため、ともにいた巡礼者一同二〇〇名近くが、ヤコブに扉を開けてくれるように礼拝堂の前に集まって大声で祈った。奇跡によって扉が開き、彼らは入って参拝したという。さきの悪魔憑きの奇跡とともに、空間が意識されていた例と考えたい。これは次節で詳しく触れる。

巡礼者を導く聖母マリア

さきにル・ピュイがサンティアゴ巡礼の起点であると同時に、聖母マリア礼拝が盛んであること

イスラーム教徒から巡礼者を解放する聖母マリア（『聖母マリアの頌歌』13世紀、エスコリアル、スペイン）

巡礼者たちを導く聖母マリア

を述べた。次第に聖母マリア礼拝が盛んになると、マリアが巡礼者を助ける物語も増えてくる。

たとえば一三世紀末にレオン・カスティリア王アルフォンソ十世が編纂した『聖母マリアの頌歌《しょうか》』には、サンティアゴ・デ・コンポステラ巡礼を救護する聖母マリアの逸話がみられる。以下かいつまんで紹介する。

巡礼の途上で悪魔にそそのかされて罪を犯した者が自ら命を絶つが、聖母マリアによって生き返った。フランス北部のソワソン近辺で、路を間違えた巡礼者たちを聖母マリアは正しい路に導いた。ロカマドゥールへ向かう巡礼者が肉を盗まれたが、聖母マリアによって一切れを見つけることができた。ある良き巡礼者の息子が、トゥールーズで無実の罪で絞首刑になったが、聖母マリアによって生き返った。イスラーム教徒に捕らえられて、船に乗せられた隠修士を、聖母マリアは船の出発を遅らせて救出した。聖母マリアは海の危険から商人を救った。『聖ヤコブの書』第二書に集められたような巡礼に起きた奇跡が、ヤコブでなく聖母マリアによって引き起こされ、巡礼者はサンティアゴ・デ・コンポステラに向かう。奇跡を願う巡礼者を助ける奇跡が記されているわけだが、アルフォンソ十世の統治した一三世紀末には、困ったときには聖母に祈る習慣が広まっていたのかもしれない。

4　サンティアゴ・デ・コンポステラの町と聖堂

『聖ヤコブの書』第五書『巡礼案内書』の巻末に近い第九章は、サンティアゴ・デ・コンポステラの町と聖堂の一二世紀当時の様子を伝える貴重な記述である。加えて「聖なる場（空間）」のコンセプトとその変遷について研究しているフランスの研究者ミシェル・ロウエルスやディディエ・メユーは、この第九章の町や聖堂の記述について、同時代の史料と比較検討したうえで、聖なる地と空間が当時どのように解釈されていたかを読み解くことを試みている。

第九章は「コンポステラの町は、サールおよびサレーラからなる二つの川に挟まれて建設されたものである」と始まる。これをメユーは、教会（聖堂、Ecclesia）を「島」にたとえるイメージと整合するものと考えた。古代末期から中世初期にかけて、レランスやライヒェナウなど実際に島に建てられた有力な修道院も少なくない。

続く「町には七つの門がある」というのは、『ヨハネの黙示録』に記された「アジアの七つの教会」を想起させ、それぞれの教会に向かう路への門であるという。そして町には一〇の教会があり、その中心は「いと輝かしき使徒ヤコブの聖堂である。この建物は町の中心に位置して栄光に輝いている」。続く九つの教会は、ペテロ、大天使ミカエル、マルティヌス、三位一体、スザンナ、殉教者フェリクス、ベネディクトゥス、殉教者ペラギウスにそれぞれ捧げられた聖堂である。メユーはこれらの聖堂が冠する守護者は、教会の歴史を凝縮していると解釈する。

　そして聖堂について詳しく描写される。これは一二世紀当時のロマネスク様式の聖堂の記述で、三廊式でラテン十字形のバシリカの基本を守りながら、その後増築がされている。まずは聖堂の規模が人の身長を尺度に示され、聖堂の構造を通路や柱の数、祭壇などについて書かれたのち、「この聖堂にはひび割れがなく、欠陥がない。見事な建築で、大きく、広く、明るく、各部分の調和がよく、長さ、幅、高さの比例もよく、石組はえも言われぬ見事なもので、王宮のように二階建ての構造である……この聖堂の完全な美しさを見たあとは、悲しい心で昇って来た人でも、帰るときは幸福な気分で心慰められて辞去するのである」と締めくくられる。

サンティアゴ・デ・コンポステラの町

　聖堂について規模を含めて詳しく描写した文書としては、九世紀のサン・ドニ修道院についてのもの、一一世紀のクリュニー修道院のものが有名であるが、この記述は聖堂が癒しと救いをもたらす空間であることを強調するものである。また「聖堂巡回」と称する部分で、聖堂の外観について「この聖堂には塔が九つ数えられるだろう……それらの塔によって、また建物のほかの華麗極まる細部によって、サンティアゴの聖堂は素晴らしい栄光に輝いているのである」と称賛が記される。

　これに先立つ部分で、ステンドグラスや彫刻についての賛美がなされていることから、装飾を備えた聖堂が、聖遺物と祭壇を中心とした聖なる空間であるだけでなく、その美しさをも讃えられていることに注目したい。また祭壇を描写した部分では、金銀を用いた豪華な造りと刻まれた数多くの彫刻が「見事な完璧な作」で、碑文には完成した時の司教と王の名が刻み込まれているとする。「サンティアゴの司教ディダス二世、彼の司教職の五年目にこの祭壇飾りを創る。サンティアゴの財務部の出費は八〇引く五（マルカ金貨）であった」「時の王はアルフォンスス、その女婿ライムンドゥス公、司教は上述のディダスのとき、これが完成された」。

制作者（寄進者）と費用を刻んだのは、業績を後世に残すというよりは、魂の永遠の救済を願って宝を天に積むのが目的であろうか。いずれにせよ、美と救済が整合するという発想は、やがてゴシック、ルネサンス、バロックの時代に、聖堂がそれぞれの時代の美的感覚を投影した美術作品となってゆくことに連なることであろう。

本章では、サンティアゴ・デ・コンポステラに向かう巡礼が超地域的に流行し、『巡礼案内書』や奇跡物語も書かれ、聖域としての空間が明確になったことを論じた。また聖母マリア礼拝や大天使ミカエル礼拝の流行の高揚と、ル・ピュイやロカマドゥールへの巡礼も盛んになり、古いガリアの霊場がキリスト教の聖地へと転じたことも併せて論じた。

つぎの第6章では、エルサレムへ向かう十字軍が数を重ねるうち、キリストの受難にまつわる聖遺物が重きを置かれるようになり、一三世紀にフランス王ルイ九世（聖王ルイ）が茨の冠をはじめとするキリスト受難の聖遺物を購入し、それらを納める礼拝堂を建立したことを論じる。そしてルイ九世が二度の十字軍遠征を自ら率い、遠征先で病没したことを考察し、中世盛期を迎えた一三世紀の西ヨーロッパの社会で、王や教皇が聖遺物礼拝をリードし、聖なる場を創出するようになったことを論じる。

第6章　教皇、王と受難のキリスト

十字軍時代の聖性を導いたもの

二〇一九年四月一五日の夕方遅く、パリのノートル・ダム大聖堂の屋根で火災が起こり、たちまち煙がシテ島の空高く上がった。日が落ちるとパリの空は真っ赤に染まり、嘆くパリ市民の前で尖塔が崩れ落ちる映像は、テレビやインターネットを通して全世界に拡散し、衝撃をもたらした。フランス大統領マクロンやパリ市長イダルゴなども駆けつけた。信徒たちの祈りの声が響くなか、屋根の多くは崩落したものの、消防隊の決死の消火作業によって大聖堂の崩壊という最悪の事態は避けられた。

建物の大半は無事で、ステンドグラスや彫刻などの装飾も煤にまみれながら損傷はなく、さらに大聖堂が所蔵していた聖なるモノは持ち出されて焼失を免れた。そのなかに、聖王と呼ばれるルイ九世が獲得したキリストの茨の冠があった。この聖遺物は、同じシテ島にあるサント・シャペルに安置されていたが、フランス革命の破壊を免れてノートル・ダム大聖堂に保管されていたのであった。いわば二度目の危機を回避した茨の冠は、ルイ九世の衣（聖王ルイが纏《まと》っていた聖遺物）などと

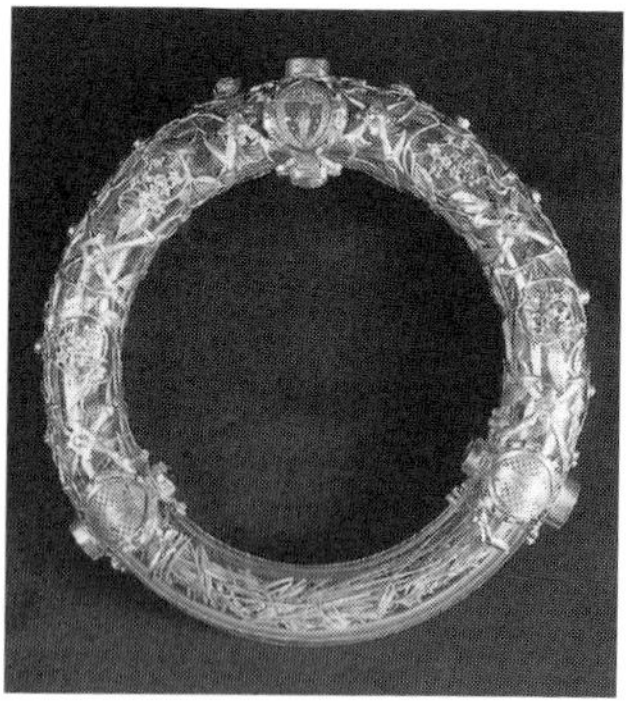

茨冠の聖遺物

ともに、大聖堂近くのパリ市庁舎に運ばれ、無事がさっそく報道された。中世であれば、聖遺物の移動と貴賤の老若男女の祈りで火災が鎮火した、という奇跡物語が書けたかもしれない。そして大聖堂再建のために、聖遺物の行列が王や司教を筆頭に大々的に行われたことであろう。

この章で注目したいのは、聖遺物礼拝の力点がキリストや聖書にゆかりのある人物に移っていったこと、王や教皇が聖遺物礼拝や聖人礼拝を主導するようになったことである。このような傾向が生じつつあったことは前章ですでに説明したが、一一世紀末から王権や教皇権が強くなったこともあって、一三世紀にかけてその影響が聖性に反映したことを論じる。言い換えるなら、王と教皇は権威を高めるために、この時代では聖性をどのように利用したのかを考察したい。

1 聖地エルサレムをめざす巡礼と十字軍

教皇ウルバヌス二世は一〇九五年の夏にフランスへ赴き、ほぼ一年のあいだ主に西部を巡歴し、多くの修道院や教会を訪ねて祝福し、クレルモンで教会会議を開いて、東方に進出した異教徒討伐の遠征を呼びかけた。一〇九六年の八月に、諸侯に率いられた戦士たちは聖地エルサレムをめざし、一般にこれが第一回十字軍と呼ばれる。十字軍遠征の動機や経緯については多くの史料が残り、研究も多角的に行われている。日本でも橋口倫介氏、八塚春児氏、櫻井康人氏、池谷文夫氏などの研究があり、リシェなどの研究翻訳書も多い。十字軍の論述そのものは本書ではスリムにとどめ、聖性をめぐる聖俗の人々の動きから考察を進めてみたい。

ウルバヌス二世のフランス巡歴

ウルバヌス二世は一〇九五年の夏に陸路でロンバルディアからフランスのガープに入り、サン・ティアゴ・デ・コンポステラ巡礼出発地の一つで岩山の聖地ル・ピュイを訪れた。そこからいったん南下して地中海岸に至ったあとリヨンへと北上し、第4章で述べたように改築中のクリュニー修道院聖堂の祭壇を祝福した。ウルバヌス二世は元クリュニーの修道士で、当時の修道院長ユーグはかつての上司であった。そしてブルゴーニュ北部のオータンを経てクレルモンに向かうが、途上でスーヴィニーのクリュニー支院を訪れた。

そこには一〇世紀のクリュニー第四代修道院長マイユールの遺体が埋葬されていて、当時のクリュニー修道院では多大な崇敬を集めていた。マイユールはクリュニーを教皇の特許状によって聖なる空間であることを確認するとともに、修道院を「聖なる城」と表現して不可侵の所有権も明確にした。そして聖堂の改築に着手して、献堂式を行い、ペテロとパウロの聖遺物を安置した祭壇が置かれた。これはクリュニーでの聖遺物礼拝が確認される最古の事例となった。

このように聖なる空間を築いたマイユール修道院長は、フランス王ユーグ・カペーの依頼でサン・ドニ修道院の改革に向かう途中で、スーヴィニーの支院で亡くなったために、同地に埋葬された。彼が聖人としてフランス全土で広く崇敬されていたことは、一二世紀前半に九代目のクリュニー修道院長のペトルスが記した奇跡集につぎのように記されている。「その生涯と奇跡によって偉大なこの聖人は、ガリア（現フランス）のすべての人が知るところであり、生きているあいだと同じように死んだのちもまた、きわめて優れた人物として名高い」。そしてマイユールの墓の前で起こった一つの奇跡の例として、死んだ子がよみがえった話をつぎのように詳しく記す。死んだわが子を抱えた母親が聖堂に入り、聖人の墓に進んで、祭壇の前に子供を置いた。「聖人の徳で多くの死者がよみがえった光景を目の当たりにした群衆」の前で奇跡が起きて、子供はよみがえったという。

ウルバヌス二世はマイユールの遺体（聖遺物）の移葬を行い、スーヴィニー支院とブルボン公のあいだで起こっていた係争を調停した。ウルバヌスがモワサック修道院でも祭壇の祝福をして修道院の権利を確認したことは第4章で紹介したが、そのほかにトゥール、ポワティエ、トゥールーズなどサンティアゴ巡礼案内書にも記された地を訪れている。彼のフランス巡歴は修道院と教会の権益を守り、地域の秩序を教会と民衆に有利に解決するという「神の平和運動」を、教皇の主導で行う意図もあった。同時に祭壇、聖遺物、聖なる地を教皇が礼拝することで、これを公認して広く知らしめる目的もあったろう。

クレルモン教会会議

一〇九五年一一月、クレルモンの町に入ったウルバヌス二世は教会会議を開いた。これについて、同時代のシャルトルの聖職者フーシェが『エルサレムへの巡礼者の物語』として証言を残しているので、これに沿って考察してみたい。

ウルバヌスは会議を招集した動機として、まず現世の荒廃を挙げる。「地上の王たちの互いの敵対関係によって平和が全くなおざりにされていることを、地上の財が交互に略奪され、多くの敗者が不当に捕虜にされ、牢獄のなかでの空腹、のどの渇き、寒さの三重苦の上にひそかに殺害されるのを、聖なる場所が荒らされ、修道院と村落が焼かれるのを……神に関わることも人に関わることも嘲笑されるのをウルバヌスは聞いた」（丑田弘忍訳、一部改、以下同じ）。

　ついで「キリスト教徒がトルコ人の支配のもとにあるルームの内部の地域（東方のビザンツ）でひどく荒々しく蹂躙《じゅうりん》されている」とし、「クレルモンと呼ばれる都市での会議の招集をあらゆる地からの使節に告知した。司教杖を手にして出席すべき三一〇人の司教と修道院長が選出された」と続けている。この会議の目的が、教皇が選抜した教会関係者へ、西欧内外の問題への取り組みを呼びかけることであったことがわかる。

クレルモンに入り、会議を招集したウルバヌス 2 世（14世紀）

　集まった人々に教皇はまず、聖職者の綱紀粛正、聖職売買の禁止、平和の秩序（とくに教会と民衆の暴力からの保護）が各地域で守られることを訴え、違反したものを破門にすると明言し「神の息子たちよ、あなたたちの下で平和が保たれ、教会法が忠実に遵守されるよう努めることを」と述べ、教会と世俗の秩序を教皇が統括する意図を示していると言ってよかろう。
　そしてウルバヌスの話はイスラームの拡大とキリスト教徒の土地が占領されている東方の事情に向かう。「あなたたちは東方に住み、絶えずあなたたちの助力を求めて叫んでいるあなたたちの兄弟のもとに駆け付けて援助することが必要である。なぜならば、あなたたちの多くがすでに承知しているように、トルコ人とアラブ人が地中海にまで、すなわちルーム（ビザンツ）の境界の〈聖ゲオルギオスの腕〉（ボスポラス海峡）に達し、あなたたちの兄弟を攻撃したからである」。

そして神の望むところとして、異教徒との戦いを広く呼びかけるよう列席者を鼓舞する。「あなたたちがキリストの先触れとして、身分にかかわらず、すべての歩兵に、騎兵に、貧乏人に、金持ちに、多くの布告によって説得しなくてはならない。あのろくでもない族をわれわれの土地から追い出し、キリスト教徒をただちに救うよう努めることを」。

ここではエルサレムの解放ということは述べられておらず、異教徒の拡大に対してキリスト教徒を救うということが主張されている。ただ、イスラームと境を接する東方のキリスト教徒が、トルコ人に蹂躙されて救助を求めたかどうか、現在ではさまざまに議論されている。レコンキスタと呼ばれるキリスト教側の国土回復運動が進むイベリア半島の状況について、近年の研究は、異教徒同士が互いに利用しあうかたちで共存していたことを明らかにしつつある。イベリア半島のレコンキスタは、教皇の主導のもとで組織的に行われたのではなかった。これに対しフーシェの史料は、ウルバヌスが教皇を頭とした教会を中心とする社会を構想するなかで、異教徒討伐の軍を計画したとしている。

すなわちウルバヌスは、この軍に参加する者は聖なる戦いに参加するものとして、罪が赦されることを宣言し、「私は神から付与された権限を持って旅立つ者たちに約束する」とする。そして「進軍は遅れてはならない。各人が集まり、準備金を受け取り、冬が去り、春になれば、主に導かれて勇んで出発するが良い」と締めくくる。

これを受けてル・ピュイの司教アデマールが出席者に使命を果たすべくよう鼓舞した。アデマールはのちに遠征軍の指揮を命じられる。そして「多くの者は、いかなる役柄であろうと、次々と罪のゆるしを受け、心を清らかにして、命じられた地に赴くことを誓った。出陣の誓いのあとで、教皇の命令によって、彼ら巡礼者のマント、コート、上衣の肩に縫い付けられた、絹製あるいは黄金で織り込められた、または他の素材の美しい十字の印を我々が見たとき、なんと素晴らしく、心地よいことであったか」。

この記述を読むかぎり、戦いに向かう兵士の出陣式というよりは、巡礼の出発を祝福する儀式を思わせる。また聖遺物が出発する時の儀式にも似通っている。この史料が『エルサレムへの巡礼者の物語』とあるように、この遠征に参加したものは自らを巡礼者と呼ぶ記述が多い。

各地での呼びかけ

クレルモンに集まった重要人物は司教と修道院長など教会関係者で、世俗の有力者はいなかったと思われる。ウルバヌス二世のフランス滞在が一年近くに及んだのも、各地で勧誘の教会会議を開くなど、訴えを続ける必要があったのかもしれない。

リモージュで教会会議を開いた際に、フランドル宛てに書簡を送った。内容はクレルモンの演説よりも具体的なものとなっている。

汝らが、野蛮人の狂気が信者たちを哀れにも虐待することによって、東方にある神の教会を荒廃させたこと。そしてさらに彼らはキリストの受難と復活で有名な聖都（エルサレム）を占領し、その中の教会とともに耐えられない隷属の状態に陥らせたことを、数々の報告によってすでに知っていると思う。（ジャン・リシャール著／宮松浩憲訳『十字軍の精神』所収）

エルサレム巡礼の目的地の一つ、ベツレヘムの聖誕教会

エルサレム巡礼のための聖墳墓教会の図

ここでウルバヌスはキリストの受難と復活の聖地であるエルサレムについて明言し、そこが異教徒の支配におかれたことに触れている。もとよりエルサレムにあるキリストの墓（聖墳墓）は、サンティアゴ・デ・コンポステラやローマと並ぶ主要な巡礼地であった。キリスト教の正統とされる教義では、キリストは肉体とともに復活して昇天したので、墓には何もないということになる。ただ本書で述べてきたように、エルサレムはキリストゆかりの聖地であり、第1章で述べたように受難に関わるモノが発見される地でもあった。十字軍のエルサレム遠征以降、キリストゆかりの品が数多く西欧にもたらされ、聖遺物礼拝は新たなフェーズに入る。

なおこの書簡では、ル・ピュイ司教のアデマールを遠征の頭としたこと、遠征に向かう者はペテロの権威（すなわち教皇の権威）に隷属すること、出発をマリア被昇天の日（八月一五日）とすることが明記される。ここにウルバヌスはキリスト、マリア、ペテロとカトリック教会を代表する聖なる力にたのんでいることが見て取れる。

教皇は八月にイタリア半島に戻り、引き続き遠征を呼びかける。九月にボローニャの市民に宛てた書簡では、エルサレム行きを願望する者に対して、これを巡礼者と定義して聖職者の付き添いを義務づけている。民衆のあいだに聖地巡礼の動きが高まりつつあり、それを教会が管理する姿勢が見て取れる。それに先立ってピエールという名の隠者が多くの民衆とともに聖地に向かっていたが、これは規律を欠いた群衆であったため、途中でユダヤ人迫害や略奪など乱暴を働きながら東に進んだ。夏に小アジア半島に到達するが、トルコの軍勢に殲滅されるという末路をたどった。

エルサレムへの「巡礼」

教皇の呼びかけに答えた諸侯たちは、ル・ピュイ司教アデマールに導かれて一〇九六年の八月にエルサレムをめざして出発した。シャルトルのフーシェはこれを「聖なる遠旅」とし、「巡礼者たちの指導者」として、フランス王の弟ユーグ、ノルマン人のロベール・ギスカール、ロレーヌ公ゴドフロワ、プロヴァンス伯レーモン、ブロワ伯エティエンヌ、フランドル伯ロベールなどが「多くの貴族をともなって出発した」(丑田弘忍訳、一部改、以下同じ)とある。そして「こうしてヨーロッパの各地から兵士たちが集まり、日々の進軍の過程で様様な民人からなる軍団が出来上がった。そのため言葉も出身も限りなく多彩であった。ニカイアの都市に到達するまで一つの部隊にまとまることはなかった」と記している。教皇が呼びかけたとはいえ、出発したのは命令系統が明確な軍隊ではなく、自主的に集まった諸侯たちと臣下の集まりであったことがわかる。

フーシェは聖地に向かう者の一人として、つぎのような感慨を記している。「詩編のなかでダヴィデの預言が成就されるのが信じられるほどである。〈主よ、あなたがお造りになったすべての民が来て、あなたに礼拝することであろう〉(ウルガタ訳、詩編八五、九)〈主の足が立っていた場所でわれわれは礼拝することになろう〉(ウルガタ訳、詩編一三一、七)」と、キリストゆかりの地に西欧各地から民が集結して、自分たちがそこに立つ感慨を語っている。

また参加した者たちの空気感を伝えるものとして、つぎのような記述がある。

旅行く縁者たちのために彼ら（出発する者たち）の前で残された者の目からどんなに沢山の涙が流されたとしても、彼らが所有しているすべてを神の愛のために置き去りにすることで、彼らにはまったく動揺はなかった。主が自らに従う者たちに約束されたものを手に入れることができるからである、と彼らは信じたからである……心のうちは悲しみ、心を鬼にして敢然と出発した。残る者には喜びが、旅立つものには悲しみがあった。このことについてわたしは何を言うことができよう。「これは主によってなされたことであり、われわれの目には不思議なことである」。（ウルガタ訳、詩編一一七、二四）〉

この旅立ちと見送りの感情の記述は、サンティアゴ・デ・コンポステラなど遠隔地に向かう巡礼とも、近郊に向かう聖遺物の出発とも似通っている。本書で考察してきたように、神聖な目的で日常から離れる際に当時の人々が示した感情表現なのかもしれない。とくに遠隔地に向かうサンティアゴ・デ・コンポステラ巡礼などは危険が多く、巡礼者の救難を救う奇跡が多く伝えられていたことは第5章で論じた。実際に一二世紀の初頭に、フランス最大の領地を有していた諸侯アキテーヌ公のギヨーム十世が、目的地のサンティアゴ・デ・コンポステラを目の前にして病で没している。

当時の巡礼者たちは、出発に際して危険を覚悟したのは間違いない。さきに教皇ウルバヌス二世が、出発前に罪のゆるしを約束したのは、無事に帰還できなかった際に天国に行ける保証をしたものと思われ、そのころきわめて重要なことであった。ましてエルサレムへの巡礼は、途上で戦いが控えているだけに、出発する際には、有事について十分配慮したことであろう。

池谷文夫氏は、十字軍に出発する兵士がシャルトルのサン・ピエール修道院に宛てた証書に、不慮の事態への配慮を見出している。その証書には、出発するフレトヴァルのニヴェロ（おそらく領主階層）は自分の魂の救済のために金銭をサン・ピエール修道院に寄進し、修道院に対して行った暴力と略奪を繰り返さないことを誓い、過去の過ちの償いとしてエルサレム巡礼に向かうと述べる。ついで修道士から路銀を受け取ったと記し、修道院と領主のあいだでの和解が明記される。贖罪《しょくざい》のために巡礼をすることも多かったが、領主の回心は修道院とのあいだの和解をも意味し、教皇の呼びかけで遠隔地巡礼に向かうのは各地の紛争に和解の機会を提供したと考えられる。ウルバヌス二世がフランス各地の修道院を回って秩序回復（いわゆる神の平和）と十字軍の勧説を行ったのは偶然ではない。

第２回十字軍を勧説するクレルヴォーのベルナールとフランス王ルイ７世

一〇九八年にブルゴーニュ東部に創立したシトー修道院は、数十年のあいだに西欧全体に支院ができるほど急速な発展を遂げるが、この修道院の創立を支援したのは地元の聖俗の有力者であった。その一人ブルゴーニュ公オドンは修道院寄進の四年後にエルサレム巡礼に向かって、途上シリアのパデゥヌスで亡くなり、遺体は故郷に戻ってシトー修道院に埋葬された。そのころの修道院は、寄進と引き換えに祈禱《きとう》をする活動が増えていたことはすでに触れたが、修道院内に埋葬された遺体は修道士の祈禱に常に触れることになり、救いが保証されたと考えられたのであろう。シトー修道院は、おなじブルゴーニュ南部にあるクリュニー修道院にとって、いわばライバルとなった。やがて一一四六年に第二回十字軍を勧説するのは、シトー会のクレルヴォー修道院長ベルナールである。

エルサレム到着――キリストの聖遺物と巡礼者たち

出発から三年が過ぎた一〇九九年六月、ロレーヌ公ゴドフロワ・ド・ブイヨンらはエルサレムに到着し、攻城戦のすえ七月一五日にエルサレム入城を果たした。その現場に居合わせたシャルトルのフーシェは、その時の様子を『エルサレムへの巡礼者の物語』に詳細に記録している。

> フランク兵たちは金曜日の正午に市内に侵入した。角笛の音のもと、すべてのものは鬨《とき》の声を上げ、勇ましく突進し、「神よ助け給え」と叫び、直ちに城壁の上に軍旗を一竿立てた。異教徒たちのすべては恐れをなし、町の公路を通って。すばやく逃げ出すことに一心不乱であった……フランク軍兵士たちは抜き身で市内を走りまわった。命乞いする者も容赦しなかった。民人はなぎ倒された……かような大殺戮《さつりく》のあと、フランク兵たちは屋内に侵入し、手あたり次第略奪した。

同時代の従軍記録である『フランク人および他のエルサレムへの巡礼の事績』（作者不詳、おそらくノルマン人騎士）や『エルサレムを占領したフランク人の物語』（アジールのレーモン著、ル・ピュイの司祭でサン・ジル伯に従って従軍）も、エルサレム陥落の際の殺戮と略奪について、その徹底ぶりを同様に記している。

彼らはエルサレムを占拠すると、キリストが葬られた聖墳墓に詣でた。その感動をフーシェはつぎのように語る。「この地での生誕、死、復活、さらに異教徒の住民の迷信に汚されても、それから浄化されたお方を信じ、信頼している人々によってこの地は元の権威に戻された……われわれの主キリストがこの世で人として人と関わりながらなされ、教えられたことがここに呼び起され、呼び覚まされたのである」。

聖地を迷信で汚したという異教徒を殺戮しつくしたあとで、「汝の敵を愛せ」と説いたキリストの言動を呼び覚ます、というのは現代人にとっては理解しがたいところではある。ただ本書で注目したいのは、フーシェらエルサレムを占領した人々が、キリストが人として生きたことや教えを述べたことを想起している点である。エルサレムの地に立ったキリスト教徒がそのように考えるのは、当たり前のように思われるかもしれない。

エルサレム攻城戦

しかし本書で論じてきたように、それまでの教会や修道院では、神としてのキリストや神の力を預かった聖人に重きがおかれ、装飾で描かれるキリストには人間の感情表現が薄く、むしろ最後の審判、黙示録、使徒たちの派遣など天国に座す神の姿で描かれることが多かった。人としてのキリストの生涯や発した言葉が、聖職者や信徒のあいだで注目される

キリスト受難にまつわる聖遺物（十字架、茨の冠、槍）への崇敬（13世紀、キプロス）

のは中世の後半になってからで、十字架で苦しむキリストや悲しむマリアが想起されるようになる。エルサレムの地に立った巡礼者たちが、キリストが十字架を背負って歩いた現場で、キリストの苦悩を共有する機会を得て広めたためであろうか。あるいは西ヨーロッパの人々が、この時代に特有の信心のあり方を見出したためであろうか。エルサレムはイスラーム支配を受ける前は、ビザンツ帝国の支配下にあったが、そこでは復活のキリストが讃えられ、受難のキリストは重視されていなかった。いずれにせよ、次第に受難にまつわる聖遺物が、西ヨーロッパで熱狂的に受け入れられるようになる。

フーシェはまず真の十字架について、エルサレム陥落直後につぎのように記述している。「彼らはアスカロンに向かった。古くから聖職者たちによって秘められてきた一本の主の十字架が秘密の場所から発見されたことは、神を喜ばせた……部分的に金銀で装飾されたこの一本はまず聖墳墓へ、さらに神殿に運ばれた。喜びの歌が歌われ、日々この宝を守ってきた神に感謝がなされ、この発見物は高く掲げられた」。

その後も戦いは続き、常にこの十字架は軍とともにあって、勝利をもたらしたことが語られる。アンティオキアでの戦いが激しさを極めた際には、「エルサレム王とトリポリ伯は部下とともに、いわば栄光の主の十字架に運命を託し、それを主のしもべとして戦いに持ち出し、その周りで勇敢に戦い、それに敬意を払い、戦場で雄々しく構えた。全能なる御方はそのきわめて聖なる、きわめて価値ある十字架の力によって異教徒の手から彼らを力強く助け出され、将来のために滅ぼすことをなされなかった」。

そして真の十字架のエルサレム帰還は、聖遺物帰還の儀式と同じく、盛大に祝われた。「必要なだけの兵士を集めて、十字架がエルサレムに運ばれた。かれらは十字架を携えて嬉々として聖都へ入り、その日に彼らは皇帝ヘラクレイオスが勝利者としてペルシアから聖十字架を奪還したときと同じように、聖十字架称賛の典礼を行った。人々は言い知れぬ喜びで、聖十字架を迎え入れた」。

十字架型の「真の十字架」の容れもの（12世紀）

受難のキリスト像の聖遺物容れ

このあと西ヨーロッパでは、聖地から持ち帰ったとされる受難の聖遺物や、聖地に由来する受難の聖遺物で満ち溢れる。それにマリアをはじめとする聖書ゆかりの人物の聖遺物が加わってゆく。

たとえば一二世紀の前半に、フランドル伯のティエリー・ダルザスは、第二回十字軍の参加を含めて四回も聖地に巡礼した。その際にキリストの血を聖遺物として故郷フランドルに持ち帰った。これはベルギーのブリュージュ中心部の広場に面する聖血礼拝堂に安置されている。この礼拝堂は一二世紀に建てられた二層式の造りで、聖血礼拝堂は上階にあり、一五～一六世紀にゴシック様式に改築されている。ブリュージュでは現在でもキリスト昇天祭（移動祝日、五月～六月）に聖地の行列が町中を練り歩く行事が行われている。

2　聖王ルイの聖遺物収集と十字軍

第一回十字軍は、教皇の呼びかけに答えた諸侯が、それぞれに兵を募ってエルサレムに向かった諸集団であったといえる。彼らはキリストゆかりの地に詣でる巡礼者という目的意識が高かったせいか、聖地エルサレムに達するとその多くは本国に帰還した。サンティアゴ・デ・コンポステラ巡礼者が、海岸でホタテ貝の殻を拾って巡礼の証として持ち帰ったように、エルサレム巡礼も聖墳墓のかけらや土を持ち帰った。とくに有力者はキリストにちなんだ聖遺物を求め、第二回十字軍でフランドル伯が聖血を持ち帰ったように、地元の礼拝堂に安置して、そこを聖なる場として地域の中心地としての権威を持たせた。

現地に残った諸侯と家臣は、いまの中東にあたる地域の地中海岸に、いわゆる十字軍国家と呼ばれるのを、いくつか立ちあげた。エルサレム王国、トリポリ伯領、アンティオキア公領、エデッサ伯領などである。それらを統一する機構はなく、人口も希薄であったため兵力も少なく、たちどころにイスラーム側の反撃にさらされることになった。

十字軍がエルサレムを占領してから二〇年ほどが過ぎた一一一九年ころ、シャンパーニュ地方の騎士ユーグ・ド・パイヤンが友人の騎士とともにわずか九人の騎士で、カイファァとカエサレア間の山道で、自主的にエルサレム巡礼の警護を始めた。危険にさらされるようになったエルサレムへ向から巡礼を守るユーグ・ド・パイヤンは六〇歳の騎士で、「さまよえる巡礼者を見守る伝説の騎士」「信仰の鎧を着た騎士」などと讃えられた。やがて彼らはエルサレム大司教にこの使命に生涯を捧げることを誓い、エルサレム王ボードワン二世や有力者はこれに賛同し、土地を寄付した。彼らはエルサレム王から寄付されたソロモン王の神殿といわれた宮殿を居館として本拠地にし、「ソロモン神殿（テンプル）の貧しきキリストの騎士」と称した。いわゆる「テンプル騎士団」の創立である。

この騎士団は一一二八年に教皇ホノリウス二世によって修道会として公式に認可され、全盛期にはエルサレムや中東だけでなく、西欧各地に支部を持つまでに拡大した。テンプル騎士団は、その膨大な所領からえた莫大な蓄財と運用でも知られ、本部にはキリストの「聖杯」を保管していたという伝説が後世に長く伝わるなど、虚偽入り乱れたエピソードが現代にまで残っている。

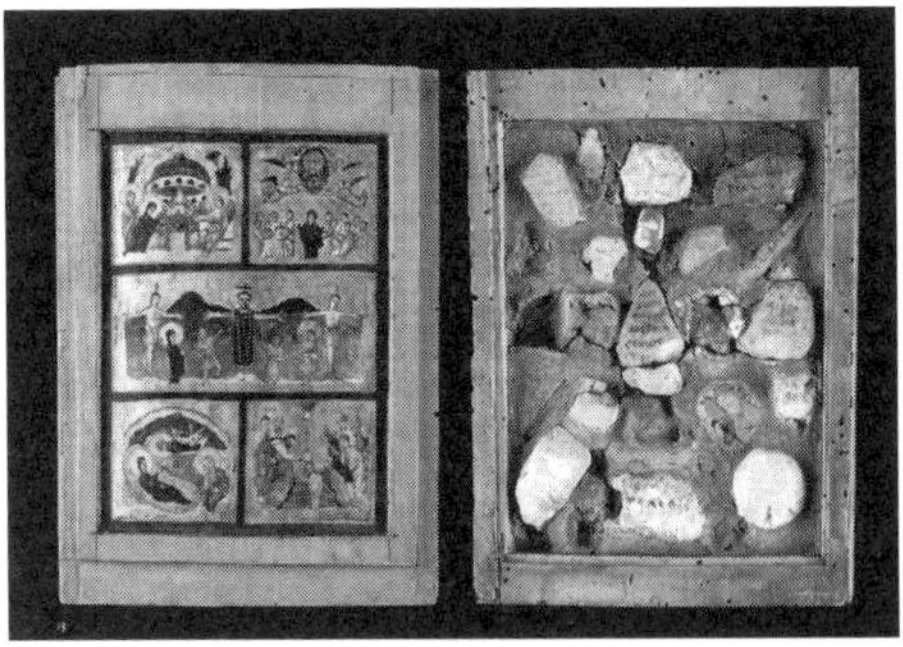

キリスト受難図と聖地から持ち帰った石

ユーグ・ド・パイヤンに土地を寄付するボードワン 2 世

いずれにせよイスラーム勢の反撃によって十字軍国家は危機に瀕し、これに対処するため第二回十字軍が一一四七年に、第三回十字軍が一一八九年に派遣された（なお十字軍派遣の回数には諸説ある）。第二回十字軍はフランス王とドイツ（神聖ローマ）皇帝、第三回十字軍はフランス王、イングランドの王、ドイツ（神聖ローマ）皇帝が率いたが、最終的にエルサレムはイスラーム勢（アイユーブ朝）が奪還し、十字軍は次第に撤退していった。その際にテンプル騎士団が財産のほかに聖杯など聖遺物を持ち帰ったとの伝説が生じた。一四世紀にテンプル騎士団解散後に、その後継団体と称する秘密結社が数多く名乗りを上げたことからも、聖杯やキリストの聖遺物にまつわる伝説はさらに膨らんでいった。

フランスの王たちが建てたパリの聖なる場

パリ全景（1607年、パリ国立図書館蔵）

パリの中心部分を貫いて、セーヌ川が山なりに蛇行している。そのちょうど真ん中あたりにシテ島と呼ばれる中州があり、古くローマ時代から都市パリの核となるエリアであった。シテ島の東にはノートル・ダム大聖堂があり、第二回十字軍に遠征したルイ七世がゴシック様式への改築をはじめ、第三回十字軍を行ったフィリップ二世（オーギュスト、尊厳王）を経てルイ九世の治世にほぼ大部分が出来上がった。ほぼ同時期に、王の直轄領地であったイル・ド・フランス地方の主要都市（ラン、ランス、シャルトル、アミアンなど）の大聖堂と同様に、パリの大聖堂（司教座聖堂）もゴシック様式に改築された。この大聖堂は聖母マリアに捧げられ、のちにノートル・ダム大聖堂と呼ばれるようになった。その正面には旧約聖書に記された二八人の王の像が居並び（王のギャラリー）、南側入り口（聖アンナの扉口）上部の彫刻には聖母子を拝むルイ七世が刻まれ、この大聖堂が王によって捧げられたこと、そして王の権威を示すものであることを示している。

ルイ七世によって主祭壇を擁する最も聖なる部分がほぼ建てられ（一一六三～七七年）、ついでフィリップ二世が身廊《しんろう》の主な部分を建てた（一一八〇～九六年）。天井の高さは三二・五〇メートルに及び、聖堂の全長は一三〇メートルに達した。そしてルイ九世の時代の一二五〇～六〇年代に完成した三つのバラ窓は、ほかのゴシック様式の聖堂と同じく西正面と南北の袖廊《そでろう》扉口に置かれていて、ステンドグラスを通した光が聖堂を満たすように作られている。現在に残るステンドグラスは、後世の修復が施されたものであるが、西と北のバラ窓の中心には聖母子が描かれ、南のバラ窓は四福音書家に囲まれたキリストが描かれている。正面ファサードの三つの扉口上の彫刻（タンパン）には聖母子、最後の審判のキリスト、聖母戴冠が描かれ、ノートル・ダム大聖堂が聖母崇敬の場であったことを示している。

ノートル・ダム大聖堂のファサード（1699年）

王たちが王国の中心パリの大聖堂の守護聖人に聖母マリアを選んだのは、マリア礼拝の高揚が背景にあると思われるが、王の権威を高めるにあたって聖母マリアにあやかった側面もあると思われる。ビザンツの都コンスタンティノープルのハギア・ソフィア大聖堂において、ユスティニアヌス大帝とコンスタンティヌス大帝が聖母子を礼拝するモザイク像が描かれているのと類似した発想であろう。

一方、王権とともに拡大したパリ近郊のサン・ドニ修道院は、三世紀の殉教者でパリの司教であった聖ドニを守護聖人として聖遺物を祀っている。パリのノートル・ダム大聖堂でも、聖ドニの像が正面の聖母戴冠の扉に刻まれ、五世紀パリ司教の聖マルセルの像は聖アンナの扉口の中心に置かれている（塔の脇にもある）。したがって、パリで長く崇敬されてきた地元の聖人たちのイメージも捨て去っていないことがわかる。つまりパリのノートルダム大聖堂は、強まってゆく王権が経済力と最新の技術力を集結して建造したものであり、同時に古くからの聖地としてのパリを象徴する建物であったともいえよう。

なお、一三世紀にパリのノートル・ダム大聖堂の建築を監督した人物として、ピエール・ド・モントルイユの名が知られている。この時代の建築家（あるいは石工の棟梁）で名前がわかっている人物はけっして多くないが、ゴシックの時代になって、作業スケッチを残したり、建造物に名が刻まれたり、足跡を残す者が出はじめた。一三世紀にピエール・ド・モントルイユという建築家は、ノートル・ダム大聖堂のほか、パリのサン・ジェルマン・デ・プレ修道院、サン・ドニ修道院、そしてサント・シャペルの建築に関わった。

華麗な聖遺物容れ——サント・シャペル

セーヌ川の中州シテ島には、ノートル・ダム大聖堂のほかにも多くの歴史的建造物がそびえ、教会だけでなく、警視庁、裁判所、病院など、いわば公共施設も多い。その隙間を縫うようにカフェや店舗が軒を連ねていて、シテ島は国家（かつては王権）、教会、市民生活が凝縮したパリの中心地であり続けている。

ノートル・ダム大聖堂からシテ島をセーヌ川下流の方向（西側）へと数分歩くと、重厚な裁判所

17世紀のサント・シャペル

の建物が見えてくる。ここはローマ時代に総督が支配の拠点を置き、中世になってからは王宮が建てられ、高等法院と呼ばれる裁判所が置かれた。二〇世紀の初頭に至るまで建物は何度も改築を繰り返し、王政が廃止されてからも司法の場であり続けた。フランスの王宮というと、パリの西にあるヴェルサイユにある宮殿が有名であるが、パリ市内にもシテ島のほか、ルーヴル、ヴァンサンヌなど王の居所が各地にあった。

　この王宮であった建物に、ルイ九世が建てたサント・シャペルという美しい礼拝堂がある。現在は、ほぼ創建当時のままといわれるステンドグラスが有名であるが、ルイ九世が礼拝堂を建てた主目的は、コンスタンティノープルから購入したキリストゆかりの聖遺物などを安置することであった。サント・シャペルは、いわば華麗な聖遺物の容れものともいえよう。

　サント・シャペルは裁判所として使用されている建物に隣接しているため、見学する場合は入り口で空港のようなボディチェックがある。「五月の中庭」と呼ばれるルイ十六世様式の鉄格子で仕切られた広場を横目に、王政時代の名残をとどめる裁判所の建物に入る。見事な装飾で満ちた廊下を抜け、サント・シャペルに入る。ルイ九世も自らの居室から、屋外に出ることなく礼拝堂に向かい、聖遺物に額《ぬか》づいたことであろう。

　礼拝堂は二階建てで、下の階は聖母マリアに捧げられ、上の階にキリストの聖遺物が安置されている。これはビザンツの礼拝堂形式を意識したと

サント・シャペルの上階

サント・シャペルの下階

もいわれている。ただ、建築様式や装飾はパリの大聖堂と同じゴシック様式である。下の階は幅一七メートルで高さは七メートルほどで、窓は少なくて薄暗く、青い天井と黄金の柱のコントラストが美しい。そこから螺旋階段を登って上の礼拝堂に達する。高さ一五メートル、全体で六〇〇平方メートルに及ぶステンドグラスが空間を埋め尽くし、薄暗い下の階とは対照的に、一一〇〇枚を超えるステンドグラスがまばゆい光彩を放つ。

ルイ九世が購入した聖遺物は、礼拝堂の東奥に置かれていた。聖遺物は「グランド・シャス」と呼ばれる豪華な櫃《ひつ》に納められて台座の上に置かれ、扉を開けることで聖遺物が見えるようになっていた。櫃のうえに豪華な天蓋が作られていた様子は、櫃のなかの聖遺物の様子とともに多くの絵画に描かれ、現代に伝えられている。残念ながら一八世紀末の革命でその多くは破壊されてしまったが、真の十字架と茨の冠のみが奇跡的に難を逃れ、ノートル・ダム大聖堂の宝物として現存していることは前述したとおりである。

ルイ九世はキリスト受難ゆかりの品物をはじめとする二二の聖遺物を、年収の半分以上をつぎ込んでコンスタンティノープルから購入した。なかでもキリストが被ったとされる茨の冠の価格は一三万五千リーヴルで、礼拝堂の建築費が四万リーヴル

サント・シャペルの聖遺物（16世紀の図）

聖遺物を礼拝する人々（15世紀の画を19世紀に複製したもの）

というから、聖遺物の価値が理解される。ステンドグラスに描かれたテーマは聖書の場面が大半であるが、西側出入口近くにはヘレナの真の十字架発見とルイ九世の聖遺物移葬が描かれていて、受難の聖遺物を納める礼拝堂の個性といってもよい。また描かれた聖書の場面として、祭壇背後の最も重要な部分にはキリストの受難、マリアの生涯、洗礼者ヨハネなどが選択されていることから、人としてのキリストを重んじていたことがわかる。

それではルイ九世が受難の聖遺物を獲得した経緯と、彼の聖俗両面での意図と目的、受難の聖遺物礼拝の歴史上の意味を探ってみよう。

ルイ九世の生涯——信仰と統治

一二一四年、ルイ九世はルイ八世の子として生まれた。それはカペー朝の王たちが、ノートル・ダム大聖堂の建築、パリの改造、南仏の異端カタリ派の討伐や十字軍遠征参加などで、徐々に権力を強めている時期であった。すでに述べたように、王たちは教会との協力関係により聖なる権威としての王権を

ルイ９世の即位（『聖王ルイ伝』15世紀）

確立していた。こうしたなか、父ルイ八世が四〇歳を前に急逝したため、ルイ九世は一二歳でフランス王に即位した。一二七〇年に十字軍の遠征先で没するまで、彼は受難のキリストへの篤い信仰と、強化するカペー王権を確立する王としての使命に生きた。

少年期には、母ブランシュ・ド・カスティーユが摂政として、優れた政治手腕でルイ九世を補佐した。まず祖父フィリップ二世の治世から続いていた異端カタリ派の討伐を続け、一二二九年にはトゥールーズ伯とパリ協定を結んで組織的な戦闘を終結させた。

遡って一二世紀の終わりころから、求心力と組織力を強める教会に対して異端と呼ばれる諸派が各地で活発化していた。カタリ派は、組織的な異端の最大手ともいうべき勢力で、南西フランスを拠点に独自の教会を築きつつあった。カタリ派の教義は、現世を悪として、聖遺物礼拝や秘跡をはじめとする教会の典礼、十字架など聖なるモノ、聖堂を否定し、出家した者は徹底した清貧の生活を営んだ。南西フランスでは、これを保護したり入信したりする諸侯も増えていった。

カタリ派の説得は不可能とみた教皇インノケンティウス三世は、討伐を決めた。フランスの諸侯や騎士がアルビジョワ十字軍として聖職者とともに参加し、戦いは二〇年を超えることになる。フランス王にとっては、異端を討伐するという教会の要請に応えるとともに、地方の諸侯を王権に従える機会でもあった。アルビジョワ十字軍の終結によってトゥールーズ伯は屈服し、王権はその力を南仏に進めた。ついでカタリ派とは別文脈で諸侯の反乱が起こったが、ルイ九世はこれを鎮圧することに成功した。

一方、ルイ九世は、生涯にわたって信心深い生活を営んだ。フランスの歴史家ジャック・ル・ゴフは、その信心業を四つに分類している。すなわち宗教建造物の建築、慈善行為、聖遺物崇敬、説教を聞くことである。複数の伝記作者は、ルイ九世が王に即位した少年期に、敬虔な王として振舞っていたことを記している。

アルビジョワ十字軍が終結したころ、ルイ九世はパリ近郊のロワイヨーモンの修道院を建て、シトー会に寄進している。これは父ルイ八世が、王家のために祈る修道院を創建すべしとの遺言とともに、多額の金銭を遺したことから実現したものであった。ジャック・ル・ゴフは、この修道院の創建がルイ九世にとって特別なものであったことを指摘している。まずジョワンヴィルのルイ九世伝から、ロワイヨーモン修道院の美しさがルイ九世の建てた多くの宗教建造物のなかで群を抜いていたという証言を示している。さらにギヨーム・ド・サン・パテュスがルイ九世の死後に列聖のため作成した文書から、ロワイヨーモン修道院の建築作業で、王自らが石を積む作業を手伝ったことを指摘している。そして配下の騎士たちにも同じ作業をさせ、修道士のように沈黙を守りながら働くよう命じたという。

ルイ九世の生涯を記した複数の伝記は、王自らが修道士のような敬虔な生活を営み、貧者や弱者への保護を行ったことをつぎのように記している。

幼少の頃より王は、貧しい者、困窮する者に慈悲深く、どこにおいでになっても常に毎日宿舎で百二十人の貧者にパン、葡萄酒、肉、魚をたっぷり振舞われるのが慣例であった。四旬節や待降節においては、貧者の数は増え、幾度も王自ら彼らに給仕され、目の前で肉を切って施し、彼らが去るときには手ずから金子を渡されたものであった。（ジャン・ド・ジョワンヴィル『聖王ルイ』伊藤俊樹訳、一部改）

そしてルイ九世の信仰とその後の生涯を語るうえで欠かせないのは、聖遺物への強い愛着である。サン・ドニ修道院の修道士ギヨーム・ド・ナンジが執筆した『聖王ルイ伝』には、一二三二年にキリストの聖釘《せいてい》が行方不明になった事件と王の対応について、感情表現を交えた詳しい記述がある。サン・ドニ修道院には、キリストの磔刑《たっけい》の際に使われた釘（聖釘）が納められていた。九世紀にシャルル二世（禿頭王。カール大帝の孫で聖遺物収集家として知られる）が寄進したものと伝えられ、礼拝する者たちがこれに口づけをしようと群れていた。ところが二月末に熱狂的な群衆のなかに聖釘が消失してしまい、四月一日の聖金曜日（キリストの受難を記念して断食などをする日）に発見されるまでの一か月のあいだ行方不明となった。

サン・ドニ修道院の修道士たちは激しく動揺し、ルイ九世は苦悩しつつ発見に尽力する。王は人々に捜索するように求め、行方を知る者があれば伝え、隠し持っているものがあれば速やかに返却するように命じ、褒賞として一〇〇リーヴルを与えることを告知した。伝記は老若男女、貴賤を問わず、聖職者や学生などを含む多くの人々が、聖釘の紛失を知って嘆き、教会に赴いて神の助けを願ったことを記している。そして多くの賢い者たちが「王の治世の初めに起こったこの残酷な紛失がもととなって、大きな不幸が、あるいは大災害が起こらねば良いと、さらにはこれがフランス王国の崩壊の予兆でなければよいがと心配していた」（ジャック・ル・ゴフ『聖王ルイ』岡崎敦ほか訳から）と記している。

ジャック・ル・ゴフはこの記述に、聖遺物の国全体への影響力や王の聖遺物への愛着と並んで、「教会によって聖化された物体を対象とする信心行為の一大キャンペーン」と「長期にわたって推進されてきたサン・ドニ修道院の政策」を読み取っている。サン・ドニ修道院の政策とは、フランスをカロリング朝とキリストに結びつけようとするものである。第2章で述べたように、サン・ドニ修道院はカペー王権と強い関係を持ち、王の墓所であるほか、王の守護聖人聖ドニの聖遺物を安置し、王権の象徴である剣や王冠を保持していた。ルイ九世だけでなく、歴代のフランス王の伝記を執筆して保管する役目も担い、王権の記憶と記念を遺す場でもあったのである。

ルイ九世は説教を聞くのを好み、とくにドミニコ会やフランシスコ会などの托鉢《たくはつ》修道士を招いて家族や家臣とともに耳を傾けたという。そして贖罪や苦行を自ら実践した。王の聴罪司祭であったドミニコ会修道士ジョフロワ・ド・ボーリューの伝記によると、彼は告解で罪を告白したのち自らを鞭打ち、苦行衣をまとい、断食を行ったという。一三世紀には自らの罪を告白してゆるしを求める告解が一般信徒にも義務づけられ、個人の信心業が盛んになり、贖罪の鞭打ちが流行した時代でもあった。ルイ九世は古くからの聖遺物礼拝に身を捧げつつ、キリストの受難に重きをおいて自分の罪を振り返る、という新たな信心業に向かい、これを王としての務めに組み込んでゆく。それが結実したのが聖遺物獲得であり、サント・シャペルの建造であった。

キリスト受難の聖遺物の獲得

ルイ九世が生まれる一〇年ほど前の一二〇四年、第四回十字軍はビザンツ帝国の首都コンスタンティノープルを占領し、略奪の末に「ラテン帝国」を建国した。この十字軍に従軍した北フランスの騎士ロベール・ド・クラリが著した記録には、占拠した宮殿と「聖なる礼拝堂」と呼ばれる華麗な礼拝堂についての記述がある。そして礼拝堂に納められている聖遺物について、つぎのように詳しく述べている。

この礼拝堂は華麗で気高く、その大いなる美しさや大いなる気高さは言い尽くせるものではない。この礼拝堂の内部には、すこぶる貴重な聖遺物が収められ、太さは人の脚ほど、長さはおよそ半トワーズ（一メートル弱）あるなんと正真正銘の十字架の断片が二つあった。また主の脇腹を貫いた槍の鉄尻と両の御手と御足を打ち抜いた釘も二本あった。されに水晶の小瓶には主の御血のほとんどが入っており、そのうえ主が身に着けておいでになりながらカルヴァリオの丘を引き立てられた折、剝ぎ取られてしまった御衣もあった。なお頭に被された錐のように鋭く突き刺さるハリエニシダの聖なる冠もあった。また聖母様の御衣の一部、洗礼者聖ヨハネ様のしゃれこうべ、その他多くの貴い聖遺物がそこにはあり、とうていそれを言い尽くし、あるがままを伝えることはできるものではない。（伊藤俊樹訳）

これらの聖遺物は、第1章で述べたようにコンスタンティヌス大帝の母ヘレナが真の十字架を掘り出して以来、次々とエルサレムで発見され、コンスタンティノープルの宮廷に運ばれたものと思われる。それは代々の皇帝が、キリスト教世界の最高の統治者として引き継いできたもので、時折、断片が西側の君主に統治者の権威として贈与された。

第四回十字軍の遠征からほぼ三〇年が過ぎた一二三八年、コンスタンティノープルを首都とするラテン帝国の皇帝ボードアン二世（ルイ九世のいとこ）は、フランスに赴いてルイ九世と母后ブランシュ・ド・カスティーユに会い、キリストの茨の冠と引き換えに、資金の援助を願った。そのころラテン帝国はビザンツの反撃を受けて領域が縮小し、戦費が不足していたのである。茨の冠はキリストの謙譲のしるしとされて、上記の聖遺物のなかで最も貴重なものであったため、ルイ九世はこの取引に喜んで応じた。それはキリストに倣って謙譲に生きる信心と、聖遺物を移すことでフランスを新たな聖地とする王としての意図からであったろう。しかし茨の冠の移動は困難を極めた。

ルイ九世は、さっそくコンスタンティノープルに二人のドミニコ会修道士を使者として派遣した。しかし皇帝が不在のあいだ、コンスタンティノープルの諸侯は資金不足を解消するために、ヴェネツィアの商人に借金の担保として茨の冠を渡してしまっていた。コンスタンティノープルに到着した使者は、この状況を知ってヴェネツィアと交渉し、フランス王が購入済みであることを論拠に茨の冠を取り返す約定を取り付けた。ただし茨の冠はフランスへ運ぶ途中でヴェネツィアに立ち寄るという条件がついた。ヴェネツィアに一時でも聖遺物が滞在することで、その恩恵にあずかるためである。

こうして茨の冠は、一二三八年の末に海路ヴェネツィアに向かい、無事に到着するとドージェ(ヴェネツィア総督)宮殿のサン・マルコ礼拝堂に安置された。そこでフランスとヴェネツィアの最終的な交渉が行われ、皇帝ボードワン二世の使者がルイ九世との契約を確認し、茨の冠は陸路フランスに向かうことになった。

茨の冠がフランスに到着すると、ルイ九世は母后、弟、サンスとオセールの大司教、諸侯や騎士たちを伴ってこれを迎えに出る。パリから南西に一二〇キロほど離れたヴィルヌーヴ・ラルシュヴェックで、王の一行は聖遺物との出会いを果たす。一二三九年八月のことであった。

王が聖遺物を出迎え、パリに移葬する経緯は、列席したサンス大司教ゴーティエ・コルニュが詳しい証言を残していて、サント・シャペルのステンドグラスにも描かれている。それによると、王

コンスタンティノープルにあった茨の冠、聖槍、真の十字架などの聖遺物を受け取るルイ9世

たちは聖遺物容れの蓋が開いて茨の冠が姿を現すと、キリストが出現したかのように涙を流して感激したという。そして王と弟は下着姿に裸足で聖遺物容れを担ぎ、靴を脱いだ騎士たちがこれを囲み、ほかの大勢の者たちとともに二〇キロほど離れたサンスの大聖堂に向かった。これはキリストの受難と結びついた贖罪の行列で、ルイ九世の謙譲さを体現したものでもあった。茨の冠はいったんサンスのサン・テティエンヌ大聖堂に安置され、ゴーティエ大司教はサンスの町と教会が聖遺物の恩恵にあずかったことを喜びにあふれて記述している。

ついで茨の冠は船に乗って川を下り、パリ郊外のヴァンサンヌに上陸する。そしてさきほどと同じく、裸足で下着姿の王と弟に担がれた聖遺物は、贖罪行列とともにパリの市内へと入城した。そしてシテ島のノートル・ダム大聖堂に立ち寄ったのちに、シテ島の王宮内のサン・ニコラ礼拝堂に安置された。ながくローマ（ビザンツ）皇帝の権威の象徴としてコンスタンティノープルの宮廷礼拝堂にあった聖遺物が、フランスに居を移したのである。

さらにルイ九世は、資金不足に悩むラテン帝国から、一二四一年にコンスタンティノープルに残るそのほかの受難の聖遺物を購入し、パリに移葬した。真の十字架の大部分、キリストが十字架上で酢を飲んだ海綿、聖なる槍の破片など、さきのロベール・ド・クラリが記していた聖遺物である。王と皇帝による交渉で行われた一連の聖遺物の移動は、宗教的にも政治的にも史上最大のものであり、聖遺物礼拝の歴史にとっても画期となった事件であった。

サント・シャペルの建設

同時代の複数の史料がキリスト受難の聖遺物の移葬を称賛し、パリを新たなエルサレムと表現している。ルイ九世は、この一連の聖遺物を納めるにふさわしい礼拝堂を建設し、新たな聖地を創出することを、移葬の段階から考えていたようである。キリストの茨の冠が、宮廷内のサン・ニコラ礼拝堂に安置されたのは一二三九年の八月であるが、その二か月後にはサン・ドニ修道院に移葬されている。当初からサン・ニコラ礼拝堂は仮の安置所で、これを取り壊して新たな礼拝堂を作ることが想定されていたことを窺わせる。

新たな礼拝堂すなわちサント・シャペルの建造は、おそらく一連の聖遺物が到着したころに始まり、一二四三年には教皇インノケンティウス四世が建築中の礼拝堂に特権を付与している。一二四六年にルイ九世は聖遺物への礼拝と典礼を行う聖職者たちを任命し、一二四八年四月にサント・シャペルの献堂式が行われた。サント・シャペル（聖なる礼拝堂）という名は、受難の聖遺物が安置されていたコンスタンティノープルの宮廷礼拝堂の名にちなんだものであろう。同時代のイングランドの修道士で年代記作者マシュー・パリスはサント・シャペルを「この王の至宝にふさわしい驚異の美を備えた礼拝堂」と讃えた。これは、その美しさが早々と知れ渡っていたことを示すとともに、王権による聖遺物の保持が肯定的にとらえられていたことを示しているともいえよう。

サント・シャペルの受難の聖遺物を示すルイ9世

サント・シャペルが二層構造で建てられたことは、コンスタンティノープルの宮廷礼拝堂を意識した可能性があるが、八世紀にカール大帝が建てたアーヘンの宮廷礼拝堂を意識した可能性も指摘されている。カール大帝もアーヘンを聖なる地とすることをめざし、二階部分の玉座には旧約聖書のソロモン王の玉座に倣って六段の階段を付けた。自らを新たなソロモン王に、アーヘンを新たなエルサレムになぞらえたカール大帝のように、ルイ九世はパリの宮廷を聖なる地としようとしたことが窺える。

ただ、サント・シャペルはコンスタンティノープルやアーヘンの礼拝堂と違い、当時流行したゴシック様式で建てられた。そして同時期のランスの司教座礼拝堂、サン・ジェルマン・アンレーの宮廷礼拝堂との類似性が指摘されている。ジャック・ル・ゴフは後陣の祭室構造、高窓の並列、ステンドグラスは典型的なゴシック様式に沿うものであるとしつつ、聖遺物の展示目的のための形をとっていたとする。そして「大胆さや顕示欲がつつましさと結びつき、伝統的なものの最高の躍動が革新の一歩手前で立ち止まるというこの建築の性格は、聖ルイにそっくりではないだろうか」（岡崎敦、森本英夫、堀田郷弘訳）と述べる。サント・シャペルは礼拝堂であると同時に、受難の聖遺物が納められた聖遺物容れを収納する壮麗な聖遺物容れと考えることもできる。

このようなサント・シャペルを、中世建築史の研究者ロバート・ブランナーは「内部と外部が逆転した聖遺物容れ」と形容した。通常の聖遺物容れでは外部に装飾が施されるのに対し、サント・シャペルでは内部にステンドグラスや彫像などの装飾が施されている。高さ一五メートルの壁面はステンドグラスで埋め尽くされ、受難の聖遺物にまつわる聖書の物語や、ルイ九世の歴史的なメッセージなど一六のテーマで、一〇〇〇を超す場面が描かれている。一方、礼拝堂外部はゴシック聖堂特有の飛び梁がなく、シンプルな造りである。

西側から入ってすぐ右に、聖イレーネの真の十字架発見、ビザンツ皇帝ヘラクレイオスによる十字架奪還、ルイ九世による聖遺物のパリ移葬などが描かれる。受難の聖遺物が、エルサレムからコンスタンティノープルを経てパリに至る歴史と、ビザンツからフランスに渡った意味が示される。ついで旧約聖書の王たち、サムエル、ダヴィデ、ソロモンの物語が描かれる。アーヘンの礼拝堂と同じように、サント・シャペルはソロモンの神殿になぞらえられる。ただ偶像を崇拝するソロモンの姿が描かれているのは、キリストの茨の冠を礼拝するルイ九世の場面と対比されて、新約聖書のキリストに倣う自らの姿を強調するメッセージも読み取れる。身廊を聖遺物が置かれた内陣に向かって進むと、両側に旧約聖書の物語をテーマとするステンドグラスが並び、創世記や出エジプト記など「モーゼ五書」やエゼキエルやエレミヤなど預言者の書の諸場面が記される。

内陣の聖遺物容れの背後には、新約聖書のキリストにゆかりのある物語が並ぶ。すなわち福音史家ヨハネと洗礼者ヨハネ、聖母マリアの生涯、キリストの幼年時代である。聖遺物容れのすぐ後ろ、すなわち礼拝堂の最も東の奥にはキリストの受難が描かれ、最重要のテーマとされている。

また壁面下部の四四のメダイヨンには、それぞれ殉教者が描かれ、フランスの殉教者も多い。ロバート・ブランナーの研究は、一二三九年にルイ九世の命でパリのサン・タントワーヌ・デ・シャンに移葬された聖遺物との関係を指摘している。また礼拝堂の柱には、キリストの弟子として福音を伝道した十二使徒の像が置かれた。礼拝堂の献堂式の二か月のちにルイ九世は十字軍遠征に出発する。福音を広める使命と、殉教への想いからであろうか。

サント・シャペルの「グランド・シャス」

サント・シャペルの主役というべき一連の聖遺物は、それぞれ小さな容器に入れられ、「グランド・シャス」と呼ばれる教会の形を模した聖遺物容れに陳列され、内陣に置かれた。裏側に扉が付いていて、これを空けて正面を向ければ、安置された聖遺物を身廊外陣から拝観できるようになっていたことが、革命以前に描かれた絵画からわかる。「グランド・シャス」は礼拝堂の内陣の祭壇の後ろに置かれ、祭壇よりも豪華な台に乗せられて、神聖な場所である礼拝堂の最も神聖なスポットであることが、視覚的にもわかるようになっていた。これは旧約聖書に書かれたモーゼの十戒などが入った櫃と、これを納めたソロモン神殿を意識したものであろう。中世の聖遺物容れが、しばしばモーゼの櫃に例えられていたことは第3章で述べたが、ルイ九世はモーゼの櫃を納めた新たなソロモン王の神殿を建て、パリをキリスト教世界の中心とする構想があったのかもしれない。美術史研究者のワイスは、台のアーチの列と、「グランド・シャス」の天蓋の形が、ソロモンの玉座を象徴するとしている。

ルイ九世以降の王が聖遺物を訪問客に見せた記録もいくつか残っている。たとえば一三二七年に、のちの皇帝カール四世がサント・シャペルを訪問した時に、フランス王シャルル五世が「グランド・シャス」を開けて拝んだのちに、これを礼拝堂のほうに向けて開示したという逸話がある。

また歴代の王は、高貴な訪問客に対してだけでなく、キリストの受難を祈念する聖金曜日に、一般の人に「グランド・シャス」を開陳し、パリ市内をめぐる宗教行列に参加したという。美術史研究者の木俣元一氏は、サント・シャペルに安置された茨の冠と聖十字架の断片が、フランス各地にある王や諸侯の礼拝堂に贈与され、複数のサント・シャペルが成立することに着目し、聖遺物を媒体としたネットワークの確立とカペー王権の権威が高まったことを指摘している。

十字軍遠征と聖王ルイの誕生

サント・シャペルの献堂式の二か月後の一二四八年六月一二日、ルイ九世はサン・ドニ修道院で旗を受けて十字軍に出発した。自ら建設した南仏の港湾都市エーグ・モルトから、同年八月に海路エジプトに向かった。エジプトを上陸地に選んだ理由は、戦略的な拠点を制圧するという意図や、エジプトをキリスト教化する意図があったと考えられている。十字軍遠征の直接のきっかけは、一二四四年に重病になった際に立てた誓いといわれるが、受難のキリストに対する信仰から、長くエルサレムへ詣でる強い意志を持っていたとも考えられる。ジャック・ル・ゴフは、ルイ九世がパリを出発してから派手な衣服、寝具、馬具を一切まとわず、質素な装いをして、これを生涯保ったことを指摘している。

ルイ九世の十字軍は、一二四九年六月にエジプトのダミエッタに上陸するも、翌年四月にマンスーラで敗北して、王は捕虜となってしまう。翌月に王は身代金を支払って釈放され、聖地と呼ばれる中東に向かい、一二五二年に母の死でフランスに帰国するまでとどまった。フランスへの帰国を促す家臣に対し、「私が退去し帰国すれば、その後は誰も敢えて居留まろうとしないから、エルサレム王国は滅亡するというのを斟酌《しんしゃく》した。そこで私は断じてエルサレム王国を滅亡させぬと考えた。これを守り征するためにこそ私は到来したのである」（ジャン・ド・ジョワンヴィル『聖王ルイ』伊藤敏樹訳）。十字軍国家のエルサレム王国は徐々に衰退し、都のエルサレムも失っていたが、ルイ九世

エジプトのダミエッタに上陸するルイ９世（『聖王ルイ伝』15世紀）

は聖地の拠点都市に留まってエルサレム王国の復興をめざしたのであろう。

一二五二年一一月に、摂政としてフランスを治めていた母ブランシュが亡くなり、ルイ九世は帰国する。そして自らを受難のキリストに重ねるかのように、修道士のような日常を営む一方で、宗教的な秩序で国を統治すべく王権の強化に努めた。王は一二六七年に十字軍に再度出発することを決め、一二七〇年にエーグ・モルトから海路チュニスに向かった。七月に上陸を果たすものの、病を得て八月二五日に没する。遺体は翌年の五月にパリに戻り、葬儀ののち、サン・ドニ修道院に埋葬された。

受難のキリストの聖遺物を王が集め、礼拝の場を作ってこれを聖地とし、王の権威を高めるとともに、王自らが受難のキリストに倣う生活を営んだ。第7章でみるように、のちに王の遺体は数々の奇跡を起こし、教皇によって王は聖人と認定される。王や教皇という核を中心に制度が整ってゆくとともに、聖遺物礼拝のあり方も変化してゆくさまが読み取れる。つぎの第7章では、教皇を中心に教会の制度と組織が確立してゆく時代に、教皇が聖人の位を認定する権利を独占するようになり、王権もまた聖なる力を持つものとして神聖な権威を保持するものとなっていたことについて論じる。

第7章　教皇による列聖、王権の聖化

聖なる力による普遍的な権威の形成

一一世紀から一三世紀にかけて教皇権が組織を拡充し、教会法が整備され、教皇特使や教書によってその意図が各地に通達されるようになった。教皇の方針が高位聖職者、修道院、知識人や世俗の有力者に共有され、教会改革、神の平和運動、十字軍、異端迫害などが進められていった。人生の通過点、すなわち誕生、成人、結婚、臨終などに、秘跡と呼ばれる儀式を通して教会が関わるようになったのもこの時期である。聖職者のみならず、信徒全員の生活が教会の典礼に紐づけられたともいえよう。ジャック・ル・ゴフが唱えた「煉獄の誕生」と呼ばれる教義の確立もこの時期にあたっている。現世の行いに対応した来世の報いが図式化され、聖人に現世の恩恵のみならず死後の裁きの執り成し（弁護）を願う効果が明確化していった。

聖人の認定すなわち列聖は、教皇による公的な審理で行われるようになり、その手続きは教皇庁が一括するようになった。長いあいだ一定の基準がなかった聖人や聖遺物の認定や礼拝を統括し、聖性を共有する試みであったといえよう。審査は厳格化し、列聖申請が却下されることもあって、聖人の伝記や奇跡集が書き直されることも多くなった。なかには審査が数度行われた結果、承認されなかった事例もある。たとえば前章で触れたフランス王ルイ九世は、フランス王を中心とする列聖申請によって審査が行われたが、それは長期に及び、約三〇年を経て承認された。中世後期には王権が強まり、王権が神聖なものとされて、国を中央集権的に統治するプロセスが進み、カール大帝のようにキリスト教世界を統治する立場を窺うようになった。やがてフランスやイングランドでは王は神から神聖な王権を授けられたとする理論のもとに、いわゆる絶対王政が成立してゆく。

本章では一三世紀に教皇が列聖プロセスを独占していったことと、王権が聖化されていったことについて、社会背景とともに考察する。

1　教皇による列聖の独占

聖人を認定する列聖手続きを教皇が独占するようになったのは、一三世紀のグレゴリウス九世の時からと考えられている。ただ教皇による列聖は一〇世紀から行われており、一三世紀になってからその数を増してゆき、グレゴリウス九世の教令集で法的に確立するというプロセスがあった。渡辺浩氏は、このプロセスが教皇権の拡大という「上から」の動きだけでなく、各地の教会が教皇の判断を仰ぐ「下から」の動きと連動した側面も重視している。地域を超えた権威が、地域との関係を保ちつつ広域秩序を形成してゆくという動きが、聖性の分野において認められるといってよい。

列聖が教皇によって行われるまで——殉教時代からグレゴリウス改革期まで

本書の冒頭でも述べたように、キリスト教初期の時代では殉教した人は聖人とされ、その遺骨やゆかりの品が聖遺物とされて礼拝の対象となった。キリスト教が公認されると殉教者は減るが、キリスト教的に模範的な生涯を営んだ人が亡くなると、これを知る人々が証聖者として聖人と認めることが多かった。第1章で四世紀末にミラノの司教アンブロシウスが殉教者ゲルヴァシウスとプロシウスの遺体を発見し、聖堂に移葬したことを紹介した。このように聖人の認定は、聖遺物の移葬によって地域共同体が承認したものが多かった。その際住民たちは、聖遺物の到来を歓呼で迎えて聖人として認め、これを礼拝したのである。この習慣が各地で広まったためか、四〇一年の第五カルタゴ教会会議の決議で、礼拝されている聖人を調査して、民衆が崇敬していた場合でも真贋《しんがん》を審査することを定めている。

グレゴリウス９世

しかし西ローマ帝国の崩壊以降、教皇や公会議など超地域的な権威が各地の聖人礼拝を管理する動きはなくなり、八世紀のカール大帝の治世を待つことになる。キリスト教王国の創立をめざして、聖俗両面の頭として国を統治したカール大帝は、いくつかの教会会議や勅令を通して、新たな聖人を礼拝したり、許可なく移葬したりすることを禁じたのである。

九九三年に教皇ヨハネス一五世がアウクスブルク司教のウダルリクスを列聖する。これは教皇が教書で列聖した最古の記録といわれている。渡辺浩氏はこの教書に、のちの列聖手続きの基本的要素、すなわち列聖の請願（申請）、調査手続き、列聖の宣言が見られることに注目している。さらに列聖が教会会議の場で行われていることも、その後の審査の形式になってゆくことも指摘している。

この教書にはつぎのように記されている。ローマのラテラノ宮で教皇、枢機卿、多くの聖職者が列席する会議が開かれ、そこでアウクスブルク司教ルイトルフスが発言する。「主人である司教（＝教皇）よ、あなたやここに居合わせるすべての司教や司祭にとって差支えがなければ、私が手元に持参している小冊子をあなた方の前で読み上げたい。それは聖なるアウクスブルク教会のかつての司教、敬うべきウダルリクスの伝記と奇跡に関するものです。そして、あなた方の思うとおりに判断を下していただきたい」（渡邉浩訳）。この時提示された伝記と奇跡に対して調査が行われ、ウダルリクスが聖人として記念されることが定められる。教書の最後に決定に背くものに対する恫喝《どうかつ》が記され、出席者の署名で締めくくられる。

ただこのような手続きが規定となって定着するまでに、二〇〇年ほどの時間を要した。そのあいだは、依然として各地の司教が移葬の儀式によって列聖を行っていて、教皇（権）は教会会議と教書で列聖を行う方向性を徐々に強めていったといえる。そこに教皇（権）がヨーロッパの教会と社会を統括してゆくプロセスを読み取ることもできる。その結果、聖性の共通規格が社会と教会に共有されていったと考えられる。

一一世紀に教皇が列聖を行った例として、レオ九世が、トゥールの司教であったゲラルドゥスを列聖したことが挙げられる。一方、十字軍遠征を行ったウルバヌス二世はカンペルレ（フランス、ブルターニュ地方）のサント・クロワ修道院の初代修道院長グルロエシウスの列聖請願を却下している。この二人の教皇は、教皇を頂点とする社会の実現（「グレゴリウス改革」と呼ばれる）を進めた立役者としても知られるが、列聖をその重要な要素と考えていたことが窺える。

教皇による列聖の確立——法学者教皇の時代

教皇が列聖を独占することを法的に規定したのは、一三世紀の教皇グレゴリウス九世の『教令集』とするのが通説である。一方、教皇による列聖がそれ以前から実際に行われていたことを重視する研究も現れており、渡邊浩氏らの研究によれば、一二世紀の教皇アレクサンドル三世の教令「アウディウィームス」に列聖に関する記述があるという。少なくともこの文書には、正体不明な者を聖人として不適切な崇敬が行われていることを憂い、聖人を承認するのはローマ教会（教皇）であるとの文言が、教皇の意図としてつぎのように記されている。

我々が聞いたところでは、あなた方のある者たちが、悪魔のごまかしに欺かれて、酒の席で酔った人間を、不信心者の流儀で、聖人として崇敬している……あなたたちは今後その者を敬おうとしてはならない。たとえその者によって奇跡が為されたとしても、あなたたちはローマ教会の承認なしに、そのものを聖人として崇敬してはならない。（渡邊浩訳）

ドミニコに会則を与える教皇ホノリウス３世

列聖についての言及は、その後一二〇〇年にインノケンティウス三世が皇帝ハインリヒ二世の妃クニグンデを列聖した教書や、一二一五年に開かれた第四ラテラノ公会議の議事にみられる。ただ教皇の列聖権が法的なかたちを持ったのは、グレゴリウス九世の時とされる。彼の時期に編纂された『グレゴリ

インノケンティウス３世

ウス九世教令集』がこれを定めるとともに、グレゴリウス九世は同時期に教会や社会に絶大な影響のあった人物たち、アシジのフランチェスコ、オスマのドミニコ、パドヴァのアントニウス、テューリンゲンのエリーザベト、ザルツブルクのヴィルギリウスの五人を列聖した。

グレゴリウス九世は、教皇に着座するまえに枢機卿として活動していた時期から、新たな宗教運動を展開していたフランシスコ会やドミニコ会などの托鉢《たくはつ》修道会を支持し、保護していた。とくにキリストさながらに清貧の生活を営み、托鉢しながら巡回説教を行ったアシジのフランチェスコと弟子たちには強い信頼を寄せていたようである。

一二世紀後半から一三世紀にかけて法学者出身の教皇たちは、高位聖職者や教会法学者とともに教会の制度や法を整備し、異端者を排除し、十字軍を複数回派遣し、いわゆる「煉獄の誕生」によって信徒の生活にキリスト教的なモラルを徹底させる動きを進めていた。しかし同時期の信徒たちのなかには、こうした教会の動きに反発し、教会組織や教義そのものを否定する異端者たちが次々と現れた。一三世紀初頭にインノケンティウス三世は、いくつかの異端を懐柔する一方、独立した教会組織を形成して独自の教義を打ち立てた南仏のカタリ派に対しては討伐軍（アルビジョワ十字軍）を差し向けて、流血の戦いとなった。

このような事態に直面して、アシジのフランチェスコやオスマのドミニコなど、托鉢修道士と呼ばれる新たな形態の修道士たちが出現した。彼らは私有財産を持たない清貧生活を理想とし、遍歴しながら説教を行い、弱者を救済し、異端を説得した。やがて修道士たちは学問を修めるとともに、教育機関の設立などを行ってゆく。それは一一世紀にはじまる「グレゴリウス改革」で信徒への司牧が奨励され、人口増加に伴って新たに教会が建てられ、交易拡大と十字軍など移動の拡大によって社会が変化し、「一二世紀ルネサンス」と呼ばれる思想革新が進むという大きな時代の流れから生まれ、時代の要請に応えるものであった。

アシジのフランチェスコの列聖

とくにアシジのフランチェスコの劇的な生涯とキリストさながらの生きざまは、同時代から多くの伝記に書かれ、人々に愛された。フランチェスコの晩年一二二一年に開かれた修道会総会に出席した修道士は三〇〇〇名に達し、その修道院は西欧各地に建てられていた。アシジのフランチェスコは、没後わずか二年の一二二八年に、教皇に着座したばかりのグレゴリウス九世によって聖人に列せられた。同じく托鉢修道会の創立者で同時期に活動したドミニコが列聖されたのは没後一三年、ルイ九世は二七年、百年戦争末期のジャンヌ・ダルクにいたっては五〇〇年ちかく経たのちであったことを考えると、その速さは群を抜いたものといえる。

フランチェスコの列聖式（13世紀末、ジョット画）

グレゴリウス九世によるフランチェスコの列聖式は、一二二八年七月に、フランチェスコの故郷で活動の場でもあり、埋葬地でもあったアシジで盛大に

ボナヴェントゥーラ（15世紀、フラ・アンジェリコ画）

行われた。それは華麗な行列や荘厳な典礼を多くの人々が参列するかたちで、教皇が聖堂で典礼を行うという一大パフォーマンスであった。アシジのサンジョルジョ聖堂に埋葬されていたフランチェスコの遺体は聖遺物となり、教皇は墓所の聖別式を行った。そして二年後の一二三〇年に、アシジの町の西端に建築された聖堂に聖遺物が移葬され、安置された。これが現在も残るフランチェスコ聖堂である。

グレゴリウス九世はフランチェスコの伝記（聖人伝）の執筆を命じ、一二二八年から一二二九年にかけてフランシスコ会士トンマーゾ・ダ・チェラーノが三部構成の伝記を完成させた。これがフランチェスコの最初の伝記で、『第一伝記』と呼ばれる。その後一三世紀のあいだに同じ著者による『第二伝記』のほか複数の伝記が書かれた。そのなかには奇跡や清貧などに焦点を絞ったものもあり、多様なフランチェスコ像が描かれていった。そこで一二六〇年の修道会総会で、当時の総長で神学者のボナヴェントゥーラに伝記の執筆が依頼され、完成したものが『大伝記』と呼ばれる。これは『第一伝記』『第二伝記』を整理してまとめたもので、穏健な人物としてのフランチェスコ像が示された。これは一二六六年のパリで開かれた総会でフランチェスコの唯一の伝記とされ、ほかの先行する伝記は破棄するよう決定された（ただ幸いに上述の既存の伝記は現存する）。

それから三〇年ほどのちに、アシジのフランチェスコ聖堂にジョットが描いた二八場面の『フランチェスコ伝』は、おおむねボナヴェントゥーラの『大伝記』をもとにしている。ジョットをはじめ、ルネサンス初期の芸術家は好んでフランチェスコの像を描いた。新たな時代を切り開いた聖人フランチェスコに、斬新な芸術家たちが己の理想像を重ねたのかもしれない。また教皇を頂点とする聖職者や豊かな市民がフランチェスコを好み、その像の作成を依頼したこともその背景にあろう。聖人礼拝は芸術作品を生むものともいえる。

なおフランチェスコはルネサンスを超えて現代でもさまざまなジャンルの芸術作品にも取り上げられている。彼を主人公とした伝記映画は数多く作成され、二〇世紀フランスの作曲家オリヴィエ・メシアンは『アシジのフランチェスコ』と題するオペラを創作している。この上演時間が五時間を超える大作はパリで初演されたあと世界各地で再演され、日本では二〇一七年に読売日本交響楽団によって全曲が初演されている。またウンベルト・エーコの小説『薔薇の名前』は、フィクションではあるものの、フランシスコ会修道士の革新性と人間性を強く現代に印象づけるものといえる。

グレゴリウス九世による列聖と教会政策

前述のようにグレゴリウス九世は『グレゴリウス九世教令集』によって、教皇が列聖の手続きを行う制度を確立した。飛鳥馬一峰氏の研究は、グレゴリウス九世が列聖した聖人には共通点があり、彼の政策にとって好ましい人物たちであったことを指摘している。さらに列聖を行った場所が教皇が領内を移動するルート上の都市（アシジ、スポレート、リエーティ、ペルージャ）であること、没してから列聖までの期間が短いこと、托鉢修道会と関係の深い聖人であること、皇帝との和平期にあたること、などを重視している。

そしてアシジで行ったように、列聖に際しては教皇自ら荘厳な儀式を行い、聖堂を祝福することで、列席する聖俗の人々に教皇の権威を示したことも飛鳥馬氏は指摘している。すなわち一二二八年スペッロでサン・ロレンツォ教会を祝福し、アッシジでフランチェスコ教会建立の礎石を置いた。一二三二年にリエーティでサン・レオナルド教会の献堂式を行った際には、市民の従属と貢納を条件としている。同年アナーニでサン・ミケーレ・アルカンジェロ教会とサン・マルティーノ・モンテ教会を祝福している。

さらに飛鳥馬氏はグレゴリウス九世が聖なる力を社会に対して用いた政策として、列聖や教会祝福と並んで、贖宥《しょくゆう》の認可を挙げている。アレクサンデル三世期からインノケンティウス三世期までの約六〇年間に発給された贖宥は二六件であるのに、ホノリウス三世は一〇年の在位期間中に二八件、グレゴリウス九世は一四年で四二件と増加している。現世で犯した罪を来世で償う期間が免除されるという贖宥については、巡礼者に対する発給は行われていたが、中世の後半になるとさまざまな信心業に対して認められるようになり、グレゴリウス九世は教皇としてこれを推進しようとしたといえる。中世末期には贖宥状が乱発され、これは宗教改革のきっかけの一つとなる。

聖女エリーザベトの列聖と移葬

グレゴリウス九世が列聖した聖人のなかに、テューリンゲンの聖エリーザベトという女性がいた。一三世紀は女性の聖人が増えた時代であるが、結婚した女性で母でもあるエリーザベトが、その信仰と社会活動によって列聖されたことは、聖人の歴史のなかでも特筆されるべきことであろう。またエリーザベトをめぐっては、教皇による列聖審査の過程と、列聖と同様に注目された移葬、さらに複数の伝記の成立と死後の崇敬など注目すべき点が多い。ここでは三浦麻美氏の研究と史料訳を参照しながら論を進めてゆきたい。

エリーザベトは一二〇七年にハンガリー王アンドラーシュ二世の娘として生まれた。一二二一年にテューリンゲン方伯ルートヴィヒと結婚し、三人の子供をもうけた。一方、ゴータとアイゼナハに施療院を建て、慈善活動を積極的に行うとともに、フランシスコ会修道士やマールブルクのコンラート（おそらく在俗聖職者）の指導を受けながら、敬虔な生活を営み、清貧に努めた。一二二七年に夫が皇帝フリードリヒ二世の十字軍に参加して病没すると、すぐに修道女になることはせずに、翌年アシジのフランチェスコを守護聖人とする施療院をマールブルクに建てて慈善活動を続けた。一二三一年にエリーザベトは二四歳の若さで没し、施療院の付属礼拝堂に埋葬された。エリーザベトを聖人とみなした地元の人々が、埋葬地に殺到して、聖遺物を手に入れようとしたという。それは教皇による本格的な列聖審査が始まった時期で、なおも地元の人々による「聖人の認定」と聖遺物崇敬が続いていた実態が窺える。

司祭コンラートによって教育される聖女エリーザベト（13世紀）

エリーザベトの聴罪司祭であったコンラートは、エリーザベトが没した翌年に教皇に列聖を申請し、模範的な生涯を送ったことを証明する伝記と死後起こった奇跡を形式に沿って記した奇跡録を提出して、審理が始まった。一二世紀ころから教皇による列聖が次第に増え、制度も整っていったことは前述したが、一三世紀に提出書類と手続きが明確になり、その最初のモデルケースがエリーザベトの列聖審問といわれる。とくに伝記と奇跡録に並んで証言集が提出され、列聖後の聖人伝記述で参照されたのは、一四世紀以降の列聖審問と聖人伝記述の先取りになったとも考えられる。また列聖審査が教皇のもとで正式な法的手続のもとで進んだことを示す文書が作成された。

エリーザベトの列聖審理は、マールブルクのコンラートが行った手続きに不備があったことと、コンラートが殺害されるという不慮の事件によって一二三三年に中断する。しかしまもなく一二三四年にテューリンゲン方伯コンラートと方伯家にゆかりのあるドイツ騎士修道会によって列聖審理は再開する。エリーザベトの侍女たちが語った『証言集』と奇跡録が提出されて、一二三五年五月にペルージャで開かれた枢機卿会議で教皇隣席のもとで朗読され、列聖に向けた検討がなされた。そして五月二七日の聖霊降臨祭に、ペルージャでエリーザベトの列聖が承認された。都市内を教皇、高位聖職者をはじめとする人々が行列を行い、ミサが行われたのち列聖が宣言された。

なお三浦氏は、一回目と二回目の申請文書のあいだで、描かれたエリーザベト像に違いがあることを指摘している。一回目の申請で提出された奇跡録には、病気治癒を異端からの回心と結びつける奇跡譚が収められていることから、エリーザベト像に異端対抗のイメージが付与された。それに対して二回目の申請では、貧者に寄り添って世話をしたことや、禁欲や謙遜を貫いた清貧の生活などが強調された。これがのちのエリーザベト像の原点となり、列聖されたあと一三世紀末にアポルダのディートリヒが記した伝記が広まることで、「悪徳の駆逐者」「理想の妻と寡婦」「財の所有と清貧の両立」などエリーザベトの新たな聖人像が創出されてゆくという。

なお教皇はエリーザベト存命中の一二二九年から、マールブルクのエリーザベトの施療院に詣でる者に贖宥を与える文書を発し、それは一二三八年までのほぼ一〇年間に六通に及んでいる。三浦氏は贖宥発給文書の変化を詳しく分析し、エリーザベト崇敬を促進する教皇にはつぎのような意図があったとしている。

列聖前に公布された最初の文書は（一二二九年）、エリーザベトの功績を讃えつつも、模範としてのアシジのフランチェスコ（前年に列聖）の守りと遺徳に言及し、フランチェスコの祝日である一〇月四日に施療院を訪れた者に四〇日間の贖宥を与えるとした。一二三二年には列聖審査が始まる前日に二通の贖宥文書を発し、一つはマールブルクの施療院を訪れる者に四〇日間の贖宥を与え、一つは施療院付属礼拝堂を聖別記念日前後の三日間に訪れた者に一年間の贖宥を与えるものであり、それはエリーザベト崇敬を中心に据えた内容となった。一二三五年のエリーザベト列聖直後の文書は、エリーザベトの墓所となる新教会建築がドイツ騎士修道会によって始まることを知らせ、寄進者に四〇日の贖宥を与えている。礼拝と巡礼の拠点となる聖なる場を建てることを教皇が援助し、崇敬を広めることを意図したことが読み取れる。

聖エリーザベト教会は壮麗なゴシック様式で建てられ、一二八三年に献堂式が行われ、高さ八〇メートルに及ぶファサードの尖塔の完成にはさらに一〇〇年を要した。エリーザベトの墓に詣でる巡礼は引きも切らず、ここにドイツの新たな聖地が教皇の後押しによって成立することになった。

聖エリーザベト教会

さらにグレゴリウス九世は、一二三五年の列聖勅書でエリーザベトの祝日（一一月一九日）から八日のあいだにマールブルクの施療院に詣でた者に、一年と四〇日という贖宥を与えている。三浦氏は、これをグレゴリウス九世が列聖したほかの聖人と比べて、贖宥期間が最も長いことに着目し、教皇が巡礼者を集めて崇敬拡大を意図していたことを読み取っている。そして最後のものは一二三八年（移葬の二年後）に発給された文書で、移葬の記念日（五月一日）に教会に詣でたものに四〇日の贖宥を与えるものであった。

このようにエリーザベトの列聖と崇敬の拡大は、聖人像と聖遺物崇敬が新たな時代に入ったことを示している。三浦氏の研究によると、一三世紀の末にドミニコ会修道士アポルダのディートリヒが執筆したエリーザベトの伝記は、それまでに書かれた複数の伝記を教皇寄りの姿勢で編纂し集大成させたもので、写本の残存状況から最も広まったものと考えられる。同時期に書かれた聖人伝集『黄金伝説』の写本が一〇〇〇近く現存し、そこにもエリーザベトの伝記は含まれている。アポルダのディートリヒによる伝記は列聖から半世紀を経て成立したものであるため、定着しつつあったエリーザベト像に特化した伝記は九〇〇近い写本が現存し、こちらも普及したことがわかる。エリーザベト像を知らせてくれるとともに、近世になって当時のドイツ語訳刊本となって流布したことから、ここで描かれたエリーザベト像が広く長く伝わったと思われる。

興味深いのは、この伝記では教皇による審理、列聖、移葬に三章が割かれ、そこで教皇庁に文書が送られ、二度にわたる審理を経て、教皇が列聖を宣言するまでの経緯が詳しく書かれていることである。また遺体を安置する新たな教会の建造が行われ、移葬が行われたことについて、つぎのように表現している。「至聖なる教皇グレゴリウス九世により荘厳な列聖が行われた後、聖霊は信徒たちの心に、遺骨が慎ましい墓から支配者キリストとともに奉挙され、より価値があり、聖性にもっとふさわしい場所に移ることを思い至らせた」（三浦麻美訳、以下同じ）。

教皇による列聖が行われたこと、聖霊に導かれて遺体（聖遺物）の移葬が行われたというように読める。これは移葬をもって列聖とする旧来の習慣に対して、教皇による列聖を強調したものといえる。ただ同時代の『ラインハルツブルン年代記』は、一二三五年のエリーザベトの列聖に言及せず、「主の年一二三六年五月一日。マールブルクで聖エリーザベトの移葬が荘厳に行われた。かつてテューリンゲン方伯であったドイツ騎士修道会修道士コンラートが司り、皇帝フリードリヒ、三人の大司教すなわちマインツ、ケルン、ブレーメンのほか数えきれない貴顕の人々が参列した」(三浦麻美訳、一部改)と記している。教皇と対立関係にあった皇帝側の執筆意図を反映するものかもしれないが、地元では教皇の列聖を知りつつも、いまだ皇帝と高位聖職者の列席による移葬をもって聖人としてのステータスを確認する習慣が残っていたことを伝えるものかもしれない。

なおディートリヒのエリーザベト伝では、群衆の熱狂や貴顕の列席など、従来と変わらない聖遺物礼拝の様子を伝えている。

その場にいた人々は敬虔な願いを抱いて期待し、熱望して取り巻き、聖なる遺骨を見て、抱擁し、口づけしようと望んだ……まこと、貧しい人が役立つものを見出した宝は計り知れないほど貴重であり、喜ばせるものは豊かにある。そこで願えば罪人は路を、病人は癒しを見出す。当時最も栄誉ある皇帝フリードリヒはその諸侯と騎士たちに取り巻かれ、女王の品位のために、エリーザベトを称えようと自らの黄金の冠を捧げた。テューリンゲンの人々の輝かしい君主、方伯ハインリヒはその弟コンラートと母ゾフィア、その他男女の貴族とともに、奇跡で緑に茂ったエリーザベトの墓を囲み、うやうやしくふさわしい供物と祈禱《きとう》で称賛した……アレマニアの地でかつて一つの場所にこれほど多くが集まったことはなく、また将来集まることもないだろう。(三浦麻美訳)

2 ルイ九世の列聖と王権の聖化

ルイ九世の遺体をめぐって

つぎに中世後期の王権の拡大と聖化について、フランスのルイ九世の列聖を例に考えてみよう。

第6章で述べたように、フランス王ルイ九世は二度目の十字軍を組織し、一二七〇年にエーグ・モルトを海路チュニスに向けて出発した。七月に上陸を果たすものの、疫病（赤痢かチフス）が兵士たちのあいだに蔓延し、王も感染する。八月三日に息子のジャン・トリスタンが、八月二五日にルイ九世が病没する。その臨終について伝える史料は多いが、その場に立ち会ったドミニコ会修道士のジョフロワ・ド・ボーリューによると、王は終油の秘跡を受け、詩編を唱え、聖人たちの名を呼んだという。そしてチュニスでキリスト教を広めるために説教師を送ることを求め、守護聖人のとりなしを求めて亡くなったという。とくにフランスと王の守護聖人である聖ドニと使徒ヤコブの名を繰り返したという。王の側近として長く使えたジャン・ド・ジョワンヴィルも、ほぼおなじような記述だが、パリの守護聖人である聖女ジュヌヴィエーヴの名を唱えたと付け加えている。

ルイ九世はこの世を去ったのち、遺された人々は遺体の取り扱いという大きな問題に直面した。それは王の遺体であると同時に、聖遺物になる可能性もある亡骸であったためである。いずれにせよ、没した場所はキリスト教世界ではなかったために、遺体に保存処理を施して移動することになった。十字軍に参加していた息子のフィリップ三世が、父の死によってフランス王となり、実際には彼の治世となっていたが、ランス大聖堂で王としての即位式を受けて内外に王位継承を知らしめるのはしばらくあとのことであった。

その隙をついてか、叔父でシチリアやナポリの王位を持ち、地中海に勢力を広げつつあったアンジュー伯シャルル（シャルル・ダンジュー）がチュニジアを訪れ、新王フィリップ三世とのあいだでルイ九世の遺体をめぐる駆け引きが始まった。フィリップ三世は、歴代の王が葬られているサン・ドニ修道院への埋葬を願った。しかしシャルル・ダンジューは兄のルイ九世が列聖される可能性を見越して、自らの領土であるシチリアに埋葬することを求めた。シチリアはチュニジアから近く、移動距離が短いというのがその提案理由だが、聖なる王の聖遺物を保持することが、政治的にも経済的にも多大な恩恵をもたらすことを期待してのことであろう。最終的に両者は遺体を分けるという妥協案に至った。多くの史料は、遺体をワインで長時間煮て肉と骨を分け、王が骨を、シャルルが肉を得たとある。ただ心臓については、シチリアに運ばれたとも、兵士とともにチュニスに残ったとも、骨とともにサン・ドニ修道院に埋葬されたとも、サント・シャペルに安置されたとも、さまざまに伝えられる。

一一月一一日に彼らは船でチュニスを離れ、シチリアを経てイタリアに上陸する。そして陸路イタリア半島を北上してフランスの地に入り、パリに戻ったのは翌一二七一年の五月であった。ルイ九世の棺はノートル・ダム大聖堂に安置され、葬儀が執り行われた。そして歴代の王とともに、サン・ドニ修道院に埋葬された。

王の列聖

ルイの遺体は、フランスに運ばれる長い旅路のあいだに、いくつかの奇跡を起こしたといわれ、すでに非公式ながら聖人としての扱いを受けていたようである。まずシチリアで多くの奇跡を起こし、ついで北イタリアでも奇跡を起こし、そのいくつかを教皇庁は公認した。フランスに入ったのちパリの入り口でも奇跡が起き、やがてサン・ドニに埋葬されると墓の前でおびただしい数の奇跡が起こったことが記録された。

前述したように、列聖には教皇庁の審査が必要になっていたため、フランス王と側近は書類をそろえ、支持者を集めなくてはならなかった。ルイ九世はシトー会、フランシスコ会、ドミニコ会などの修道士たちと生涯にわたって親しい関係にあったため、聴罪司祭でドミニコ会修道士のジョフロワ・ド・ボーリューをはじめとして、列聖書類を作成するにふさわしい人物には欠かなかった。

一二七一年に教皇に即位したグレゴリウス十世は、選出された時に聖地に滞在していたということもあって、二度の十字軍を率いたルイ九世に敬意を抱いていたようである。教皇はルイ九世の聴罪司祭ジョフロワに対して文書を送るように命じ、ジョフロワはルイ九世の生涯について五二章にわたる文書を作成し、最後にルイ九世は聖人にふさわしいと締めくくった。一二七四年にリヨンで公会議が開かれ、フィリップ三世は列聖手続きの開始を期待したと察するが、拙速な審査を危ぶむ慎重派の動きもあって進展は鈍ってしまう。やがて一二七六年に教皇は没してしまい、列聖運動はやり直しとなる。その後、短期間に教皇が相次いで交代し、その都度手続きがやり直しになるために、ルイ九世の列聖審査はなかなか進まなかった。

一二九四年に教皇ボニファティウス八世が即位したことで事態は進展する。ボニファティウスは教皇に着座するまえの枢機卿時代に、ルイ九世の奇跡を調査した際にその聖性を確信していた。加えて教皇は当時のフランス王フィリップ四世に政治的に接近していたという事情もあった。一二九七年八月、ボニファティウス八世はローマから一二〇キロほど北のオルヴィエートの町で、ルイ九世の列聖を宣言し、祝日を彼の命日である八月二五日と定めた。翌年八月に埋葬地のサン・ドニ修道院で列聖の典礼が行われ、王、聖俗の有力者、民衆が列席し、聖遺物となった聖王ルイの遺骨は祭壇の後ろの聖遺物箱に置かれる聖遺物容れに納められて奉挙された。いまなおフランスでルイ九世は、聖王ルイ（サン・ルイ）と呼ばれることが多い。

ルイ九世の聖遺物のゆくえ

キリストの受難にゆかりあるモノや使徒など著名な聖人の聖遺物が分割され、移葬が頻繁に行われたことを、本書でこれまでたびたび述べてきた。各地の聖俗の有力者が聖遺物を求めたのは、宗教的な理由だけでなく、社会的政治的な思惑や、経済効果を狙った側面もあった。ルイ九世の遺体は、弟のシャルル・ダンジューが要求したため、骨と肉体に分けられ、その後も分骨された。ジャック・ル・ゴフは一七九三年の革命期にサン・ドニに埋葬されていた王たちの墓が暴かれた際、ルイ八世の脇にルイ九世の墓を発見した記録を紹介している。それはほかの墓に比べて小さく、骨が入っていなかったと記されている。おそらくサン・ドニに到着した時は骨だけになっていたため、大きな墓を必要とせず、骨はつぎに記すように各地に分骨されてしまったためであろう。

列聖時のフランス王フィリップ四世は、サン・ドニに安置された聖王ルイの聖遺物の分骨を望み、王の私的礼拝堂であるサント・シャペルへの移葬を願った。これにはサン・ドニの修道士が難色を示し、教皇ボニファティウスとも争いになって難航する。よく知られる「アナーニ事件」で教皇ボニファティウスはフランス王の手のものに監禁される。教皇は運よく脱出できたが、まもなく没する。続くベネディクト一一世が在位わずか八か月で急死すると、フランス人枢機卿ベルトランが教皇に選出されて、クレメンス五世と名乗る。リヨンで行われた教皇戴冠式にはフィリップ四世も出席し、その際に聖王ルイの頭蓋骨をサン・ドニ修道院からサント・シャペルに移す許可を得た。ただサン・ドニには顎骨の一部などが残され、ノートル・ダム大聖堂には肋骨の一本が与えられ、その後も各地の王侯への分骨は続いた。フィリップ四世はサント・シャペルに聖遺物を安置すべく、立派な聖遺物容れを発注し、一三〇六年五月に正式な移葬式が執り行われた。

3 聖なる王

ルイ九世が列聖されたことは、新たな聖人が誕生したというだけでなく、亡くなった王が聖人として礼拝の対象となり、王の権威を高めることになった。これは第2章で述べたカール大帝の列聖と同じく、後継者たちが聖なる王に連なることを根拠に、王権の聖性を知らしめることを意味する。ルイ九世は、その後長くフランス王家に聖なるイメージを付与する役割を果たしてゆく。のちに一七世紀には、王は神から神聖な権力を委ねられるという「王権神授説」によって、アンリ四世、ルイ十三世、ルイ十四世のもとで、いわゆる絶対王政が確立してゆく。それは、仲介者の聖別によって王が承認されるという中世の王権のありかたを克服したものともいえる。聖王ルイの誕生は、弱体であったフランス王権が聖俗両面で次第に力を強め、やがては壮麗なヴェルサイユ宮殿を建設するに至る長い道の一里塚にみえてくる。

フィリップ二世によるカペー王権の伸長

第2章で述べたように、弱体であったフランスのカペー朝の王権は、司教や修道院と協力することで次第にその権威を確立していった。また結婚政策を駆使し、とくに一二世紀にフィリップ二世がカロリング家に連なるエノー伯家のイザベルと結婚したことによって、カペー家とカール大帝のカロリング家とは血縁が生じた。フィリップが没すると、世継ぎのルイ(ルイやシャルルという王名はカロリング家を意識したものである）が王として即位するが、これはカペー王権ではじめて王の死後に即位式が行われた事例となった。それまでは王権簒奪を恐れて、王の在位中に世継ぎに王の即位式を行う「疑似世襲制」をとっていた。初代のユーグ・カペーの即位後、約二世紀半を経て、ようやくカペー家は王家としての権威を確立しつつあったといえよう。ルイ八世が即位後わずか三年で亡くなったあとルイ九世が即位する。

フィリップ二世による王権拡大は、もちろん結婚政策によるものだけではない。彼は第三回十字軍に参加し、異端カタリ派の討伐軍を送り、パリのノートル・ダム大聖堂の建築を進めるなど、教会への貢献も惜しまなかった。またパリを王の居所としてふさわしい都市とすべく、町の周りを囲む城壁を完成し、防御のためのルーヴル城を建て、市場を開設するなど、都市計画にもいそしんだ。そして王領地を拡大し、北フランスの多くの地域を王領地に編入するに至ったのである。またフィリップ二世の在位期にローマ教皇の座にあったインノケンティウス三世は神聖ローマ帝国と対立し、フランス王を上回る権力を世俗権力に関して認めないという勅令を出し、皇帝権と王権が対等であるとした。そして一三世紀の末までには、フランス王国では王が皇帝である、という理論が成立する。

王の奇跡と聖マルクール信仰

中世フランス王権の研究者である渡辺節夫氏は、カペー王権に聖性が付与されてゆく過程について、聖人礼拝と関連付けて説明している。なかでも有名なものは、マルク・ブロックの研究『奇跡を行う王たち』（邦訳『王の奇跡』）で論じた、王による瘰癧《るいれき》治しの儀礼と聖マルクール礼拝である。結核の一種で頸部のリンパ節が腫れる瘰癧という病を、王たちが患部に触れることによって治したという記述が、カペー朝初期の時期から一八世紀のルイ一五世に至るまで認められるのである。古いものでは、修道士エルゴーが記したロベール二世（敬虔王）の伝記に、王が病人を奇跡の力で治したことについて、つぎのようにある。「この完徳の王に神はかくも大いなる恩寵、すなわち肉体を治癒する力という恩寵を授けたもうた。いとも敬虔なる王の手が傷口に触れ、聖なる十字の印がなされるや、病人は病の苦痛から救われたのである」（井上泰男・渡邉昌美訳、以下同じ）。

王が瘰癧を治すということについて、明確に記述したのは、一二世紀初頭に北フランスの修道院長ギベール・ド・ノジャンによる『聖人たちの遺物について』という書物である。そこにはルイ六世が北フランスでこの治癒奇跡をたびたび行い、それは父のフィリップ一世も慣習的に行っていたとも述べられている。「我々は主君ルイ王が慣例の奇跡を行うのを見たではないか、頸やそのほかの箇所の瘰癧に苦しむ病人たちが、王に触ってもらおうと群れを成して駆け寄るのを私は目撃した……王の父フィリップも同じく神秘と栄光に満ちた能力を行使した」。

王による瘰癧治しの奇跡は、王が戴冠式を行うランス近くのコルブニーという村で礼拝されていた聖マルクール（治癒の奇跡で知られる）との関係が指摘されている。マルク・ブロックは、中世末期にマルクール信仰が王の奇跡信仰に混入して区別がつかなくなったとしている。聖マルクール礼拝については、第3章で民衆が地元の聖人の聖遺物礼拝に熱狂した例として、いくつかの史料記述を紹介した。マルク・ブロックによると、マルクールの伝記が書かれたのは九世紀の初めで、ブルターニュに建てられたナンという修道院の修道士たちによる二つの伝記であった。そこに彼らは同地に葬られて礼拝されているマルクールの生涯を記したが、ブロックによるとそれらの史料的価値は希薄で、使える記述はマルクールの生地がノルマディーのバイユーで五四〇年ころという部分くらいであった。

そして一〇世紀にノルマン人の侵入が盛んになると、ナンの修道院も破壊されて、修道士は聖遺物を持って各地をさまようことになった。そして西フランク王国のシャルル単純王は自らの所領のコルブニーに修道院を建てて、修道士とマルクールの聖遺物を迎え入れた。第3章で紹介したように、一二世紀の初頭に修道士たちが北フランスで聖遺物の巡回を行った際に、聖遺物が多くの病を治した奇跡が記述されているが、その病のなかに瘰癧は含まれていない。ブロックによるとマルクールと瘰癧治しが結びつくのは一三世紀末のころで、「マルクール」という名前がマル（病気）とクー（首）に関連するという語呂合わせであったとする。次章で述べるが、一三世紀に編纂されて広く長く読まれた聖人伝集『黄金伝説』でも、それぞれの聖人の役割や美徳を、その名前から説明する記述は多い。そして一五世紀ころに行商人や巡礼を通して、マルクールは治癒の聖人としてフランス各地に広く知られるようになったという。

それでは王とマルクールがどのように結びついたのであろう。一三一五年に、ルイ一〇世がランスでの戴冠式のあとにコルブニーに立ち寄り、人気が高まりつつあったマルクールに詣で、聖別の塗油とマルクールの遺徳によって、瘰癧治しを行う神聖な力を得た、という経緯が人々に広く知られたことが一つの契機であるとブロックは論じている。

やがて中世の終わりから近世にかけて、多くの群衆が押し寄せて王に奇跡を願ったり、見物したりするようになる。ランスの即位式の塗油が王を聖とするのか、マルクールの力で治癒力を得るのか、王そのものが聖なる存在なのか、史料記述からは明確に断定はできないようである。ただ王の奇跡を期待して人々が群がったとするならば、病を治す聖人（聖遺物）と神聖な王が、次第に民衆のあいだで同一視されていったことになる。

神聖な王の創出

渡辺節夫氏は、聖なる王のもう一つのイメージとして「聖ドニの王」を挙げ、聖性は王個人ではなく聖なる家系に由来すると論じている。第2章で述べたように、聖ドニはフランス王と王国の保護者であり、王はさまざまな王のしるし（王冠など権標）をサン・ドニ修道院に委ね、王は聖ドニから権威を与えられて聖人と一体化して国を治めた。

また、サン・ドニ修道院に歴代の王が埋葬されたことは、王が神聖な家系に連なっていることを示すものであった。王の葬儀は、一四世紀初頭から華麗なものになり、参加する人数も増え、パリのノートル・ダム大聖堂からサン・ドニ修道院に向かう葬列は、王の権威を示すパフォーマンスとなった。シャルル六世以降は葬列に王の肖像が使用されるようになり、シャルル八世以降は百合の花が供えられるようになる。三弁の百合の花は一三世紀末に王家の紋章となり、一四世紀には建物や調度品などあらゆる場面で使用されるようになり、一五世紀にかけて三弁は「信仰、知、騎士性」と一般に解釈されるようになる。百合はマリアの象徴ともされていたため、マリア礼拝の高揚との連動も考えられる。

サン・ドニ修道院に埋葬された歴代の王、すなわち王の横臥像は、時折配置換えが行われ、各時代の王権の意図を読み取ることができる。現在では内陣から身廊《しんろう》にかけて、地下聖堂を含めると七〇を超す横臥像、記念碑、跪拝像《きはい》が居並んでいて、見学することができる。古くはクローヴィスから一九世紀の王政復古期の王、王妃、王族の墓は、革命で大きな損傷を受けたものの、その後修復されて現在に至っている。

これらの像の多くは一三世紀から一六世紀にかけて作られたもので、一三世紀以前の横臥像はルイ九世のころに一斉に作られたものと思われる。それ以前には基本的に墓は地下に置かれ、一部を除いて納められた人物を特定する方法はなかったようである。サン・ドニ修道院長シュジェが記したルイ六世の埋葬の次第は、一二世紀前半の王墓の様子と、人々の考え方を伝えている。

王の遺体は、その臨終とともに貴重な布で包まれ、葬られるべく、聖殉教者たちの教会堂（サン・ドニ聖堂）に運ばれた……（ルイ六世は生前）至誠の聖三位一体の祭壇と聖殉教者たちの祭壇との間に葬られるに値したものは幸いであると断言した……（その場を掘ったところ）その場所はカルロマンによって占められていて、王たちを墓から掘り出すことは正しいことではなく、慣習もこれを許しておらず（断念した）……しかし人々は王自身があたかも予徴を得ていたかの如くに、縦横ともに王の身体に長すぎず短すぎず、ぴったりとあてはまる場所が残っていたのを発見した。（森洋訳、一部改）

その時、地下の王墓の配置図のようなものはなかったと推察される。加えて祭壇近く（あるいは両祭壇のあいだ）への埋葬希望が多かったため、そこは満員状態で、なんとか隙間に場所を見つけたという次第であろう。またこの時期に、王の墓を移す習慣（いわば聖遺物の移葬）はなかったという記述も興味深い。一二世紀末の修道士リゴールによる証言は、墓の位置を示した部分でダゴベール、ピピン、シャルル禿頭王、カール・マルテル（カール大帝の祖父。王ではない）の位置のみを明記するのみである。一三世紀に王家の権威を示すために、遺体を地上に移したうえに、横臥像を伴う棺に入れ、王家の意図に従って配置したのとは隔世の感がある。すなわち一三世紀なって地上墓の横臥像が流行したことと、カペー王権の神聖化にともなって、サン・ドニの王墓の新築と配置変えが行われるようになった。

王墓の建築と整備

王墓の建築と整備については美術と歴史の双方から多くの研究が行われていて、日本では江川温氏がつぎのように先行研究をまとめつつ、王権の視座から独自な見解を示している。

まずルイ九世が即位した一二二〇年代から横臥像を伴う地上墓を作成し、一定のポリシーに従って配置する動きが進められた。ルイ九世の祖父でフランス王権の発展に足跡を残したフィリップ二世の墓の作成が始められ、一二六〇年ころに完成した。またカール大帝の孫でサン・ドニの寄進者であり、皇帝の戴冠を受けたフランク王シャルル禿頭王の墓碑も作成された。サン・ドニに埋葬されていないカール大帝の、いわば名代《みょうだい》であろうか。またサン・ドニ修道院の創建者ともいわれるメロヴィング朝のダゴベール一世の地上墓が作成された。そして一二六〇年代に、新たに作成した一六人の王と王妃の新たな横臥像を伴う地上墓を内陣の床に配置し、ダゴベール王の墓とシャルル禿頭王の墓はそのままとした。新たな配置は、祭壇を前にして南側にメロヴィング朝とカロリング朝の王と王妃の棺が並び、北側にはロベール朝・カペー朝の同様の棺が並んだ。そして主祭壇の前にルイ八世、フィリップ二世とルイ九世（没後の予定）が並び、三位一体祭壇の前にはシャルル禿頭王の棺と墓碑が並んだ。江川氏は、ルイ八世、フィリップ二世とルイ九世の延長線上に皇帝シャルル禿頭王が置かれていることに着目し、一三世紀のカペー家の王が皇帝に連なっていることを表現しているとする。

本章では、中世盛期と呼ばれる一三世紀の教皇や王が、西ヨーロッパ社会に満ちた聖なる力を統括することで、権威の強化に努めたことを論じた。次章では、中世盛期に聖人や聖なる場所について教会が発したメッセージが、言葉による情報伝達によって中世盛期の社会にどのように伝達されたかについて考察する。そして西ヨーロッパ社会の諸身分が、説教や聖人伝を通して、均質化された聖性を共有してゆくプロセスを考察する。

第8章　言葉による聖性の拡散と共有

　前章までで述べてきたように、一一世紀から一三世紀にかけて教皇庁が組織を拡充させ、列聖審査が教皇によって行われるようになり、ジャック・ル・ゴフが論じた「煉獄の誕生」によって救済の道筋が明確になった。そして教会側のいわば公的なメッセージが、托鉢《たくはつ》修道会や聖職者を通した情報伝達網で、各地の諸身分の人々に均一に示されるようになったのである。ル・ゴフなど「アナール派」と呼ばれるフランスの研究者は、教会が聖性に関するメッセージを、いわば上から信徒に均一に浸透させてゆくプロセスを明らかにした。

　これとは別に近年ではメルヴェやコーネルなどが、本書でも論じた聖職叙任権闘争、教会改革、神の平和運動、十字軍、異端迫害などについて、中世独自の多元的コミュニケーション空間という観点から、地域や都市の論争やプロパガンダによって公論や公共圏が形成されたことを論じている。日本では服部良久氏がこれに注目して学説を紹介し、研究を進めている。

　この議論そのものに本書は深く立ち入ることはできないが、教会からのメッセージ（言いかえるならプロパガンダ）によって、ローマ・カトリック世界が一元的な聖性を共有するという視点に加えて、世俗社会が聖なる力を軸に価値観や秩序を形成していった面にも目を向けて論じてゆきたい。そこで本章では、まずシトー会修道士が執筆した『奇跡に関する対話』を読み解く。この史料に記された聖なる場、聖なる人、聖なるモノについてのメッセージが、一方的なプロパガンダではなく、受け手のリアクションを想定して発信されたものであることを念頭に読み込み、教会のメッセージと世俗社会が育んでいた聖性について考察する。

ついで著名な聖人の伝記を集めた『黄金伝説』を取り上げる。そこに記された諸聖人にまつわる物語や聖遺物が起こす奇跡物語を、広い読み手（聞き手）を対象としたプロパガンダとして読み解き、中世盛期から後期にかけて聖性を均質化する動きが進むとともに、世俗社会の自由な発想が強まってゆくことを論じてゆきたい。

1　説教

本書ではこれまで、聖人伝、聖遺物、聖なる場所が、教皇や王を頂点とする聖俗のエリートによって、教義、権威、権利の正統性を示し、社会秩序を保つための装置として用いられてきたことを考察してきた。これらのアイテムが民衆に対して有効なツールとして選択されたということは、民衆側も聖なる人、モノ、場所に対する崇敬を自発的に（時として独自なかたちで）行っていて、これに呼びかけるのが有効であった証であろう。

一九七〇年代ころから、フランスのアナール派の研究者たちは、中世のあらゆる身分の人々が共有していた考え方、生活習慣、価値観などを考察する際に、本書でもたびたび用いてきた聖人伝や奇跡を分析した。これらの史料は教会から社会に向けたメッセージであり、民衆が受け入れやすい要素を含んでいることから、中世社会の心性全体が読み取れると考えたのである。

アナール第三世代の旗手の一人であったジャック・ル・ゴフは、主著『煉獄の誕生』のなかで、神学書のほかに説教に関する史料を考察対象とした。つぎの世代に属するジャン・クロード・シュミットも『中世の亡霊』のなかで同種の史料を用い、古代末期から中世を通してルネサンス期に至るまで、民衆の素朴な信心のなかに自然崇拝や妖精の出現など土着信仰が残存することを見出した。またアナール派の研究動向と整合するロシア（活動期はソ連時代含む）のアーロン・グレーヴィチは、一三世紀の「例話集」（エクセンプラ、すなわち説教を親しみやすくするために説教師が挟んだ小話集）を数多く分析した。彼は「例話集」で中世のあらゆる身分の人が共有している価値観が、キリスト教の正統教義と、それとは異質の世界（いわば民間伝承や自然崇拝）が混在したものであったことを読み解いた。

本章では一三世紀に広い伝達を意識して書かれた説教や聖人伝を通して、中世盛期の聖性に関する教会のメッセージと、そこから読み取れる民衆の姿勢に改めて注目しつつ再考察してゆきたい。

一三世紀の例話集

説教の例話集が最も多く書かれ、広まったのは一三世紀であり、そのなかには後世に引き続き用いられたものもある。作者として最もよく知られているのは、高位聖職者のジャック・ド・ヴィトリ、シトー会修道士のハイステルバハのカエサリウス、ドミニコ会修道士のエティエンヌ・ド・ブルボン、ドミニコ会士のヴァンサン・ド・ボーヴェなどである。ドミニコ会やフランシスコ会などの托鉢修道会が全西欧に展開し、修道士たちは説教と異端審問の任にあたって、例話を用いながら西欧世界に教会のメッセージを伝えるべく活動していった。

説教活動を盛んに行う托鉢修道会が発展するまえに、『ベネディクトゥスの戒律』を守って定住生活で修行に勤しむシトー修道会では数多くの例話が作られ、修道院内の教育に用いられたことは、以前から注目されてきた。これについて日本では北館佳史氏が研究を進めているので、これをもとにかいつまんで紹介したい。

シトー会の例話は、主としてクレルヴォー修道院とその系列の修道院で一二世紀後半から一三世紀の前半にかけて作成された。例話は同修道会で年一回開かれる総会で共有され、従属する修道院のあいだに広まったものと考えられる。本来それは修道院内での教育に向けられたものではあるが、読者や聴衆を引きつけるため話の面白さを盛り込むという点では、民衆向けの例話と共通する点があった。

フランスの例話研究の中心であるベルリオーズ氏によると、シトー会の例話のなかには、托鉢修道会の修道士が採用して説教で使われたものも多いという。シトー会で作成された例話集の古い例として、一一七〇年代に『クレルヴォー例話・幻視集』が一六八の話を収録し、トッレスのエルベールが編集した『クレルヴォーの幻視・奇跡の書』は二三三の話を収めていたことが挙げられる。一一九〇年から二〇一〇年にかけて制作されたエーベルバハのコンラートの『大創立史』は、修道会の歴史を記しながら、多くの例話を収録している。これは五章で構成され、各章に三〇話前後の物語が収められている。これは創立した修道士たちを称賛しながら、シトー会の正統性を外部にも知らせようとしたもので、広い読者を想定している。一二〇〇年ころに『シトー会例話集』が作成され、九〇八という多くの例話が記載されている。

そして最も有名で修道会の枠と時代を超えて広まったのが、本書で紹介するハイステルバハ（ドイツ西部）修道院の修道士カエサリウスが著した『奇跡に関する対話』である。その内容から多くの読者や聞き手を想定して書かれていると推察され、一二八点の写本が現存している。ベルリオーズ氏によると、実際に托鉢修道士がこの例話を利用して説教に活用しているという。

なお例話集と似たものに、ドイツを中心に数多くの写本が残る。作者不詳の『ゲスタ・ロマノールム』には、古代ローマに遡る約三〇〇の短い教訓話が集められている。これはボッカッチョ、チョーサー、シェイクスピア、ラ・フォンテーヌを経てヴォルテールやフロヴェール、さらにはホーフマンスタールやトマス・マンなどの着想の源として、影響力を長く保った。

ハイステルバハのカエサリウス『奇跡に関する対話』——執筆意図と構成

ハイステルバハ修道院跡

最もよく知られた例話集、シトー会修道士ハイステルバハのカエサリウスが記した『奇跡に関する対話』には、七五〇にのぼる小話が一二章に分けて集められている。シトー会のハイステルバハ修道院はドイツの西部のライン川沿いの、ケルンから三五キロほど南にあった（現存しない）。カエサリウスはそこで修練士の指導を担当していて、本書を執筆したのは一二一九年から一二二三年のあいだだと思われる。

それぞれの話の末尾には師と弟子の会話があり、弟子の指導という体裁をとっている。しかし内容や形式が修道士の指導の枠を超えていることや、序文でつぎのように筆者が記しているように、広く信徒向けの説教を想定したもの

幻視を修道士に筆記させる聖女
ヒルデガルト・フォン・ビンゲン
（13世紀）

ハイステルバハ修道院聖堂の再現図

と思われる。「今も毎日起こりつつある奇跡的なできごとを、いささか修練士たちに説き聞かせておりますが、これを書き残して不朽のものにしてくれと、ねんごろに頼み込む人たちが出てきました。後人の教化に役立つかもしれないことをあだに忘れてしまうのは、取り返しのつかない損失だというのです」（末永正道訳、一部改）。

序に続く一二章はつぎのような構成となっている。一「回心」、二「痛悔」、三「告白」、四「試み（誘惑）」、五「悪魔」、六「素朴な徳」、七「乙女聖マリア」、八「さまざまな幻視」、九「キリストの体と血の秘跡」、一〇「奇跡」、一一「臨終」、一二「死者への罰と栄光」。ほかの例話と同様に、あるいはそれ以上に、小話がテーマごとに整理されて、使用に際しての便宜を図っている。この構成上の工夫は一三世紀になって著しく発展、普及したものといってよい。その当時、多くの情報を集めた著作が質的に大部になってゆく一方、百科全書的に整理されて参照しやすくなっていったのである。奇跡集のジャンルをとっても、第3章と

第4章で紹介した一一世紀から一二世紀に書かれたものは、収集の対象を特定の地域や聖人に限定したり、起こった奇跡が無造作に並んだりしているものが多かった。

また選択された奇跡話も、一三世紀に確立した神学や教理や、聖人礼拝の傾向を反映している。まず冒頭の第一章から第三章では、回心、痛悔、告白、誘惑などが取り上げられている。これは、個人で己の罪を振り返って司祭に懺悔《ざんげ》（告白）するという告解の秘跡が、第四ラテラノ公会議で全信徒に義務づけられたことを反映していると思われる。一方で聖人の奇跡や聖遺物をめぐるエピソードは影を潜め、第七章のマリアと第九章のキリストの聖体と聖血の秘跡に重きをおいている。また第五章「悪魔について」には、悪魔が人間に魔術的な悪さをするエピソードがあり、そのなかに煉獄や異端など、一三世紀の教会にとって重要なメッセージが込められているのが興味深い。

聖母マリアを礼拝する修道士と修道女

聖母マリアにまつわる奇跡

第七章のマリアについての例話は、「汗をかくマリア像」と題するつぎのようなオカルト的な小話で始まる。

何年か前に、激しい嵐と雷雨が起こった時、この地域の教会に信徒が集まり司祭がミサを挙げていると、母なるマリアの像がひどく汗をかきはじめ、居合わせたものは驚き、女性たちは衣で汗をぬぐった。神の意図によってお告げを受けた者がいた。彼はこの出来事を尋ねられると、答えて言った。「あなた方は何を不思議に思っているのか。マリアの御子が雷に対して御手を伸ばしたのだ。もし御手が雷を受け止めなかったら、今みなは消えていたろう。わかったか。これが汗の原因だ」。私はこの話を、この出来事が起きてほどなく、我らの修道会の一人の敬虔《けいけん》な修道院長から聞いた。

説教師が実際にどのように伝えるかにもよるが、マリア像が聖遺物のように奇跡を起こすとすると偶像礼拝になってしまうので、見えざる神の手が人々を自然災害から救い、マリア像の汗がそのことを知らせた、としたのかもしれない。神の助けと、聖像のありがたさを教える例話ということになろうか。

マリア像にまつわる話がもう一つある。こちらは在俗聖職者に対するシトー会のプロパガンダという要素も見受けられる。この話の主人公の身分や職名は、ハインリヒという名のケルンの聖クニベルト教会の参事会員（いわば管理職の聖職者）、と明記されている。ある日この聖職者が一人で馬に乗って道を進んでいるところ、明るい雲が出て、そこから「神の御心が天にも地にも満たされますように」という声が聞こえた。その夜の夢で、彼が教会の祭壇脇のマリア像に祈ると、マリア像は「生活態度を改めないと、汝は間もなく死ぬ。だから私は聖ベネディクトとともに汝のために祈りを捧げておいた」と答えた。

しかしこの聖職者は「世俗の甘美な生活」に惑い続けたところ、六週間後に病を得て臨終の秘跡を受けるほどに重篤化した。そこで彼はやっとお告げの意味を理解し、シトー会に属するアルテンベルガー修道院（ケルンの近郊）の修道士を数名呼んで、同修道院への入門を願った。彼は回復してつぎの復活祭の時に正式な修道士となった。彼は今でもなお（カエサリウスの当時に）マリアを礼拝して祈ったことで救われたのを誇りにしているという。

この話に出てくる聖クニベルト教会というのはケルンを代表する教会の一つで、シャルトルーズ会を創立した聖ブルノをはじめ、多くのすぐれた聖職者を輩出している。この教会はライン川沿いにあり、美しいロマネスク様式の聖堂でも知られている。話の核は、マリアの導きによって教区の司祭が生活の乱れに気づき、カエサリウスの所属するシトー会に入ることで体も心も救われた、ということであろうか。ハインリヒという聖職者は実在の人物である可能性もあり、修道院で修行する修道士が町の聖職者に対して優位にあることを示す意図も読める。いずれにせよ実在する地名や名前を出して、話に具体性を持たせ、聴衆と読者の関心を引き付けようとしているのは確かである。例話のなかには、逆に固有名詞を伏せて、「ある人が」「ある教会で」のように書かれているものもある。どの場所でも起こるという「普遍性」をもたせているのであろうか。狂言の冒頭で「このあたりのものでござる」というセリフの役割と似通っている。説教師は実際の説教の場で、自由に地名や人名を入れることがあったのかもしれない。

マリア像への不敬にまつわる奇跡

そのほかにもマリア像に関する話が収録されていて、一つはマリア像そのものへの敬意を記したものである。フェレンツ城（トリーア近郊）の礼拝堂に御子キリストを膝に抱いたマリア像があり、美しいとは言えなかったが霊的な力を持っていた。ある時この城の一人の女性が礼拝堂でマリア像を見て、「このがらくたは何のためにあるんだ」といった。すると聖母マリアが別の女性に出現し、「あの女性は私をがらくたと呼んだので、悲惨な人生を送ることになる」とお告げをした。そして、マリア像をがらくた呼ばわりした女性は財産をすべて失い、一生物乞いをして暮らしたという。多くのマリア像の形状にはかなりの違いがあり、「容姿」によって崇敬に違いがあってはならないということであろうか。このマリア像に対する不敬にまつわる話はもう一つあるので紹介する。

マリエンシュタット修道院

さきと同じ城にユッタという敬虔な女性が住んでいた。彼女はこの像に敬意を持って祈りを捧げ、像に対する侮辱を嘆いていた。ある時、彼女が娘を隣村に送った時に、狼が子供を襲い首にかみついて森へ連れて行った。城で知らせを聞いた彼女は礼拝堂に行って、マリア像が膝に抱きかかえているキリスト像を取り上げて、涙ながらに訴えた。「もしあなたが私の子を無傷で返してくれなかったら、あなたの子供を返さない」。すると聖母は狼に子供を放すように命じた。狼の足跡をたどっていた村人たちは、子供を森のなかで発見し、首には狼にかまれた跡があった。そして子供は母の手に帰り、母はキリスト像をマリア像に返したという。

これは第2章と第3章で述べたような、聖遺物に向かって願いを叶えてくれるよう恫喝《どうかつ》する祈りを聖像に向けて行っているように思われる。それにしても恫喝する相手が聖母マリアで、御子キリストを人質にとるという小話を、説教師はどのように民衆に語ったのであろうか。いずれにせよ、聖なる像が聖遺物のような役割を果たしていたことが、この物語から伝わってくる。なおカエサリウスは物語の末尾に、この物語を母の口から直接聞いたマリエンシュタットの修道院長から伝えられた、と伝聞経路について明記し、信憑《しんぴょう》性を高める試みをしている。

聖母マリアのために断食した盗賊

この章の最後に、トリエント近くで修道院長から聞いた話として、一人の盗賊が教会の墓に葬られた話がある。ある時、路上で修道士と盗賊が話をはじめ、盗賊は子供のころから犯罪に手を染めて、いまは頭目に上り詰めたという身の上話をした。修道士は盗賊に来世での救済を考えるよう勧め、週に一日でよいから聖母マリアのために断食をして、その日は悪事を働かないように助言し、盗賊はそれを土曜日と決めた。この盗賊は断食日と決めた土曜日に、武器を持っていなかったため逮捕され、斬首刑となった。

盗賊は処刑された場に埋葬されたが、夜になって塔の番人は、五人の女性が墓から盗賊の遺体を掘り起こすのを見た。彼女たちは遺体を棺に乗せて緋の衣を被せ、ろうそくを片手に棺を担ぎ、塔まで運んで下ろした。番人は彼女たちを幽霊と思って恐れたが、女性の一人がほかの女性たちにこう言った。「汝らの司教たちに、斬首された私の堂守を、教会のしかるべき場所に敬意をもって埋葬するように告げよ」。そして番人を恫喝して、自らの名を名乗った（おそらく盗賊が礼拝したマリアであろう）。番人から話を聞いた司教が駆けつけると、驚いたことに胴体と首がつながっていた。司教は盗賊を殉教者のように埋葬した。その後この地域では、大人たちは土曜日に聖母マリアを敬って断食をする習慣を今日まで続けているという。

この盗賊は改心したわけでなく、盗みをやめたのでもなく、修道士に勧められて土曜日に聖母マリアのために悪事を行わずに断食をしたところ、処刑後にマリアが出現して教会への埋葬を命じた。告解の秘跡も受けておらず、来世で救済されたかどうかは記されていない。一つには、マリアへの崇敬と信心が救いにつながる点が特徴である。

もう一つ興味深いのは、これが埋葬と遺体にまつわる奇跡物語であるという点である。カロリング期に埋葬と墓地がキリスト教典礼に組み込まれ、サン・ドニ修道院の王墓の項で述べたように、聖人の墓だけでなく祖先の墓も、イエや共同体のアイデンティティとして重視されるようになった。

これは厳密には異教的習慣であるはずだが、次第に西欧キリスト教社会の聖性に編入されていったことがわかる。この物語で番人が幽霊を恐れている記述があるが、キリスト教本来の教義では幽霊は存在しないことを考えると、例話は正統な教義にこだわらず、当時の人々が共有していた考えに訴えかける執筆意図があったことが認められる。

聖母マリアによる救済

教区の司祭の不始末とマリアによる救済を語った話がもう一つある。これにはシトー会は登場しないが、当時の教区の実態の一端をのぞかせる話かもしれない。大筋はつぎのようである。

ある教区に無知な司祭がいて、「聖母マリアのミサ」以外のミサを唱えることができず、それだけを毎日行っていた。これは司教に知られるところとなり、彼は秘跡の執行を停止された。そのため彼は窮乏し、聖母マリアに祈って救いを求めた。すると聖母が現れて、司教のもとに行き、私(聖母)が職務復帰を願っていると伝えよと語った。そして聖母出現の証として、司教が破れた下着を繕っていた時に聖母が手助けしたことを証として告げよ、と述べた。この話を聞いて司教は司祭の言うことを信じて職務復帰を許し、「聖母マリアのミサ」のみ唱えることを認めた。なおこの例話の末尾には、この話は一二世紀のカンタベリーの司教でイングランド王と対立して殺害されたトマス・ベケットにより伝えられた、と添えられている。トマス・ベケットは一一六〇年代にシトー会修道院のポンティニーで亡命生活を送っていたことから、シトー会とも関係があった。彼が殺害されたのが一一七〇年であるから、カエサリウスの執筆期の少々前のこととなる。

シトー会は、クレルヴォー修道院長ベルナールがマリア礼拝を盛んに行っていたこともあり、聖母マリアのためのミサや祈りを特別視する話ができたのかもしれない。これまでもたびたび引用してきたような、聖人出現の物語と同様に、ここでも聖母は奇跡が事実である証を与えている。トマス・ベケットから聞いたという伝聞経路同様に、説教師が物語を信じさせるために、有効なレトリックであったろう。

例話のなかには、異端カタリ派討伐のアルビジョワ十字軍を題材としたものがある。これはカエサリウスが例話を執筆していた時期に起きた出来事を反映したものといってよい。シトー会はカタリ派との議論や討伐軍に関わっていた。この例話では二人の司祭が、異端が蔓延《まんえん》した土地に赴き、打ち捨てられた教会に立ち寄って、聖母マリアのためのミサを唱えた。ミサが終わりに差しかかった時に異端者たちが教会に乱入し、一人の司祭の舌を切り取ってしまった。やがて公現祭（一月初旬）となり深夜の祈りの時間に、この司祭は教会の祭壇の前に横たわることを願った。すると聖母マリアが出現し、舌の形の肉片を取り出し、これを彼の口に入れて固定させたのち消えた。この奇跡を聞いて、多くの異端は正統信仰に戻ったという。そしてこの奇跡は同地の修道院でいまだに語り継がれている、という証がついている。

これは異端対策とマリアによる治癒奇跡（移植手術？）の例話であろうか。治癒奇跡はこのほかにも、子供の頭部の疥癬《かいせん》を治した例話などがある。

また来世での救済をテーマにした物語もある。同書のほかの章でも懺悔と救済を扱った例話があり、救済の道筋が教会によって一様に示されてゆく時代を投影しているといってもよい。一つは簡潔な話で、品行の良くない騎士が敵方に捕らえられ、司祭に罪を告解することを願ったが、許されず斬首されることになった。斬られる直前に神に祈りを捧げ、自らの魂を乙女マリアの御子に捧げると言った。この地域で幻視をみてお告げをする者が言うに、「聖なる乙女マリアの助けによって、騎士は地獄の罰を逃れ、改心した盗人（聖書の逸話か？）とともに楽園の慶びにゆだねられた」。

騎士はゆるしの秘跡を受けることはできなかったが、犯してきた罪を悔いて告解しようとしたことが救いにつながった、と読むことができる。告解の秘跡は義務化されたが、罪を悔いれば救われるという考え方がまだ残っていたのであろうか。あるいは、事故や事件などに巻き込まれて告解の秘跡が受けられなかった場合、慈悲深いマリアが救いの手を差し伸べてくれる、という教えであろうか。

また悪魔払い、修道院に害をなす領主への罰、捕らえられたものの解放など、これまで紹介してきたような聖遺物や聖人にまつわる奇跡物語のモティーフが並んでいるが、これまで紹介したものと同じく、聞き手や読み手の関心を引くような工夫がみられる。

キリストの聖体と聖血

キリストは肉体を伴って昇天したため、現世に遺体が残らない。(ローマ・カトリックの教義では聖母マリアの肉体も残らないとする)。そこでキリストの痕跡が残る聖遺物が礼拝の対象となり、とくに受難にまつわる十字架、槍、釘、茨の冠などが注目された。十字軍で西欧と東方の交流が増すとともに、聖地エルサレムやコンスタンティノープルから受難の聖遺物が西欧に流入し、これを所有する君主や教会の権威付けとして珍重された。これについては本書で詳しく述べてきた

キリストの体の名残はないが、ミサで用いられる「聖体」と呼ばれるパンにキリストが実在するという教義が、第四ラテラノ公会議(一二一五年)で認められた。すなわちミサのなかで、パンが「キリストが最後の晩餐《ばんさん》でパンを割いて述べた言葉「これは私の体である」を司祭が唱えると、パンが「キリストの実体」としての聖体となる。これを聖変化という。ただそれまでも、聖体をキリストそのものとして礼拝する習慣はあり、ミサの時に聖変化したパンを祭壇に納めて聖遺物のように礼拝し

たり、行列をしたりする習慣はあった。すでに八一六年のケルシーの教会会議は「教会が建てられるときは教区の司教によって献堂式が行われ、司教によって聖変化した聖体が聖遺物箱に入った聖遺物とともに置かれる。しかし司教が聖遺物を獲得できなかったら、聖体を納めるだけでよい」と定めている。聖体を聖遺物と等しく扱う規定である。聖体はキボリウムと呼ばれる容器に納められ、聖堂の真ん中に置かれた聖櫃（タベルナクルム）という箱に安置され、日常的に礼拝の対象になった。

　ミサの終わりに聖体は司祭から信徒に配られていたが（聖体拝領）、ローマ・カトリックでは聖体を礼拝する習慣が強くなって、信徒が拝領する機会は減っていった。しかし一三世紀になって、第四ラテラノ公会議が「分別の年齢に達したすべての信者」が一年に一回は告解の秘跡を受けて、復活祭のころに聖体を拝領するように義務づけた。聖体は本来キリストの体であるパンと、血である葡萄酒の双方を意味したが、ミサの際にパンのみが列席した信徒に配られるようになると、聖変化したパンを狭義の聖体と呼ぶようになった。だんだんと聖体は司祭が信徒の口に直接入れられるように、小さい丸いウエハス状のものが主流となってゆく。修道士や聖職者はパンを拝領したあとに、杯（カリス）に入った聖血（聖変化した葡萄酒）を拝領することもあった（パンと葡萄酒の双方を「聖体」と総称することもある。本書では聖体と聖血と分けて表記する）。

「聖ジルのミサ」（1500年ころ、ナショナル・ギャラリー蔵）

　このような聖体をめぐる動きは、ハイステルバハのカエサリウスの『奇跡に関する対

キリスト自らが仔羊の姿をした聖体を聖ノルベルトスに与える（16世紀、木版画）

話』にも投影している。同書の第九章は「キリストの聖体と聖血の秘跡」と題し、聖体と聖血にまつわる教えを集めている。これらの話のほとんどは、奇跡の信頼度を高めるためか、登場人物や物語の話者の名や身分を実際の地名や教会名とともに記している。

そのいくつかは、聖変化したパンにキリスト自身が臨在するという教えについての例話である。第九章の冒頭で、ケルンの聖使徒教会の司祭長であったランベルトが語った物語として、ある司祭がキリスト自身を祭壇で見たという話が語られる。ついで聖体の奇跡に疑問を持っていた司祭がミサで聖変化の典礼文を唱えたところ、キリストが聖体に「赤い肉片」を示したという奇跡が語られる。ミサが終わったあと、司祭の後ろに立っていたヴィデキンという名の貴族が、司祭に事の次第を尋ねた。司祭は聖変化の時に、この秘跡について疑いを抱いたことを素直に答えたという。

聖血に関する例話も記されている。ヒルデスハイムの聖ワルブルク教会で、アルベロという名の司祭がミサを行っていた時の話である。司祭の後ろに立っていた一人の市民は、ミサで行われること（聖変化）を疑っていた。するとカリス（聖血を入れた杯）から血があふれ出て祭壇に広がってしまった。それは人の血のように見えて、キリストが彼に秘跡を信じるように、つぎのように語っているようであった。「私は君のために十字架の祭壇に水のようにあふれたのだ。君はまだ救いの手立てを疑うのか」。

これらは聖体にキリストが実在するという教義を伝える例話と思われるが、興味深いのは第九章に記載された二四の例話の多くが、聖体にまつわる不思議な物語で、聖体が聖遺物と同じく奇跡や懲罰を引き起こす内容のものもある。

聖体による奇跡

聖体が異端者（悪魔の力）に打ち勝った、つぎのような物語がある。異端カタリ派が盛んであった時、異端者たちのなかには悪魔の力で水の上を歩く者がいたという。そこで一人の信仰深い司祭が聖体を筒に入れて川に投げ入れると、川の水は満ちて異端者たちは鉛のように深みに沈んでおぼれた。聖体の入った筒は天使によってただちに引き上げられた。聖体が失われたと思った司祭は夜通し涙を流して嘆いたが、朝になって祭壇に聖体の入った筒を見つけたという。一二世紀後半から異端カタリ派が南西フランスで拡大し、クレルヴォーのベルナールをはじめシトー会の高名な修道士たちが、教皇の命で異端対応の前線に立っていた。アルビジョワ十字軍と呼ばれる討伐軍が派遣されて、多くのシトー会士修道士がその宗教的な指導者として参加したのは、カエサリウスが『奇跡に関する対話』を執筆する二〇年ほどの前のことであった。異端を悪魔に紐づけ、勝利を聖体の奇跡に託すカエサリウスの姿勢に、この時期のシトー会士としての姿勢が窺える。

泥棒が教会から盗んだ聖具を牛が発見した物語がある。これはホーフェネ修道院のゴットフリート院長から直接聞いたとされる。ある夜、コメレという村の教会に泥棒が入り、聖体の入った櫃《ひつ》を盗み出した。櫃を開けてみると聖遺物と聖体の入った筒が見つかり、腹を立てた彼らは筒を隣の農地の畝に置いて立ち去った。朝になって、農夫が牛（複数）とともに畑を耕していた時、牛たちがあるところで止まって動かなくなってしまった。すると牛の足元に筒が見つかり、そのわきに櫃があった。農夫は村に戻って、このことを司祭と村人に告げた。司祭と村人たちは十字架、香炉、ろうそくをもって現場に駆けつけ、聖体を見つけ出し、教会に戻したという。この例話が語るのは、聖体が牛に居場所を知らせ、無事に教会に戻ったことなのであろうか。あるいは聖体の価値がわかる善良な司祭や村人と、欲に目がくらんだ泥棒の対比なのであろうか。

聖体による懲罰

聖体を魔術的な道具として使おうとする者に、罰が下される例話もいくつかある。一つはハイステルバハ修道院の先唱者ヘルマンが語った話である。ある好色の司祭が、ミサのあとで聖体を口の中に入れたまま一人の女性のもとに向かった。そのまま女にキスすれば、欲望を達成できると信じていたのである。教会の扉から出ようとした時に、背の高い彼は祈禱所の天井に頭をぶつけて、驚いたために聖体が口から出てしまった。彼は聖体を教会の隅に隠したが、罪の意識に駆られて、このことを同僚の司祭に告解した。二人で隠した場所に行ってみると、そこには聖体はなく、キリストが磔《はりつけ》になった十字架があった。像には肉と血が付いていたという。悪しきものへの罰と、聖体がキリストの実体であることの教えであろう。

拝領した聖体を飲み込まずに口のままに保ち、これを魔術的に使用する話はもう一つあり、当時このような行為が横行していたことを窺わせる。たくさんのミツバチを飼っていた女性が、その多くが死んでしまって困っていると、聖体をミツバチに与えれば良いという話を聞いた。そこでミサに出て、聖体を口の中に入れたまま持ち帰り、ミツバチの巣箱に入れた。するとミツバチたちは礼拝堂の形をした巣を作り、祭壇まで建てた。しばらくして、飼い主の女性はミツバチの箱に礼拝堂

「聖体の懲罰奇蹟」ユダヤ人が聖体を焼いて冒瀆すると、血が流れて発覚し、捕縛される（15世紀、ウッチェロ画）

を見つけて驚き、司祭に知らせた。司祭が教区民とともにやってきてミツバチをどけると、そこには礼拝堂があり、窓、屋根、塔、扉、祭壇まで備えていた。司祭は主をたたえながら聖体を取り出して、教会に戻った。

聖体を巣箱に運んでミツバチを増やそうとする話は、このほかの奇跡集にも収録されていて、広く語られていたと思われる。カエサリウスの『奇跡に関する対話』が書かれる一世紀ほど前、西ヨーロッパ最大の規模を誇ったクリュニー修道院の院長ペトルス・ヴェネラビリス（没一一五六年）が『奇跡について』という物語集を執筆している。この六十数話を収録する大作の第一章は、オーヴェルニュの農夫が口に含んだ聖体をミツバチの巣に吹きかけたことで起きた奇跡物語となっている。この話では、飼っていたミツバチがいなくなることを恐れた農夫が、魔術師の助言に従ってこの行為を行ったところ、ミツバチは敬意をもって聖体を持ち上げて巣箱へと導いた。恐ろしくなった農夫が大量の水をかけてミツバチを殺してしまうと、巣箱のなかには嬰児《みどりご》キリストが横たわっていた。嬰児が死んでいるように見えたため、農夫がこれを埋葬しようとして抱きかかえて教会に向かったところ、嬰児は突然消えてしまったという。そして神の罰によって、この村からはほどなく住民がいなくなり、荒れ地になってしまった。

これが、ミツバチと聖体を題材にした物語の初出といわれ、その後さまざまに語られた。その背景としては、実際にそのころ収益を増やすために聖体が護符のように使われていたことが考えられる。そのほかにミツバチは勤勉に共同作業をする生き物として好感度が高かっただけでなく、宗教的な寓意としても図像に描かれ、書物に記された。また甘い蜜は人々を魅了する説教にもたとえられて、旧約聖書でカナンが「乳と蜜の流れる国」と記され、アンブロシウス、クリゾストモス、クレルヴォーのベルナールなどの言葉は蜜に例えられた。また蜜を食べた洗礼者ヨハネに結びつけられることもある。さらに初代教会のカタコンベでは、蜂は復活のしるしとされ、キリストと同一視されることもあった。聖体にまつわる奇跡がミツバチと関連して語られるのも、このような文脈から理解される。

ここで示したハイステルバハのカエサリウスの『奇跡に関する対話』に集められた例話には、修練士の教育や一般信徒への説教のために、正統教義を理解させようとした執筆意図が窺える。すなわち特定の聖人の力や、聖遺物の効能を強調するのではなく、マリアやキリストへの信仰、聖体の秘跡や煉獄の魂への祈り、異端や悪魔への警戒など、一三世紀前半に確立した教義や儀式を末端まで浸透させるのが大きな目的であったと考えられる。これは一三世紀の教皇たちが、托鉢修道会を通して正統信仰を末端まで浸透させようとしたことや、列聖手続きを教皇に収斂することで聖人崇敬をする動きと連動するものであろう。

しかし、カエサリウスの『奇跡に関する対話』をよく読んでみると、そこにはマリア礼拝やキリストの聖体をめぐって、聖遺物をめぐる魔術的な信心が根強かったことも垣間見える。カエサリウスは、そのような異教的ともいえる信心をあえて例話に入れることで、説教を聞く者と関心を共有する姿勢を取って、説教師に耳を傾けさせようと努めたのであろう。さらに踏み込んで考えると、礼拝や信心を画一化して管理しようとする動きが進む一方で、多様な民間信仰が根強く残り、聖職者や修道士もこれを無視できなかった現実も、さまざまな例話からみえてくる。これは中世末期から近代に向けて、各地の民衆たちが独自の宗教祭儀を各地で行ってゆくことにもつながってゆく。これについて詳しくは第9章で考察することとする。

2 聖人伝集 ヴァラッツェのヤコブス『黄金伝説』

一三世紀「全集」の時代

ハイステルバハのカエサリウスが『奇跡に関する対話』で、自らの見分あるいは伝承に基づく七五〇の例話を一二のジャンルに分けて「全集化」したように、一三世紀にはさまざまな領域で整った「全集」的著作が制作された。それらは修道会、司教座聖堂、大学を通して西欧各地に広まり、知識や理解が共有されるようになった。たとえばドミニコ会の修道士でフランス王ルイ九世と親しかったヴァンサン・ド・ボーヴェは、一二四七年から一二五九年にかけて、『大きな鏡』(Speculum maius) と呼ばれる百科全書を執筆した。ルイ九世から財政援助を受けたこの著作は、「自然の鏡」「歴史の鏡」「学識の鏡」の三部からなり、それぞれの分野で古代から蓄積された知識をまとめたものである。本書は広範に広まり、一四世紀にはフランス、ドイツ、ネーデルラント、カタルーニャで各地の言葉に訳されている。

同じドミニコ会修道士であるジャック・ド・ヴィトリは、ベギンと呼ばれる女性たちの宗教運動を支援したのち、異端カタリ派に対する説教や、第五回十字軍に説教師として同行し、エルサレム総大司教に任ぜられた。ローマに帰還したのちは教皇グレゴリウス九世の補佐役として活動した。まさに一三世紀前半の教会が直面した事柄に最前線で関わってきた人物といえる。著作活動も盛んに行い、例話集や説教集を執筆したほか、『東方と西方の歴史』は同時代の東西の状況を網羅した貴重な史料である。その第一部「東方の歴史」は聖地エルサレムの起源に始まり、ムハンマドに関する記述、十字軍の戦いや現地で暮らす人々、サラディン後の状況などを一〇二章にわたって記している。第二部「西方の歴史」は西ヨーロッパの人々が犯した罪深い事柄に始まり、優れた聖職者や教会の刷新や新たな修道会、秘跡の説明などを、三九章にわたってまとめている。それは理想の教会の姿と秘跡についての正統的な教義を概観したものといえる。

また一三世紀に発展して西欧各地に広まったゴシック様式の建築では、巨大な司教座聖堂（カテドラル）などの空間一面に、ステンドグラスや彫刻などの装飾が施された。そこには旧約聖書や新約聖書の世界が描かれ、預言者や聖人の物語が示され、罪びとを諌《いさ》め異端を糾弾する教えなどが刻まれている。ゴシックのカテドラルは、聖職者のみならず、世俗の王侯や民衆に向けての教えの百科全書といってもよかろう。ハイステルバハのカエサリウスやヴァンサン・ド・ボーヴェは修道院の教育係の任にあり、ジャック・ド・ヴィトリが説教師として活動したように、一三世紀の教会は信徒に対する統一した教育をめざす方向にあった。この時代にヴァラッツェのヤコブスが編纂したのが、古今東西の聖人伝を集めた『黄金伝説』(legenda aurea) である。

『黄金伝説』成立の背景

著者ヴァラッツェのヤコブスは、自著『ジェノヴァ市の年代記』の末尾で、「執筆したのは、ドミニコ会修道士で同市の大司教であるヤコブス・ダ・ヴォラジネである」と記したことから、ヴォラジネのヤコブスあるいはヤコブス・デ・ヴォラジネと呼ばれることもある。彼は一二三〇年ころに北イタリアのジェノヴァ近郊のヴァラッツェに生まれた。彼の成長期については後世の伝承によるものが多く、史料による証言は少ない。おそらく一五歳ころにドミニコ会の修道士となり、高度な学問を修めて神学の教授に着任し、ジェノヴァほか各地で説教師としての活動をしたと思われる。

ヤコブスは一二六七年にドミニコ会のロンバルディア管区長に着任し、のべ二〇年ちかくその任にあたった。一二八六年にジェノヴァの大司教に選出され、一二九八年に没するまでその地にあった。ヤコブスが実用的で網羅的な聖人伝集の編纂に向かった経緯は不明で、執筆時期も明確でない。ただドミニコ会説教師としての経験、学問で培った知識と文章力、管区長として各地で見聞を広めて多くの文書を閲覧したこと、イタリア有数の都市の大司教として抱いた信徒教育の使命感などがこれを可能としたと思われる。

また彼がおかれた歴史的地理的な状況も、聖人伝編纂を後押ししたに違いない。一つの契機と思われるのは、同時代のドミニコ会士の殉教である。ドミニコ会で最初の殉教者となったのは、「殉教者ペトルス」とも呼ばれる修道士である。一二〇五年にミラノ近郊で生まれたペトルスは、創立まもないドミニコ会の修道士となり、イタリア中部と北部の主要都市で説教活動を行った。やがて教皇から異端審問官に任ぜられ、異端カタリ派から敵意を向けられた。そして一二五二年にコモからミラノへ向かう途上、ミラノ近くで殺害された。教皇インノケンティウス四世は翌年にペトルスを列聖し、異端審問の守護聖人として広く礼拝されることになった。

ヤコブスはペトルスを『黄金伝説』で殉教者として取り上げている。その生涯については教皇インノケンティウス四世の文書をたびたび引用しながら、信仰にあふれた生活を営んだこと、生前に多くの奇跡を起こしたこと、異端対策に尽力したことを記し、殉教のいきさつを詳しく語っている。そして死後に奇跡を起こしたことについては、伝記の後半部分を費やして、人名や年代を伴うなどかなり具体的に記述している。ペトルスが『黄金伝説』のなかで唯一の同時代の聖人であることからも、筆者ヤコブスの殉教者ペトルスへの思い入れが感じられる。

また上述のカタリ派の拡大のほかにも、当時のイタリアでは特筆すべき出来事が相次いだことも、ヤコブスの聖人伝編纂を促した要因であろう。たとえばヤコブスは自著『ジェノヴァ市の年代記』で、一二六一年にイタリア全土で「鞭打ち苦行者」の活動が活発になり、ジェノヴァにも伝播したことを詳しく執筆している。この運動は、老若男女のあらゆる身分の人々が、衣服を脱いで鞭でわが身を打ちながら、祈りを唱え聖歌を歌唱して行列を組んで練り歩くものである。

この運動が流行した原因としては、不安定な社会情勢や終末論の拡大などが考えられている。そのころイタリアの主要都市では、教皇派と皇帝派の対立のため政情が不安定化しており、ヤコブスもしばしばこの解消に尽力した。また修道士フィオーレのヨアキムが唱えた終末論が流行し、さらに同調したフランシスコ会の厳格派による説教や著作が異端的な動きを引き起こし、民衆の教会に対する破壊行為などもみられた。ヤコブスはこのような同時代の出来事についてきわめて冷静に論述する一方、聖人伝を通して教会と社会に正統信仰を伝えようとしたと思われる。

また一二六四年に出現した彗星を、ヤコブスは関心をもって観察している。これは出現年代と「大きな燃えるような尾をひいて」という形状から、周期的に地球に近づくハレー彗星と思われるが、ヤコブスは主の再臨のしるしと考えた可能性もある。紀元千年近くのハレー彗星の出現は、修道士ラウル・グラベールが『年代記』で地上の悪しき出来事の前触れとして記述していて、そこに終末観的解釈を読み取ることができる。この彗星は第2章で扱ったバイユーのタピスリーにも描かれた。また一四世紀初頭にはフィレンツェの画家のジョットが、北イタリアのパドヴァのスクロヴェーニ礼拝堂の壁画「キリストの生涯」で、キリスト降誕と三博士礼拝の場面に彗星を描いている。これは、そのころの人々が彗星の出現を救済史のうえで大きな出来事の前兆と捉えていた証であろう。ヤコブスは歴史の重要な点に生きていると考え、ますます熱意をもって聖人伝の執筆にいそしんだことと思われる。

『黄金伝説』の特質と遺したもの

『黄金伝説』というのは後世になって用いられたタイトルであって、ヤコブス自らが名付けたものではない。もとよりこの時代の書籍には、著者がタイトルを付けないことも多い。おそらく『諸聖人の伝記』などと呼ばれていて、次第に本書の愛読者から『黄金の伝記（集）』すなわちレゲンダ・アウレアとされ、次第に定着したのであろう。聖人伝を集めたものは『黄金伝説』が最初ではなく、その後もいくつかの聖人伝が編纂されるが、「黄金」を冠するのは本書が長く広く愛された証ともいえる。

ちなみに聖人伝集として著名なものに、古代の東方の聖人を集めた『砂漠の師父のことば』や、中世初期のトゥールの司教グレゴリウスが書いた『証聖者の伝記』『殉教者の伝記』などがある。また一六世紀にケルンのシャルトルーズ会修道士ラウレンティウス・スリウスが記した『諸聖人の証について』は、印刷初期の本格的な聖人伝である。

『黄金伝説』の最も古い写本は一二八八年のもので、ドイツのアインジーデルンで制作されたものである。それは一八二章で成り立っていたが、写本の流布とともに大幅な加筆が行われたうえにさまざまな版があり、最初に印刷された一四八〇年ころのものは四四八章に膨らんでいる。それ以降、初期印刷の時代にあたる一五〇〇年までに七〇〇種類の版が作られている。ヤコブスの原典を復元することは不可能といってよいが、中世末期から近世初頭の人々が、どのように聖人を崇敬したか、教会がどのような聖人崇敬を推奨したかを知る手がかりを与えてくれる。

トマス・ベケットの殉教（12世紀末のフレスコ）

『黄金伝説』には、キリストの降誕（クリスマス）から始まる一年間の暦の順番に、それぞれの日に礼拝される聖人の伝記が収録されている。聖人伝とともに、主の公現祭、四旬節、マリアのお清め、主の受難と復活、聖霊降臨、諸聖人の祝日や死者の日など、典礼暦で重要な日も順番に記載されている。これは典礼で使用できる聖人伝といってもよいほどである。

　収録されている聖人は、マリアや使徒をはじめ聖書ゆかりの人々、迫害時代の殉教者、公認後の著名な証聖者である。さらに聖十字架の発見や聖十字架称賛など聖遺物の移葬や奇跡に関する逸話、大天使ミカエルの出現と勝利の物語が、聖書をはじめ多くの証言を伴って語られる。ヤコブスの学識の豊かさを窺わせるとともに、十字架や大天使ミカエルへの礼拝が、中世後期にかけて高まっていたことを反映している。収録された聖人のなかには、オスマのドミニコをはじめ、ヤコブスの少し前に活動し、一三世紀なかばにグレゴリウス九世から列聖された同時代人ともいうべき聖人が収録されている。

　また第7章で論じたテューリンゲンのエリーザベトの伝記も収録されていて、同時代人ともいうべきエリーザベトの崇敬拡大には、『黄金伝説』の流布も寄与していると推察される。ドミニコと違って、エリーザベトは修道会のような全西欧的な組織を創立していなかったため、『黄金伝説』が西欧の広範囲に広まったことは、超地域的な礼拝を促進したことであろう。いずれにせよ、教皇と親密なドミニコ会に属するヤコブスは、列聖を教皇庁に収斂《しゅうれん》しようとする政策に同調していたと思われる。

また一二世紀に活動した聖人で、教皇庁によって崇敬が推奨された聖人や教皇に近かった聖人も含まれている。その一人がカンタベリー大司教トマス・ベケットで、国王ヘンリー二世の教会政策に反対して、一時期フランスに逃れて教皇アレクサンデル三世の保護を受け、シトー会のポンティニー修道院に隠遁していた。その後イングランドに戻って、カンタベリーの司教の職を務めることになった。ヤコブスは、トマスがそこで起こしたいくつかの奇跡話を収録していて、その一つがでハイステルバハの記した『奇跡に関する対話』にも記載されていることは前述した。

トマス・ベケットの聖遺物容れ

『黄金伝説』では、トマス・ベケットが王にあらがって教会の諸権利を守りつづけると、武装した「王の騎士」がカンタベリー大聖堂に乱入し、問答ののちトマスの頭に切りつけ、トマスが殉教したことが語られる。そして葬儀に天使が現れてトマスの列聖を告知し、トマスが死後起こしたいくつかの奇跡が記される。そしてトマスを殺害した騎士たちに、つぎつぎに神の復讐がくだったとされる。トマス・ベケットは、王に対して教会の権利を守って暗殺されたため、教会はこれをただちに列聖することで、教会の王に対する正当性を強調した。そしてトマスが殉教し葬られたカンタベリー大聖堂への巡礼を促し、「殉教」した際に流した血を希釈して小さなアンプルに入れた「ベケット・ウォーター」を聖遺物として巡礼者に配った。『黄金伝説』のトマス伝は、トマスの生涯や奇跡物語を、カエサリウスの『奇跡に関する対話』その他の書物から集めて、コンパクトに

サン・ピエトロ大聖堂の聖ロンギヌス像

まとめたものと思われる。

このようにみてゆくと、ヤコブスの『黄金伝説』は、教会の公的な教えや教皇の政策を広める側面ばかりが目立っているようにみえるが、よく読んでゆくとカエサリウスの記した例話のように、民衆の好んだ信心の集大成のような側面も持っていることがわかる。

たとえば、十字架にかけられたキリストの脇腹を指したロンギヌスという名の聖人の伝記にその一端が見て取れる。十字架上で息絶えたキリストの脇腹を一人の兵士が槍で刺し貫いたことについては、福音書に記載があるものの、この兵士の名前も素性も記されていない。『黄金伝説』は、この兵士をロンギヌスという名で呼び、短いながらその生涯を記し、聖人の列に加えている。ロンギヌスという名は初代教会のころから用いられ、おそらくギリシア語の「長い槍」を意味するロンギヌスという語があてはめられたと考えられる。そしてロンギヌスはキリスト教徒となって小アジアのカエサリアで殉教したという伝承ができた。ロンギヌスが改宗したきっかけは、十字架上のキリストから流れた血が眼に入り、弱った視力が回復した奇跡とされる。やがて彼は兵士の生活を捨て、使徒たちに従ったという。

六世紀にはすでにロンギヌスは殉教者として崇敬され、東方でも西方でも殉教録に掲載され、西方では三月一五日がロンギヌスの祝日と定められた。そして本書でも触れたように、キリストを貫いた槍（聖槍）は、コンスタンティヌス帝の母イレーネが十字架を発見した際に見いだされたとされる。聖槍は中世の権力者によって、権威のしるしとして保持され、顕示されることになる。

中世後期からキリストの受難の苦しみへの信心が高まり、キリストの受難の場面を思い浮かべながら瞑想する信心業が、聖職者だけでなく俗人のあいだにも広まると、祈りの手引書などにロンギヌスの名が記されるようになる。また美術でも受難に関するテーマが好まれるようになると、槍をもった兵士ロンギヌスが十字架の傍らに描かれるようになる。さらに聖杯を保有したアリマタヤのヨセフと対になって描かれることもあり、聖杯伝承が膨らんでいったこととの相乗効果も窺える。

このように『黄金伝説』は、正統的な教会の教えを広めるために書かれたもので、教会の典礼で用いることを想定した側面がある。それはキリストの弟子のなかでも中心的役割を担うペテロやパウロの伝記を収録する一方で、聖書ではわずかの記載しかないが中世の民衆に愛され、正統の枠から外れるほど伝承が膨らんだ聖人をも掲載していることにも注目すべきである。前述のロンギヌスのほか、マルタ、マグダラのマリア、ラザロなどがその例である。彼らは迫害を逃れて船で地中海を渡り、南フランスに漂着してフランス各地で没したという伝承が成立する。そして中世の民衆に愛され、それぞれの墓が巡礼者を集めたことについては、本書でもヴェズレーの例などで紹介した。

第7章と第8章で論じたように、中世後期になって教皇を中心とする組織が整備され、正統教義が確立し、列聖も教皇が管理するとともに、聖人礼拝や奇跡物語は教皇庁のめざす理念や教義を言葉で伝える手段となった。しかし一方で広く民衆に向けた教会のメッセージのなかには、民衆に親しまれていた民間伝承の要素が認められるため、教会によって聖性の均質化が徹底したかどうかは疑問が投げかけられている。つぎの第9章では、中世後期から近世・近代にかけて、聖人や聖遺物への礼拝の担い手として、王侯貴族や都市民の比重が次第に高まってゆき、聖人の祭りに俗人が営む祝祭の度合いが濃くなってゆくことを論じる。

第9章　俗人による宗教運動と地域共同体

ルネサンスから近世へ

第7章や第8章で述べたように、中世盛期から教皇庁が聖人礼拝を掌握するとともに、均質化した聖性を信徒にひろめる一方で、信徒が自発的に聖なる力に向かう姿勢は保たれていた。そして中世後期から近世にかけて、各地の都市や村落の共同体では、地域のアイデンティティともいうべき聖人の礼拝が、教会の認可を経ずに進む事例もみられた。そのなかには地域の権力者が統治に利用するもの、俗人の信心運動と合流するもの、さらに異端の疑いがかかるものなどがあり、展開は多様であった。

十字軍を通してキリスト受難の聖遺物や聖書ゆかりの聖人への礼拝が進んだことは前述したが、中世後期から近世にかけて信徒の自発的な宗教運動や個人的な信心業が盛んになるなかで、キリストやマリアの苦しみを共有する傾向が強まり、これは修道士たちの執筆した黙想書などとも連動して広まった。キリストと対話するなどの神秘体験をする者が各地で現れ、なかには俗人でありながら聖職者のような役割を果たす者も出てきた。

これらの人物のなかには各地の社会的・宗教的な状況を背景として崇敬を受ける者も多く、正式な列聖手続きを経ずに崇敬を集める「聖人」となる者もあった。そのなかには異端として弾圧されたものもあったが、地域社会のアイデンティティのシンボルとなって、その墓が長く礼拝された事例も多い。彼（彼女）らの伝記が執筆されることも多く、住居や墓には信徒が群がった。つまり中世盛期からルネサンスを経て近世に至る時期に、教皇庁が進める聖性の「中央集権化」と聖性の「多様化」が並行して進んでゆくこととなる。

そして聖母マリアについての礼拝が進む一方、聖書（とくに福音書）のバイプレーヤー的な聖人と各地の聖域にまつわる伝承が膨らんだ。南フランスでは、マグダラのマリアをはじめキリストの弟子たちが迫害期に漂着し、各地でキリスト教を広めて亡くなったとする伝承が膨らみをみせた。彼ら（彼女ら）の墓があるとされたアルル、ボーム、タラスコンほかいくつかの教会は、巡礼の対象になった。このように聖人や聖遺物をめぐる、中央（ローマ）と地域社会の双方から発する動きは併存しながらしばらく続き、ルネサンスを経て近世の宗教改革や対抗宗教改革の時代に入ってゆく。

本章では、近世へ向かう時代に地域共同体で高まっていった聖性について、都市の信徒の動きに着目しつつ考察したい。近年の研究では、イタリア都市で宗教性と社会性が一体となってゆく傾向、すなわち「市民的宗教」とも呼ばれるものの高まりが指摘されている。やがてアルプス以北のドイツなどでは、宗教改革の進展とともに、教皇から自立したプロテスタント諸教会のもとで独自の信仰と文化が展開してゆくのである。

1　生きた聖女に群がる人々

第7章と第8章で述べたように、一三世紀には教皇庁による列聖の一本化が進められ、托鉢《たくはつ》修道士を中心とする聖人伝や説教の執筆と流布によって、教会の正統的な教義と礼拝のありかたがカトリック世界に広まっていった。

一方、説教や聖人伝のテクストをよく読んでみると、そこには民衆のなかに生きていた古くからの土着的な信心や、正統教義や聖書の記述から外れて膨らんだエピソードがたくさん盛り込まれていることがわかった。これは民衆の関心を引くための配慮であったろうか。あるいは中世後期になってキリスト、マリア、聖人たちの生涯について多様な伝承が積み上げられ、教会もこの動きを了解していたことを示唆するのであろうか。キリストの受難をめぐる詳細なエピソードは、中世後期から近世にかけて、多くの修道士が記した瞑想《めいそう》の手引書や、ルネサンス期に描かれた多数の美術作品に見られるようになる。

このような動きについて、近年の研究は、教皇庁とその右腕であった托鉢修道会の影響力だけではなく、各地域の聖人や聖遺物への礼拝が独自に発展したことに注目しつつある。二〇世紀の『煉獄の誕生』に代表される「アナール派」の学説や、托鉢修道会の均質的な説教活動の影響を重視するヴォシェの研究は、いまや相対化されつつあるといってよい。日本でも後藤里菜氏や白川太郎氏などによって、一三世紀の霊性の変化と俗人（とくに女性）の役割を重視しつつ、新たな理解を示す研究が展開しつつある。とくに都市で崇敬された神秘体験を持つ女性たちについての研究が進み、これを近世に向かってゆく社会の変化を背景とする理解が進んでいる。これらの新たな研究をもとに、都市の聖なる女性たちについて論じてみたい。

叫ぶ女性たち

第7章で紹介した一三世紀の聖女テューリンゲンのエリーザベトは、方伯の未亡人で敬虔《けいけん》な生活を営み、施療院を運営して慈善活動を行った。その功績を記す聖人伝が書かれ、そのほかの証言などとともに教皇によって列聖審査が行われ、聖人の列に加えられた。そして教皇のミサに続いて立派な墓に移葬されて、多くの巡礼者を集め、托鉢修道士によって聖人伝の集大成が書かれた。これは教皇庁にとって、列聖と聖人礼拝の純正なパターンといえる。

これと同時期に、キリストの受難の苦しみを想って感情的に叫び、贖罪《しょくざい》の信心業を行う女性たちが各地に現れた。その多くは都市に暮らす俗人女性で、生きた聖人として民衆から敬意（崇敬）を受ける者もあれば、否定的な扱いを受ける者もあった。おしなべて彼女たちは托鉢修道会の修道士の指導や保護のもとにあり、死後に聖人伝が執筆されて、遺体が聖遺物として地元住民に礼拝された事例もある。ただ教皇によって列聖された例は少なく、列聖された場合でも数世紀を経る場合が多い。彼女たちへの礼拝は、いわば都市住民による自発的な崇敬といえる。当時流行したキリストの受難やマリアの悲しみに対する感情的、感覚的な信心業と連動していることにも注目したい。

俗人身分のまま信心業を営む女性については、「ベギン」と呼ばれる半ば修道院のような集団生活を営んだ人々をめぐって、多くの研究がなされてきた。後藤里菜氏はベギンの女性たちを含め、一三世紀から一五世紀にかけて現れたこのような「叫ぶ女性」たちに注目し、一般信徒との関わりと時代背景のなかで考察を進めて研究をまとめた。本章では、後藤氏や白川氏の研究をもとに、キリストやマリアの生涯への信心に生きた女性たちを紹介してゆく。

「叫ぶ女性」たちのひとりで一三世紀前半にフランドルのサン・トロンで活動した俗人女性クリスティーナ・ミラビリスの生涯は、第8章でふれたジャック・ド・ヴィトリの弟子でドミニコ会修道士のトマ・ド・カンタンプレが記した伝記で知られている。彼女は来世を歴訪したとされ、そこで遭遇した煉獄や地獄の死者の苦しみをみて「産婦のように叫んだ」という。クリスティーナはいくつかの奇跡とともに周囲の人々から聖人のような待遇を受け、市内の聖カタリナ修道院に入ってからはむしろ沈黙の生活を営んだという。死後その遺体（聖遺物とみなされた）はいったん市外の女子修道院に移葬されてから、市内に移されて現在のレデンプトール会の教会に安置され、今に至っている。

一三世紀の後半のイタリア中部コルトーナで活動したマルゲリータは、フランシスコ会の第三会（世俗生活を営みながら修道規律を守る信徒の会）に入会した人物であり、身分的には俗人である。その生涯はフランシスコ会士ジュンタ・ベヴェニャーティによって聖人伝としてまとめられたが、彼女が聖人として列聖されるのは一八世紀になってからである。

伝記によれば、マルゲリータは若い時に別の地で貴族の愛人として過ごしたが、愛人の死とともにキリストの声が回心を呼びかけ、居所を去ってコルトーナにたどり着いた。同地で贖罪を行う女性のグループに招かれ、信心深い生活を送るとともに助産婦として活動した。そしてフランシスコ会修道士の指導を受けるようになり、第三会に入会することになる。その後、コルトーナ市の指導的な立場にあったカザーリ家のウグッチョの支援で慈善施設を建てるとともに、その神秘体験が周囲に評判となってゆく。その体験の一つは、キリストと一体化して受難の様子を周囲の人々に語るというもので、次第に多くの人々が集まってマルゲリータの話を聞くようになったという。たとえばフランシスコ会の聖堂でのミサ中に、マルゲリータはキリストの受難の様子を目の当たりにして、彼女に耳を傾ける周囲の者につぎのように伝えたという。

あの方がピラトの宮殿から引き出され、町の門の外へ連れていかれるのが見えます。シモンが十字架を背負うよう強いられるのが見えます。あの方は釘を打たれ、そして主の両側には盗人たちがいます……主は母を弟子に、いとこを母に託しています……私の魂は、槍を握った盲目のロンギヌスが、十字架のもとに導かれるのを見ています。彼は私の主の尊い血によって、ふたたび見えるようになります」（白川太郎訳、ジュンタ・ベヴェニャーティ『マルゲリータ・ダ・コルトーナの生涯と奇跡に関する事績録』）

マルゲリータを聖人として敬う者が増えたが、これを疑う者も少なくなかったという。マルゲリータが亡くなると、その遺体を聖遺物として拝む者が集まった。そして一四世紀になってコルトーナ市が自立性を高めると、都市の有力者カザーリ家はマルゲリータを都市の守護聖人とし、命日の二月二二日を都市の祝祭日と定めた。しかし教皇による列聖を得るためには政治力と経済力が必要とされ、コルトーナは教皇に対立する皇帝派であったことから、列聖は困難であった。

キリストの受難への信心

クリスティーナ・ミラビリスとほぼ同時期に、同じフランドルのイープルで活動したマルガレータの生涯も、ドミニコ会修道士トマ・ド・カンタンプレによって伝記として残された。マルガレータは、ドミニコ会修道士の指導のもとに結婚せずに、俗人のまま贖罪者として生きる道を選んだ。彼女は多くの会衆のなかで説教を聞いているあいだに、感極まって叫ぶことがあったという。キリストの聖体と受難に強い信仰心を持っていて、キリスト磔刑像《たっけいぞう》の前で泣き叫んで、裸になって自らの体を打ちつけたこともあった。

同時期にリエージュで活動したコルニヨンのジュリアーヌはアウグスティノ参事会の修道女で、子供のころから聖体への信仰心が強かった。同地域のベギンの女性たちが、聖体礼拝を盛んに行っていた影響も示唆されている。前章で触れたように、キリストの最後の晩餐《ばんさん》の記念である聖体は、この時期に信徒にも定期的な拝領が義務づけられ、説教の例話集（エクセンプラ）に多く取り上げられていた。一二二五年にリエージュ近郊のモン・コルニヨンの修道院長となったジュリアーヌは、聖体への礼拝を広めることに努めた。のちに教皇となる司祭長ジャック・パンタレオンやリエージュ司教をはじめ多くの聖職者の支援を得て、一二四六年にはリエージュで聖体の祝日が定められた。きっかけとなったのは、ジュリアーヌの見た幻視であったという。

教皇ウルバヌス四世となったジャック・パンタレオンは、一二六四年に全教会でキリストの聖体の祝日を定め、聖三位一体の祝日のあとの木曜日を祝日とし、顕示台に入れられた聖体が聖堂に置かれ、昼夜を通して礼拝の対象とされた。一四世紀になって聖体行列が行われ、聖体を顕示台に容れて聖歌を歌いながら各地を巡回する儀式が行われるようになった。この習慣は広くカトリック世界に普及することとなり、現在でも行われている。

一三世紀後半から一四世紀初頭にイタリア中部の都市フォリーニョで活動したアンジェラは、四〇年のあいだ世俗で生活したあと、清貧と祈りの生活に入った。フランシスコ会の厳格派の代表者カサーレのウベルティーノとコンタクトがあった。アンジェラもクリスティーナ同様に、磔刑図を見ただけで「熱が私を襲い、私は病気になった。だから私の仲間の女性が、私から受難の絵を隠した、あるいは隠そうとつとめた」（後藤里菜訳）。またアンジェラの伝記は受難のキリストに倣った身振りをすることを、キリスト自身から勧められたことを伝えている。なお、さきに紹介したコルトーナのマルゲリータも、受難のキリストやマリアを身体的に追体験することを願い、「激しい苦しみゆえに、歯ぎしりをしたり虫のように体をよじったりしていた」（後藤里菜訳）という。

一四世紀には、フランシスコ会修道士ヨハンネス・カウリブス作といわれる『キリストの生涯についての瞑想』のような、キリストの生涯（とくに受難）を回想する瞑想の手引書が広まる。そのなかには苦しみの場面で身体の動きを伴うものもあり、アンジェラやマルゲリータの体験は同様の瞑想指導としても尊重されたことであろう。アンジェラは正式に列聖されることはなかったが、地域限定で聖人として礼拝することが認められ、教皇ピウス十世によって祝日が命日の一月四日と定められた。

なお、キリストやマリアの生涯の場面を回想して、その苦しみや喜びを共有する祈りは、「十字架の道行き」や「ロザリオ」などの信心業として、中世後期から対抗宗教改革の時代に、カトリック圏で聖職者のみならず一般信徒のあいだでも広まるようになる。聖なるものを拝んだり触れたりするだけでなく、個々に共有し瞑想する時代に入ったといえよう。

中世末期の女性たち

一四世紀から一五世紀にかけて同じような神秘体験をした女性として、イタリア西部のリミニで活動したキアーラや、バイエルンで活動した修道女マルガレータ・エープナーなどが挙げられる。とくにイングランドの神秘家マージェリー・ケンプは、英語による口述の自伝『マージェリー・ケンプの書』が広まって、知られることとなった。研究も多く、日本でも久木田直江氏などによる史料訳や研究書が出版されている。マージェリーはノーフォーク州のビショップス・リンに生まれ、結婚して一四人の子供を産んだ。最初の子供が生まれたころから幻視を見るようになり、キリストやマリアをはじめ多くの聖人と対話とするようになった。キリストのお告げによって、日曜に聖体拝領をして、頻繁に告解し、ロザリオの祈りを行うなど敬虔な生活を営んだ。そして宗教的な体験を『マージェリー・ケンプの書』として口述筆記で残した。

『マージェリー・ケンプの書』によれば、マージェリーはキリストの受難を回想し、時として感情的に高まって叫び声をあげたという。周囲の人のなかには、これを悪魔憑《つ》きか病気と思って、非難する者もあった。ただマージェリーが聖体を拝領したあと、人知れずむせび泣いたところを見た司祭は、マージェリーが人に見せびらかすために嘆いているのではないと確信したという。また、人の少ないところで嘆いているマージェリーの姿を見た別の司祭も、同じような確信を抱いている。ただマージェリーは異端の嫌疑をかけられたこともあり、ネガティヴな評価もあったことがわかる。『マージェリー・ケンプの書』が書かれたころに、フランスで活動したジャンヌ・ダルクをめぐってもさまざまな評価があるように、俗人が幻視を見ることについては疑いの目もあったのであろう。

マージェリーは、スウェーデンの神秘家女性ビルイッタの書物に啓発されて、聖地エルサレムを巡礼した。彼女はキリスト、マリアの生涯にちなんだ場所や、聖書に登場するキリストゆかりの人々の足跡をたどった。その後、サンティアゴ・デ・コンポステラ巡礼を行い、故郷に戻る。マージェリーには常に異端者の嫌疑がかけられたこともあってか、正式に列聖されることはなかった。ただイギリスの国教会では彼女の祝日が定められている。

2　南仏のマリアたちと民衆の祭り

人として生きたキリストや聖母マリアへの礼拝が進むとともに、聖書に登場するキリストゆかりの人物への崇敬が盛んになり、聖書正典に記されていない伝承も拡大していった。たとえばキリストの弟子だったヤコブが地中海を超えて布教して、殉教ののち遺体がイベリア半島に葬られた、というように伝承が膨らんだことについては、墓への巡礼の流行とともに第5章で考察した。

フランスでは、マグダラのマリア、マルタ、司教トロフィームのように、聖書に登場する人物にまつわる伝承が広まった。これらの人物（聖人）は、新約聖書の冒頭の『福音書』や『使徒言行録』に、キリストやその弟子（十二使徒）を取り巻いていた人物として描かれて、わずかな記述しかない者もある。キリストの弟子としては「十二使徒」がよく知られ、ペテロやヨハネについては聖書の記述も詳しい。ただ『ルカによる福音書』第一〇章一節に「そののち、主はほかに七二人を任命し、ご自分が行くつもりのすべての町や村に二人ずつ先に遣わされた」とあるように、使徒のほかに多くの人々が弟子として付き従っていたことが推察される。

マグダラのマリアの歯を納めた聖遺物容れ（14世紀、フィレンツェ）

さらにキリストに奇跡を嘆願し、キリストによって改心した人々の記述も『福音書』に散見され、彼らが素朴な人柄で、感情をあらわにして泣き叫ぶ姿が描かれている。キリストの受難後に、使徒たちが地中海世界（ローマ帝国）へ広い布教活動を始めると、『使徒言行録』には使徒ゆかりの人物や場所の記述はさらに増えたため、「言い伝え」（レゲンダ）の温床が豊かになってゆく。前述の聖ヤコブ伝承のように、南フランスではマグダラのマリアやマルタがカマルグの地に漂着した伝承、使徒パウロに付き従ったトロフィームがアルルで布教した伝承などが広まり、それぞれの墓がボーム、タラスコン、アルルで「発見」されて多くの巡礼者が参拝した。

これらの伝承は第8章で紹介した『黄金伝説』に記載されていることから、中世の西ヨーロッパにすでに広まっていたものと思われる。これらの聖人たちは、殉教者でも聖書記述者でもなく、キリストに涙ながらに訴えたり、罪深い人生を送りながらキリストに赦されたりするなど、民衆にとって近しい人物として愛され、それぞれの祝日にはゆかりの地で大きな祭りが行われた。その一つタラスコンの町では、現代でも「聖女マルタの竜退治」の祭りがマルタの祝日に市民と教会によって行われ、サント・マリー・ド・ラ・メールの地では祝日にサラ（マリアたちの侍女であったといわれる女性）の彫像が「お神輿《みこし》」のように担がれて海に入る祭りが行われる。

以下では、聖人たちの物語が民衆に愛されるように「創作」されていったこと、聖人の祝祭行事に民衆が大きく関わるようになっていったことについて、南仏の聖人たちを中心に考察してゆきたい。

南仏プロヴァンスに漂着したマリアたち

『黄金伝説』に収録されている「聖女マルタ」の伝記には、キリストの死後に弟子たちが宣教を始めたころ、迫害によってマルタをはじめ多くの信徒が舵のない船に乗せられたことが、つぎのように記されている。

マルタは不信の徒の手にかかり、弟のラザロ、妹のマグダラのマリア、それにマルタに洗礼を授けて聖霊によって彼女の保護者と定められた聖マクシミヌス、そのほか多くの人々とともに舵のない船に乗せられ、櫂も帆もなく食料もないまま海上に放り出された。しかし一行は、神の思し召しによってマルセイユに着いた。そこからエクス（プロヴァンスの東部）地方に行き、この地の人々をキリスト教に改宗させた。（前田敬作、西井武訳、一部改）

ここに記されているエルサレム近郊のベタニアに住んでいたマルタとマリア（聖母マリアとは別人）とラザロの三きょうだいは、『ヨハネによる福音書』第一一章に「キリストに愛されて」いたとされ、ラザロ蘇生の奇跡とともに記されている。またマルタとマリアの姉妹にキリストが語りかけるエピソードが、『ルカによる福音書』第一〇章に記されている。

この「ベタニアの三きょうだい」は、聖書での登場場面は使徒たちほど多くないが、キリストに関わる印象的な役割を演ずるバイプレーヤーといえる。三きょうだいの一人マリアは、葬られたキリストに香油を用意した「キリストに七つの悪霊を追い出してもらった」マグダラのマリア（『マルコによる福音書』第一六章、『ルカによる福音書』第七章、第二四章）と、「罪深い女」（『ヨハネによる福音書一二章』）と、早い段階で同一視されていたようである。聖書の記述からは、「ベタニアのマリア」と「マグダラのマリア」と「罪深い女」を同一視する論拠は見いだせないが、ローマ・カトリック教会では六世紀に教皇グレゴリウス一世が説教でこれを同一視したことで、いわばお墨付きが与えられた。古代ローマ社会と同じく、聖書の時代のユダヤ社会も名前のヴァリエーションが少なく、マリアだけでなく、ヤコブ、ヨハネ、ユダなど聖書に登場する重要な人物にも同名の別人が記載されている。

複数のマリアを同一視したのも、三きょうだいが南仏に漂着した伝承が広まったのも、西欧の人々が聖なるバイプレーヤーたちに抱いた強い思いの発露と考えられまいか。聖なる人や聖なるモノへの願いが伝承を生み、拡大し、広め、社会効果を生んでゆくのが、中世西ヨーロッパ（ローマ・カトリック世界）の文化の大きな側面ともいえる。

サント・マリー・ド・ラ・メールと海のマリアたち

むしろ愛されたバイプレーヤーたちについての聖書の記述は少ないことが、西ヨーロッパの人々の豊かな想像力を掻《か》き立てて、多くの伝承を生んだのかもしれない。『黄金伝説』は海に放り出されたマリアたちがマルセイユに到着したとしているが、一〇〇キロ近く西に離れたカマルグの湿地帯に着いたという伝承もある。それは六世紀に遡り、一二世紀には同地に到着した聖なる人々の墓所も特定された。そしてその地はサント・マリー・ド・ラ・メール（「海の聖マリアたち」の意）と呼ばれるようになった。

『黄金伝説』が書かれた一三世紀に、ティルベリのゲルヴァシウスが皇帝オットー四世のために聖人伝や不思議話を集めた書『皇帝の閑暇』にも、サント・マリー・ド・ラ・メールの記述がある。すなわち同地の礼拝堂には、祭壇下に聖人たちの遺体が納められていて、そのなかに「主の墓に香油を携えてやってきた二人のマリアが含まれている」とある。一四世紀にフランスのカルメル会修道士で年代記記者のジャン・ド・ヴネット（フィヨンとも）も、聖なるマリアたちの聖遺物がサント・マリー・ド・ラ・メールに埋葬されていることを記している。

そして一五世紀のプロヴァンス伯で、「善王」（ナポリ・シチリア王国の王を兼務したため王と呼ばれた）ルネは、芸術の保護者として後世に大きな足跡を残しているが、サント・マリー・ド・ラ・メールとマリアたちの関わりを確かなものとものとし、伝承の信頼性を高めるべく尽力した。一四四八年、彼は当時の教皇ニコラウス五世の承認を得て、宮廷のあったエクス・アン・プロヴァンスの大司教の指揮のもとで、サント・マリー・ド・ラ・メール礼拝堂の地下を発掘させ、聖なる人びとの遺体を発見した。遺体は芳香を放ったことから（遺体発見記や移葬記ではよくある記述）、これらが聖なる遺体（聖遺物）であることを確認した。その年末にルネは、王妃をはじめ三〇〇人にも及ぶ聖俗の主だった人々を伴って、サント・マリー・ド・ラ・メールの礼拝堂を訪れた。マルセイユとサント・マリー・ド・ラ・メールの両地を統治するルネが、後者を聖なるマリアたちのゆかりの場として礼拝地としたのは、この伝承がプロヴァンスで育まれ、信じられていたことを示唆するのかもしれない。

サント・マリー・ド・ラ・メール聖堂の外観

ドミニコ会修道士で高位聖職者となったヤコブスが執筆した『黄金伝説』が「超地域的」な百科全書であるのに対し、プロヴァンスで醸成された「ご当地伝承」が地元のルネ伯の尽力もあって広まってゆくプロセスは注目すべきである。

時代は下って一八世紀末にフランス革命が起こると、サント・マリー・ド・ラ・メール教会と聖遺物は破壊の危険にさらされた。幸いコンクの事例と同様に、貴重な聖遺物は地元の人々によって運び出され、のちに教会の神聖な場所に戻された。そして一九世紀から二〇世紀初頭にかけてプロヴァンス語で執筆活動を行い、ノーベル賞を獲得したフレデリック・ミストラルは、サント・マリー・ド・ラ・メール教会とマリアたちの伝承を、自らの作品『ミレイユ』に組み込んでいる。物語の舞台はプロヴァンスで、少女ミレイユと少年ヴァンサンの恋が語られる。しかし身分違いのために一緒になることができなかった二人は、サント・マリー・ド・ラ・メール教会に詣で、ミレイユはマリアたちに奇跡を願う。するとマリアたちが出現し、自分たちがエルサレムから櫂《かい》のない船に乗せられて地中海をさまよったこと、奇跡によってローヌ川の岸辺（サント・マリー・ド・ラ・メール）に上陸したこと、そののち南仏プロヴァンスを布教して回ったことなどを詳しく語る。

フレデリック・ミストラルは、プロヴァンスで醸成された「海のマリアたち」の伝承を、プロヴァンス方言で文学作品に昇華させたといえよう。なお彼が語る物語で、船で漂着した聖人たちとして挙げられているのは三人のマリア（マグダラのマリア、マリア・ヤコベ、マリア・サロメ）、サテュルナン、マルシアル、マクシマン、トロフィーム、シドニウスなど聖職者、ベタニア三兄弟のラザロとマルタ、さらに侍女サラ、そしてエウトロペ、アリマタヤのヨゼフ、マルセル、クレオンなどである。サテュルナンは三世紀のトゥールーズ司教、エウトロペは三世紀のオランジェ司教でともに殉教者、シドニウスは五世紀のクレルモン司教で、それぞれ実在の人物だが時代がずれている。アリマタヤのヨゼフは聖杯伝説で名高く、ピラトにキリストの遺体の引き取りを願った人物だが、プロヴァンスで活動した形跡はない。サント・マリー・ド・ラ・メールにまつわる伝承は、フランスのキリスト教初期の重要人物が一九世紀に至るまで伝承に取り込まれてゆき、民衆のあいだで信じられていたことを示している。

今に残る聖女たちへの祈りと祭り

現在サント・マリー・ド・ラ・メールを訪れると、主として一一世紀から一五世紀にかけて建造

サント・マリー・ド・ラ・メール聖堂の内陣

サント・マリー・ド・ラ・メール聖堂の内部

された聖堂に参拝できる。それは要塞としても使える堅固な壁に囲われた聖域で、ロマネスク様式のシンプルな構造は、薄暗く狭い空間が厳粛な雰囲気を醸し出している。奥に進むと、一段高い内陣は八本の柱で支えられていて、柱の頭は美しい彫刻で飾られている。これを「上の礼拝堂」と呼ぶこともあり、ミレイユが祈りを捧げて息を引き取るのもこの場である。また聖なるマリアたちの聖遺物は、「上の礼拝堂」の上部の壁に埋め込まれている。また聖なるマリアたちが乗ってきたとされる舟も置かれている。

加えて多くの参拝者を集めるのは「下の礼拝堂」のサラ像である。サラは黒人で聖なるマリアたちの侍女であったと伝えられ、船が海に出た時に陸地に残されて嘆いていたが、神のお告げによって衣を海に投げ、それに乗って船にたどり着いたという。低い身分で、聖女たちに献身的につくし、神によって願いがかなったサラは、民衆にとって親しみやすい人物像なのであろう。黒い顔をしたサラ像の脇には、いまでも松葉づえやギプス

サント・マリー・ド・ラメールの聖女の像の行列

サント・マリー・ド・ラ・メール聖堂で
5月24日に降ろされる聖遺物

が置かれていることから、お礼参りに来る人が引きも切らないことが窺える。

また教会壁面には、主に一九世紀に奉納された絵が数多く飾られていて、古いものは一六世紀のものである。これはex-votoと呼ばれ、その多くは家族の病気平癒を聖なるマリアたちに感謝したもので、四角い板に祈る家族と病人が描かれ、絵の下に感謝の言葉が西暦年とともに記されている。日本の絵馬は願をかけるときにかけるが、こちらでは願いがかなったときにお礼参りとして奉納することが多い。

そして現在でも五月二四日（聖なるマリアたちの一人、マリア・ヤコベの祝日）には、聖職者の先導で信徒たちが賛美の祈りを唱えつつ、聖遺物箱を安置されている壁から降ろして、祭壇上に安置する儀式が行われる。これは聖女たちが遠方から当地を訪れたことを記念するものといわれる。狭く薄暗い聖堂はろうそくを持った民衆で満ち溢れ、聖遺物箱が移動する際には皆が触れようとして、テンションは最高潮に達する。翌二五日には伝統衣装に着飾った人々と聖職者が、聖女たちの像を教会から担ぎ出して、聖歌を歌いながらお神輿のように海岸へ運ぶ。そして海に浮かべることで、聖女たちの到着を記念するのである。

聖女たちの像とともに、黒い顔をしたサラの像が、ロマの人々に担われて海に向かう。

サラは聖女たちの侍女と伝えられるが、その記述は聖書にはない。しかし先のエピソードのように、素朴で一途な思いを抱いて、神に祝福されたという生涯が民衆に愛され、その黒マリアのような像に奇跡を願って奉納する人は絶えない。いつしかサラはロマの人々の篤い信仰の対象となり、この祭りの日には各地からロマの人々がこの祭りに参加すべく集まり、小さな町は彼らのキャピングカーで賑わう。キリスト教徒ではないロマの人々の信心を集めるのは、聖人や聖遺物への礼拝の懐の深さを示しているようである。聖なるマリアたちの祭りは、キリスト教と民間信仰の入り混じった行事となり、日本のお祭りのように聖職者と民衆がともに営むかたちになって発展し、継承されていることに注目したい。ちなみにサント・マリー・ド・ラ・メールの町では、サラ像の神輿を担ぐ地元産の人形（サントン）や、身に着けるお守りも売っている。

聖女マルタの怪物退治

聖女マルタ（フランス語ではマルト）は、前述したように『ルカによる福音書』第一〇章でキリストをもてなして言葉を交わす記述があり、『ヨハネによる福音書』第一一章では兄弟ラザロが死んだことを嘆いてキリストに取りすがる姿が記されている。前者は自分がキリストをもてなすため立ち働いているのに、姉妹のマリアが何もしないことをキリストに「言いつけた」ところ、逆にマルタは「多くのことに思い悩み、心を乱している」とたしなめられるエピソードである。

後者ではマルタがキリストに「主よ、あなたがここにいてくださいましたら、わたしの兄弟（ラザロ）は死ななかったでしょうに」と嘆く。これにキリストが「あなたの兄弟は復活する……生きていて私を信じる者は誰も決して死ぬことはない、これを信じるか」と語ると、マルタは「はい、主よ、あなたが世に来られるはずの神の子、メシアであるとわたしは信じています」と答える。そしてキリストは墓に出向いてラザロを蘇生させる。聖書にはマルタという人物についての情報はほとんどないが、高い身分を持たない村の女性で、キリストに対して素朴で純粋な信仰を持ち、キリストがメシアであるとの信仰告白をしている。

いずれにせよ、民衆にとっては使徒や聖職者の聖人よりも近づきやすい人物であろう。マルタは、兄弟のラザロとマリアとともに、プロヴァンスの民衆と教会に「招かれた」といえよう。

『黄金伝説』でマルタはマルセイユに到着したあと、「エクス地方（プロヴァンス東部）に行き、この地の人々をキリスト教に改宗させた。聖マルタは話がたいへん上手で、すべての人々に気に入られた」（前田敬作、西井武訳。一部改）。聖書のわずかな記述からも、マルタは活動的で、キリストに積極的に願い事を伝えるなど弁がたつ女性であったことが窺える。『黄金伝説』は続いてマルタの竜退治の話となる。

そのころアルルとアヴィニョンの中間あたりの、ローヌ川の向こうにある森の中に半獣半魚の竜が棲んでいた。胴体は牛よりも太く、馬よりも長く、歯は剣のようで、先が角のようにとがっていた。全身が固い鱗でおおわれていた。水中に潜み、通りかかった人々を食い殺し、船を沈めた。

聖マルタは人々にたのまれて、この竜の退治に出かけることになった。おりしも竜が一人の人間を食らっているところに出くわした。彼女はすぐさま竜に聖水をふりかけ、十字架を突き付けた。するとたちまち竜は降参し、子羊のようにおとなしくなった。彼女は腰帯で竜をしばった。やがてほかの人々も到着し、石と槍で竜を打ち殺した。ところで人々は、この竜のことをタラスクと呼んでいた。この地方は、それにちなんで今日でもタラスコンと呼ばれている。

この怪物については、『黄金伝説』の半世紀ほど前に書かれたティルベリのゲルヴァシウスの『皇帝の閑暇』（第八五章「ラミア、ドラクスそして幽霊」）にもつぎのように記されている。「タラスコン城の岩の下、そこではキリストの女主人で、ラザロとマグダラのマリアの妹である聖マルタの時代以来、かの最悪の海蛇レヴィアタンの一統の蛇たるタラスクが、ローヌ川を渡る人々を貪ろうと隠れているのです」（池上俊一訳、一部改）。ここにはタラスクとマルタの名は記されているが、マルタがこれを退治したというエピソードはない。

聖女マルタの竜退治

二〇世紀半ばにタラスク祭りに関する調査を行い、初めて本格的な研究を刊行したルイ・デュモンによれば、マルタとタラスクが一緒に描かれた図像の最も古いものは、一四世紀にアルルのサン・トロフィーム聖堂回廊の柱頭彫刻であり、それも「タラスク退治」とは断定できないという。おそらくマルタ伝とタラスク伝説はもともと別のものであって、一三世紀の後半に一つに結びつけられて『黄金伝説』に反映されたのかもしれない。そして一五世紀に善王ルネがタラスコンの町でタラスク祭りを組織的に始めたことで、民衆のあいだに定着したとも考えられる。善王ルネがプロヴァンスに聖女や聖人が漂着した伝承を確認し、礼拝を推進したことは前述した。

タラスク祭り

タラスコンにおける祭りの最古の記録は、一四七四年に善王ルネが、タラスコンの市参事会にマルタとタラスク祭りの実行委員であるタラスケルの設立を命じたことに遡る。その後、祭りがどのように行われていたのかについては、残念ながら史料が残されていない。しばらくたってフランス革命の前夜、一七八七年にプロヴァンスの地誌家アシャールが記録したのが祭りの最初の詳細な記述とされる。さらに一九世紀になってフレデリック・ミストラルが祭りの見聞記を残している。それによると、聖霊降臨祭の月曜日のミサのあと、市民たちがマルタ役を務める少女を囲んで行列を行い、暴れまわるタラスクがおとなしくなると、その周りでプロヴァンスの踊りファランドール（プロヴァンスの踊り）を輪舞したという。

タラスク祭りで使われるタラスクの山車

この祭りは現在でも行われており、蔵持不三也氏が一九九二年に行われた祭りについて詳しい報告と研究を刊行しているので、かいつまんで紹介したい。六月二六日午後六時に町の聖マルタ教会の鐘が鳴り、ローヌ川にかかるボーケール橋と教会のあいだのパノラミック館の前に、体長五二〇センチ、高さ二四〇センチの緑色の胴体に車輪のついた怪物タラスクが、三人の若者（タラスケル）によって運ばれてくる。見物人が見守るなか、六時二〇分に司祭長がタラスクに聖水を振りかけて十字を切って祝福する。この日にタラスクは、通常置かれている「タルタランの家」に戻る。翌二七日にさまざまな行事が行われるが、タラスクの出番はない。

つぎの二八日の午後三時半からタラスクやタルタランを含む三三のグループからなる二〇〇〇人の行列が、二時間半をかけて町中を練り歩く。軍楽隊、農民の山車、子供、牧童などに続き、二六番目にタラスクが続いたという。タラスクは時折走りだしたり、子供の頭を口に入れて泣かせたりする。行列のなかには、直径一メートルに満たない小さいタラスクを紐で引く少女がいる。これはマルタがタラスクを飼いならしている姿と思われるが、不思議なことに行列のリストに載っていないという。

蔵持氏によると、一八世紀から一九世紀に書かれた史料では、タラスクはもっと激しく暴れまわり、聖女マルタ役の女性が聖水によってこれを鎮め、群衆はこれに花を投げて祝福したことが記されているという。フレデリック・ミストラルの『一八六一年のタラスク祭り』によると、ミサのあとタラスケルたちは行列の先頭を進み、農民、庭師、船頭、牧童などのグループが続き、中ほどに白いローブに青いヴェールを被り聖水をもったマルタ役の少女がいるという。そしてタルスケルたちは兵舎からタラスクを引き出し、暴れまわる。


突然タラスケル長はタラスクの鼻に挿した花火に火をつける。すると腹の突き出た怪物は鼻から火を出しながら、まるで渦のように走りだす……威嚇的なタラスクは、まるで生きていると思えるほどに飛び跳ね、鼻から火を放ちながら、さながら地獄から飛び出たサイクロンのように、町中を疾駆する……怒り狂った太鼓がいつまでもラガディガディウという響きを聞かせる限り、鞭で怪物の尾をはたき続けるのだ。（蔵持不三也訳）

革命前夜の一七八七年に、地誌研究者アシャールが残した記録にも、いまでは失われたタラスクの荒々しい姿が描かれている。「タラスクが登場するが、そのきわめて長い尾は一本の梁からできていて、どんな方向にも動け、つめかけた群衆の中に入って、見物人たちをたいへんな危険にさらす……暴れるタラスクに誰かが攻撃されるや、人々は喝采し、大声でこう叫ぶのだ。《エラ・ベン・フェ》（タラスク、いいぞ）」（蔵持不三也訳）。

ミストラルの記述と同様に、タラスクが暴れまわる様子が記されていて、尾に力があると信じられていたことがわかる。さらに暴れるタラスクに歓声が上がるのは興味深い。祭りのテンションが最高潮に達していたとも考えられるが、おそらくタラスクは単にマルタに飼いならされる悪役なのではなく、その荒ぶる力が民間信仰の対象になっていたと思われる。ローヌ川流域を中心としてプロヴァンス地方には、古くから川に住む怪物の言い伝えがあり、アヴィニョンには石像が残っている。それはキリスト教以前に民衆に信じられていた精霊（神々）の一つで、水の力など自然の強さを象徴するものであろう。

前述のように本来は別のものであったマルタ伝説とタラスク伝説が交わった経緯は、つぎのようなものであったと推察される。怪物への異教的信仰はキリスト教化に伴って否定されるべきものであったが、プロヴァンスで聖女マルタが布教した伝承が広まると、「竜退治」のエピソードがマルタ伝承に組み入れられ、荒々しい怪物タラスクは聖女に飼いならされるというストーリーのなかに生き延びることができた。おそらく民衆はタラスクを、キリスト教化のあとも荒ぶる神として恐れ敬い続けたと推察できる。一五世紀以降に確認できるタラスク祭りは、善王ルネによってタラスコンの市民に運営が付託され、近代を通して市民たちが主体となって行っていた。このように考えると、怪物タラスコンに歓声があがり、これを飼いならした聖女マルタにも花が投げられていたのは納得できる。

なお一九五二年の祭りで、タラスクが暴れて観客の一人が尾で怪我をした。「事故」の再発を防いで、尾は翌年から上に巻かれるようになったという。蔵持氏が報告しているように、現在の祭りでは、タラスクは子供を怖がらせるものの狂暴性はなくなり、マルタも脅威を鎮めるヒロインから可愛らしい少女となり、聖職者の祭りでの役割は希薄となって市民たちが存在感を増した。祭りは地元の伝統行事という要素は残しつつ、世俗的なアトラクションという性格を帯びるようになった。

3　聖遺物のコレクションと顕示

第6章で述べたように、一三世紀にルイ九世（聖王）はキリスト受難やマリアなど聖書ゆかりの聖人や天使の聖遺物を集め、フランス王の権威（あるいは皇帝権の継承）の証としてサント・シャペル礼拝堂に安置し、決まった日にこれを民衆に顕示した。聖遺物のコレクションは、カール大帝の時代に遡り、一一世紀ころにコンク、クリュニー、スタヴロ・マルメディなどの修道院が豊富なコレクションを保有していたことが、残されたリストによってわかる。

聖遺物の由来とともにリストの構成からも、それぞれのコレクションの特性を読み取ることができる。概して地域の聖人や修道院や教会の創立者に重きがおかれる傾向にあるが、中世の後半になると受難の聖遺物が中心となり、マリアや使徒たちのものがそれに次ぐ地位を占めてゆく。そして世俗の君主たちが聖遺物コレクターとなり、聖遺物にまつわる祝祭は市民たちが行うようになってゆく。このあたりの経緯は、マルタとタラスコンの祭りと通じる面がある。

神聖ローマ帝国の聖遺物コレクションと祝祭

秋山聰氏は『聖遺物崇敬の心性史』という包括的かつ実証的な研究で、神聖ローマ帝国の主要都市で中世後期から定期的に行われた聖遺物を民衆に顕示する儀式を、聖遺物展観として詳しく紹介している。

まずカール大帝ゆかりのアーヘンの聖母大聖堂が所有している四つの主要な聖遺物（マリアの衣、キリストの産着、洗礼者ヨハネの首をくるんだ布、キリストが磔刑時に身に着けていた腰布）が、一三一二年に初めて顕示された。そして一三四九年以降、七年に一度の顕示が定着し今日にいたっているという。秋山氏は一五一〇年にアーヘンでこれを見学したメッスの市民フィリップ・ジェラール・ド・ヴィニュールの記録を紐解き、その式次第を紹介している。それは九時ころに聖職者の合図で開始し、四大聖遺物が一つずつ、聖母大聖堂の塔の上の架橋部分に運ばれ、人々に示された。人々の熱狂は高まり、「台地が揺れるほどであった」という。集まった群衆に聖遺物が一つずつ説明付きで顕示される点は、祝祭日に祭壇に聖遺物がおかれる行事や聖遺物を伴う行列とは大きく違う。この聖遺物顕示は、通常の行事や巡礼よりも多くの「贖宥」を得られるとされたため、多くの人が集まった。

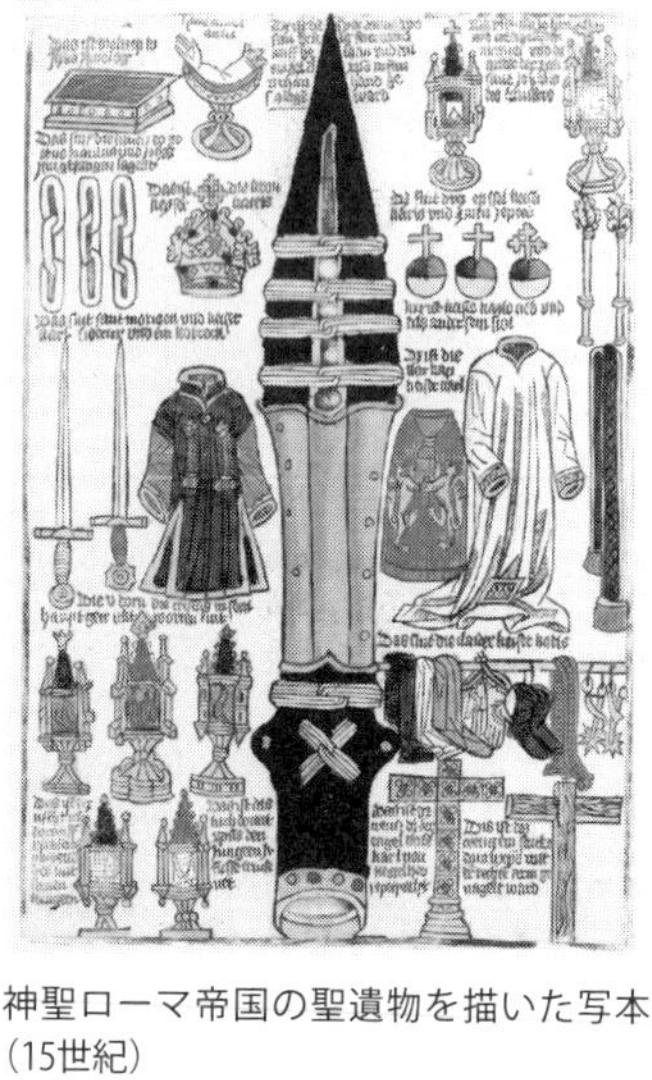

神聖ローマ帝国の聖遺物を描いた写本（15世紀）

一三世紀の半ばから中世の後半に、教皇が贖宥を出すことが増えたことについては第7章で述べた。特定の礼拝堂や聖人の墓に詣でることに教皇が贖宥を与えることは崇敬や巡礼を促し、地域共同体に宗教的なステータスだけでなく大きな経済的な効果を与えたのである。贖宥は免罪と訳されることも多いが、厳密には犯した罪に対する償いが軽くなることを意味する。一六世紀になって、教会の贖宥状発行にルターが異を唱え、聖人礼拝や聖遺物礼拝など信心業によって罪の償いが減じられたり、懺悔によって罪が消えたりすることに疑問を呈した。すなわちルターは、救われるかどうかは神が決めることであって、信心業など善行を積み重ねても救済されるとは限らないと考えた。ルターの主張は大きな賛同を得て、宗教改革が始まった。これは本書で扱う聖性の歴史にとっても、大きな転換点となったのである。いってみれば聖遺物顕示の儀式を行う神聖ローマ皇帝のひざ元で、宗教改革が展開していったことになる。

帝国都市での帝国宝物との聖遺物の顕示

宗教改革前夜の中世末期に話を戻すと、町（の教会）が保有する聖遺物を、定期的に高台に顕示して一つずつ説明する習慣は、神聖ローマ帝国の各都市で行われていた。なかでも「帝国の宝物」がおかれたニュルンベルクについては多くの記録が残り、秋山聰氏が『聖遺物崇敬の心性史』のなかで詳しく論じている。これをもとに紹介してゆこう。

帝国の宝物は、帝国権標（正当な君主であることを示す象徴的な物）、戴冠式装束、帝国聖遺物からなる。帝国権標は冠、宝珠、帝国剣、儀仗剣、王笏《しゃく》などである。戴冠式装束はダルマティカ（聖職者が着るような長い幅の衣）、アルバ（白い祭服）、ストラ（肩からかける飾り）、手袋、足袋、靴、帯。おもな聖遺物としては、聖槍（聖釘《せいてい》が入っている）と真の十字架を入れた十字架、洗礼者ヨハネの歯、聖アンナの腕などである。

聖遺物を含むこれらの宝物は、保持する皇帝が正当な継承者であることを意味する、いわば三種の神器のような役割がある。これらの宝物がバーゼルで公開されたのは、一三一五年のことであったといわれる。帝国宝物を持たないヴィッテルスバッハ家のルートヴィヒがアーヘンで即位式を挙行した際、帝国宝物を持つハプスブルク家のフリードリヒ美公は聖霊降臨の日にこれを公開し、皇位継承の正統性を誇示した。この時に顕示されたのは、聖槍、聖釘、十字架の欠片、カール大帝の冠、カール大帝の剣と聖マウリティウス（ローマ時代のテーベ軍団長で殉教者。聖槍を保持していたともいわれる）の剣などであった。そののちヴィッテルスバッハ家のルートヴィヒはハプスブルク家のフリードリヒ美公との戦いで勝利し、帝国の宝物を獲得してニュルンベルクとレーゲンスブルクで公開した。その後は帝国の宝物をミュンヘンの館に保管したという。

一三四六年にルクセンブルク家のカール四世は、帝国宝物を持たずに即位した。その後、外交交渉を経て、先帝ルートヴィヒの子ブランデンブルク辺境伯ルートヴィヒから帝国宝物を獲得することができた。カール四世は帝国宝物の顕示と贖宥の付与を教皇クレメンス六世に求め、教皇はこの行事に参加した者に七年と二八〇日の贖宥を付与した。すなわちこの行事に参加することで、罰を償う期間が七年と二八〇日分免除され、天国へ行くのが早まるのである。つぎの教皇インノケンティウス六世は、一三五四年に復活祭後の第二金曜日を「聖杯と聖釘の祝日」に制定し、この日に帝国宝物の顕示を認めた。そして一三五六年にプラハでこれを挙行したのである。

秋山氏は、カール四世が聖遺物を含む行事を行ったことに、幼いころフランスで観た聖遺物顕示の影響があったことを示唆している。第7章で論じたように、ルイ九世がコンスタンティノープルの宮廷から茨の冠をはじめとする受難の聖遺物を獲得したのは一三世紀の半ばであった。そしてルイ九世はヴァンセンヌで聖遺物顕示を行った。ヴァンセンヌは当時のパリにある地区で、森の中に王の荘園があった。毎年聖金曜日（復活祭まえの金曜日。キリストの受難を祈念する日）に、ルイ九世はヴァンセンヌの地にやぐらを組み、自ら登って真の十字架や茨の冠を民衆に顕示したという。

カール四世は、叔母がフランス王妃であったこともあり、七歳から一四歳のあいだをパリの宮廷で過ごした。彼が滞在した一三二〇年代から一三三〇年はルイ九世の列聖からほどないこともあり、聖なる王が少年カールに影響を与えたとする研究がある。なおカール四世の治下で、ニュルンベルクで帝国宝物顕示が一三六一年に行われた。これは嫡子の受洗を祈念して、諸侯会議が行われていたニュルンベルクをその地に指定したものであり、いわば単発の開催であった。そして次帝ジギスムントが帝国宝物の管理をニュルンベル市に委託し、宝物の顕示は以後ニュルンベルクで定期的に開催されるようになった。

ニュルンベルク市の宝物管理と宝物顕示

カール四世の子ジギスムントはニュルンベルクで生まれ、一四一〇年に神聖ローマ皇帝となった。おりしもボヘミア（現チェコ）の異端フス派との戦いが激化していたこともあり、ジギスムントは宝物と聖遺物の保管を、帝国の拠点都市の一つニュルンベルク市に委託することにした。年一回の顕示を行うことを認める書簡を、宝物のリストとともに一四二三年にニュルンベルク市参事会に送った。翌一四二四年、宝物は秘密裡にニュルンベルクに運び込まれ、公表されるや市民一同がこれを迎え、市参事会員とともに保管場所となる「聖霊施療院」へ向かって行列を行った。これは、第3章で論じた一一、一二世紀の聖遺物の出迎えの様子を想起させるが、ニュルンベルクでは運営を任されたのが市参事会で、命じたのは皇帝と、世俗の有力者が主体となっていることに注目したい。これは同時期の南フランスの善王ルネがタラスコンで行った事例と整合している。

到着の翌月に宝物が参事会員に示された。それは当時の手記によると「釘の仕込まれた槍、十字

アーヘンで行われた聖遺物展示（1930年）

Darnach Ein mercklich stück des hei
ligen Creütz unnsers herren Jhesu cristi
daran dy einsein hant genagelt gewest
ist Als das Das loch deß nagels das
darinne ist eigentlich außweyset

Darnach Das heylig eisen des spers Das geöffnet hat dy
seiten und verwundt hat das süeß hertz unnsers herren ihesu
cristi Und so tieff verwundt hat als ir sehet Von der spitz
byß an den gülden rayff Der des zu zeichen darumb gelegt ist
Auß derselbigē heiligē wundē das heilig pad bluetz vñ was
sers uns milticklich gegossen ist Darauß d tauff in vergebung
der sündē und alle cristenliche sacrament Je tugent und krafft
entpfangē habē . Auch auff und in dem selben heiligē spers
eisen ist angehefft d nagel einer Domit unser herr ihesus xps
an das creütz genagelt worden ist . Do gedenck ein yeglich
mēsch mit welcher andacht dyse heilige stück zusehē synd da
mit er beschulde das im in solcher heil
igkeit abgewaschen werden dy sünd t
Darumb crist' sein bluet vergossen hat
Und verdinē das sy des ewigen lebens
vñ des grossen ablas taylhafftig wer
den der darzu gegeben ist .

Auf das letzt zeigt man euch Ein groß
heiligs creütz Darinnē dy vorgenanten
stück ir herberg und behaltnuß haben :
Und dy bebstlichen brieff und bullē die
uber das hochwirdig heiligthū gebē sein

ニュルンベルクで出版された聖遺物に関する書籍（15世紀）

架の欠片、キリストの飼い葉桶、聖アンナの腕、聖ペテロの（投獄された際の）鎖の輪、聖パウロの鎖の輪、聖ヨハネの白い衣。カール大帝の剣、鐙《あぶみ》、宝珠、笏、衣、マント、アルバ、冠、帽子、帯。聖ヨハネの歯、大きな十字架」であった（秋山聰『聖遺物崇敬の心性史』）。これらは聖霊施療院の聖具室に安置され、一四三八年に完成した聖遺物箱に収納された。この聖遺物箱は盗難防止のために天井から鎖で吊り下げられて施錠され、鍵は市の複数の高官が保管し、これがそろわないと箱を移動することは不可能であった。

これ以後、帝国の宝物はニュルンベルクに保管され、一七九六年にフランス革命軍が迫って退避するまではニュルンベルク市の管理下に置かれた。その後、宝物は当時の神聖ローマ帝国の都ウィーンに移され、ハプスブルク家のホーフブルク宮殿の宝物館に保管された。ナチスの時代にニュルンベルクに戻されるが、その後ウィーンに戻り、現代にいたっている。いまは博物館となったホーフブルクで、これを見学することができる。

ニュルンベルクに帝国宝物が置かれてから、宝物の顕示はほぼ毎年行われ、一五二四年に宗教改革によって中止されるまで続いた。

ヴェネツィアにおける真の十字架の聖遺物の行列（1496年、ジェンティーレ・ベッリーニ画）

公開の時期は四月三日から五月七日のあいだの一日で、移動祝日であるキリストの受難や昇天に関連する時期が選ばれたことになる。場所は市のほぼ中心にあるハウプトマルクト広場に面する仮設の木造やぐらで、聖母教会のほぼ向かいであった。まず夕方の六時か六時半ころにやぐらの上に祭壇が持ち込まれてミサと説教が行われ、祭壇上に聖槍と帝国十字架が置かれたという。ミサが終わると説明係は宝物をニュルンベルクに委ねたジギスムント皇帝への感謝を述べ、宝物の三分の一にあたるキリストゆかりの聖遺物が高い価値を持つと宣言された。そしてクレメンス六世以来付与されている贖宥を告げ、宝物を順次顕示していった。

顕示は三部に分かれ、まず「主の幼年時代およびその受肉後の生まれながらの真の友人、および聖なる一二人の使徒に関する品々」（秋山聰訳、以下同じ）が示される。主の飼い葉桶、聖アンナ（聖母マリアの母）の腕、洗礼者ヨハネの歯、福音書家ヨハネの衣、ペテロとパウロとヨハネがとらえられていた時の鎖が示される。ついでカール大帝ゆかりの品、すなわち帝国権標と戴冠式の品が示される。王冠のなかに「多くの聖遺物と宝飾」が納められ、カール大帝は「この冠を頭にのせて」「数多くの美徳をなしたこと」が語られた。ついで衣装と剣が紹介されたあと、マウリティウスの剣が示される。「(マウリティウスが)偉大な、騎士道をわきまえた戦士で、テーベ軍と呼ばれた大軍の指揮官で、神の特別な友であった。彼はそのキリスト教的騎士道のために罪に問われたのであり、この彼の剣は、帝国宝物の一つと呼び、保管されなければならない」と宣言された。最後に主の受難に関わる聖遺物が示される。まず最後の晩餐のテーブルクロス、キリストが弟子の足を拭いた布、茨の冠の棘、十字架の欠片、聖なる槍の穂先、これらの聖遺物が保管されていた大きな十字架と教皇の書簡が示される。

一五世紀に印刷技術が改良されると、説明付きの聖遺物のカタログが出版された。これはフランスで、サント・シャペルに安置されている聖遺物のカタログが図版入りで出版されたことと同様の事例である。これによって聖遺物の展示とその意義が広く知れ渡る効果を呼んだに違いない。

本書ではキリスト教世界、とくに西ヨーロッパ(ローマ・カトリック世界)の古代から近世にかけて、さまざまな身分の人々が、いろいろな状況において聖人や聖遺物などの聖なる力に頼り、聖なる場を形成してきたことを、主として聖人伝、殉教記、移葬記、年代記、説教、列聖史料や図像資料を用いて考察してきた。

キリスト教の初期のいわゆる迫害時代から、唯一神への信仰と並んで殉教者への崇敬が行われており、殉教者が現世に残したもの(遺骨だけでなく生前触れたモノ)が礼拝の対象となっていた。そしてコンスタンティヌス帝がキリスト教を公認したころには、十字架をはじめとするキリストの受難にまつわる聖なるモノが、戦いを勝利に導き病を治すものとして敬われていた。このようなキリストゆかりの聖遺物を保有することは、神から統治する権威を委ねられた証として、聖なるモノは宮廷の礼拝堂に安置され、三種の神器のように代々の皇帝に継承された。

このような聖人や聖遺物への信心は中世にも受け継がれ、聖人の遺体やゆかりのモノ（聖遺物）を納める聖堂は聖なる場となった。それは日常の礼拝の場だけでなく、奇跡を求めて訪れる巡礼者たちの願いの場であり、聖遺物にかけて契約を結ぶ誓いの場であり、王や皇帝が即位する場であり、暴力を行為が禁じられた避難所にもなった。

紀元千年前後の史料には、王侯が戦いの際に聖遺物を納めた剣や槍で勝利を得たり、聖遺物に勝利を願ったり、王位継承についての宣誓を行ったりしたことが記されている。また各地域の教会や民衆たちは、奇跡を起こす著名な聖遺物の獲得に腐心し、聖遺物が地域共同体や聖堂に運ばれる際や祭日などに聖堂から出て行列を行う際には、群衆が熱狂的に押し寄せた記録が残っている。そして中世の教会のエリートともいうべき修道士たちも聖遺物を集め、記念日に修道院内外を盛装して聖遺物を伴った行列を催していたことが、クリュニーなど大きな規模の修道院慣習律に残っている。聖遺物を送り迎える儀式に関する条項には、それが王侯貴族を迎える儀式に匹敵するものであり、聖遺物が重きをおかれていたことを示している。

そして中世盛期と呼ばれる一二世紀から一三世紀にかけて、経済の活性化や都市の発達などで人の流れが多くなり、遠隔地の聖堂を訪ねる巡礼も盛んになった。その代表的なものはイベリア半島西北端のサンティアゴ・デ・コンポステラに向かうものであった。安置された使徒ヤコブの聖遺物にまつわる物語や巡礼案内書を含む『聖ヤコブの書』が書かれ、西ヨーロッパ各地から巡礼者が集まった。巡礼案内書には巡礼者が通る道の説明と途中で立ち寄る聖堂の紹介が、祀られている聖人の逸話とともに記され、各地域の聖地も広く知られることになり栄えていった。そのなかに記されたル・ピュイやロカマドゥールの地は聖母マリアや大天使ミカエル礼拝の場であり、『聖ヤコブの書』にも聖母マリアの奇跡物語が記されているように、次第に超地域的な存在である聖母や天使への礼拝が広まっていったことがわかる。

一方、西に向かうサンティアゴ巡礼に対して東に向かうエルサレム巡礼は、武装した十字軍となって、遠征は数度にわたった。巡礼者すなわち十字軍兵士はエルサレムでキリストの受難をしのび、故郷に持ち帰ったキリスト受難ゆかりの聖遺物が注目を集めてゆく。

一三世紀になると教皇権や王権が力を強め、聖なる力への礼拝も新たなフェーズを迎える。教皇は聖人を認定する列聖審査を独占し、各地域の教会や共同体がそれぞれに聖人を認定して礼拝するというそれまでの習慣を改めた。そして新たに成立したフランシスコ会など托鉢修道会の修道士を駆使して、救済に至る正統的な教義を信徒に徹底させ、秘跡と呼ばれる儀式で日常生活のモラルのコントロールを試みた。

一方で王権は国を中央集権的に統治する方向に向かい、フランスではルイ九世が長くコンスタンティノープルの宮廷に安置されていたキリストゆかりの聖遺物（十字架、槍、荊冠、墓の破片など）を購入して、宮廷内に礼拝堂（サント・シャペル）を建てて安置し、定期的に民衆に顕示することで皇帝権に匹敵する王の権威を示した。そしてサン・ドニ修道院内の王墓が整備され、フランク王権に由来する聖なる王権が皇帝権に匹敵する証とした。

このように聖なる力のコントロールが上から行われてゆくのに対し、中世の後期から近世にかけて地域社会や教会が独自な聖性を育む「下からの動き」が強まっていった。一つには、俗人の女性たちが神秘的な体験をして、住民がこれを聖女としてあがめて群がり、地域の有力者はこれを聖堂に祀って教皇の認可なく聖人として礼拝した事例が挙げられる。

また聖書に記述のある人物についての伝承が民衆のあいだで膨らんでゆき、南仏などを中心にその墓が発見され、聖なる人物ゆかりの祭りが地域の権力者と都市住民によって営まれるようになった。そして一六世紀に宗教改革が起こると、プロテスタントに改宗した地域では聖人や聖遺物への礼拝は中世のようなかたちでは行われなくなるが、カトリックにとどまった地域では対抗宗教改革の時代に聖人への礼拝や巡礼が盛んになり、なかには現代でも行われている祭りもある。

ヨーロッパの王国の多くでは現在でも聖堂で戴冠式が行われ、聖なる地への巡礼は観光や健康増進を兼ねて盛んに行われている。イギリスのチャールズ三世の戴冠式やモン・サン・ミシェル参拝の様子をみると、古代・中世を通して育まれた聖なる力への思いが、かたちを変えつつ現代にも残っていることが感じられる。ちなみにモン・サン・ミシェルを訪れる人が門前で疲れを癒すのが名物のオムレツであるように、京都南禅寺門前の瓢亭に一子相伝で受け継がれている瓢亭玉子は、参拝者への古くからのもてなしの心を宿している。聖なる場への参拝は宗教行事であるとともに、地域社会の営みの一つであることは、洋の東西で通じるものがあるようである。

本書では、聖職にある人のみならず、身分や立場を超えて多くの人々が聖なる力をたのみ、聖なる場を軸として社会の秩序や文化が育まれてきた歴史を綴ってきた。言い換えるならそれは、人々の願い、恐れ、欲望、希望が、特定の人やモノや場所に聖なる力を与えてきた歴史である。聖杯伝説など聖なる宝を求める物語はフィクションかもしれないが、厳しい現実のなかで聖なる力を必要とする人々の姿を、そこから読み取ることもできる。奇跡や幻を語る史料を読み解くことは、教会のメッセージのみならず、そこに通底する西欧の人々の文化や価値観をたどることなのである。

あとがき

二〇二〇年、コロナウイルスが世界中に蔓延し、百年に一度と呼ばれるパンデミックによって日常生活は大きな制約を受けることとなった。日本では緊急事態宣言が何度も出て、密になる状況を回避する措置が取られ、飲食店や劇場は閉鎖され、結婚披露宴も営まれず、祭りもことごとく中止となった。しかし奈良東大寺の修二会《しゅにえ》（いわゆるお水取り）は練行衆《れんぎょうしゅう》と呼ばれる僧たちが徹底的な感染症対策を施して堂に籠り、一二〇〇年以上続く祈りを継承した。京都では伝統の祇園祭が簡略化を余儀なくされたが、最も大切な儀礼である神幸祭《しんこうさい》や還幸祭と呼ばれるご神体の移動などは行われた。永く疫病から人々を守ってきた祭りが疫病に負けるわけにいかない、という信念が、困難のなかでの実施を導いたのであろう。

筆者は「コロナ明け」といわれた二〇二三年の七月に、祇園祭の山鉾《やまほこ》巡行（前祭り）を見る機会に恵まれた。ご神体を乗せてタピスリーで着飾った大小の山や鉾が、お囃子《はやし》と音頭取りの声に合わせて、酷暑の都大路を練り歩く行列と、両側の歩道いっぱいに集まった群衆の盛り上がりに、聖人の祝日の行列や聖遺物の顕示に熱狂するヨーロッパの町や村の姿を思い浮かべていた。南仏タラスコンやサント・マリー・ド・ラ・メールの祝祭のように、聖遺物や聖像を移動させる行列は教会の儀式でありつつ、世俗権力によって企画され、その実行は都市共同体が担うようになってゆき、現代に受け継がれている。

　中世の修道院を中心に研究を進めてきた筆者が、本書のテーマに関心をもったきっかけの一つは、このような日本の伝統行事とヨーロッパの祝祭に通じるものがあり、それらが今も活き活きと行われていることに漠然とした関心を持ったことにある。たしかに寛容に満ちた日本人の信仰心と、聖書や神学を軸に唯一神を信じるキリスト教の信仰は遠くかけ離れている面は否めない。比較宗教学や比較民俗学まで視野を広げて研究することは筆者の手に余るが、歴史研究の範囲で考察を進める糸口となったのはフランスのドミニク・イオニャ・プラと彼の影響を受けたディディエ・メユー、ミッシェル・ロウエルス、セシル・トレフォールらの研究である。彼らは修道規則、儀式書、聖人伝や奇跡録、神学書を分析し、美術史や考古学の研究とも連携して、聖なる人、聖なるモノ、聖なる場所がどのように創出され、社会的にどのような機能を果たしてきたのかを、研究集会や出版を通して成果を着実に公にしてきた。

　またアメリカのレスター・リトルやパトリック・ギアリとそれに続く研究者たちの考察も大いに筆者を後押しした。紛争社会にあって、聖人や聖遺物の力が秩序を維持する機能を果たし、暴力に対する防衛手段となっていたことを修道院の史料から読み解き、聖性の研究が教会史の枠を超えて社会を理解する鍵となることを彼らは実証的に示してきた。またハンガリー出身でフランスのポワティエで活動するエディナ・ボゾキは、歴史、宗教、文学の幅広い視点に立って、本書で扱ったテーマに関連する数多くの書籍や論文を刊行している。とくに聖遺物礼拝に関して一九九七年に開いた学際的な研究集会は、この分野の研究が進展する大きなきっかけとなった。

　そしてミュンスター大学初期中世研究所で、フランツ・ナイスケとマリア・ヒルレブラントが主軸となって進めたクリュニー修道院の史料編纂と研究は、修道院慣習についてのきめ細かい理解を可能にした。また日本でも渡邉昌美、青山吉信、秋山聰、轟広太郎、三浦麻美、後藤里菜各氏による聖人や聖遺物への礼拝に関する研究が刊行され、本書でも大いに参照させていただいた。

このような研究を礎にして、本書ではキリスト教が社会的に公認され、君主と教会によって広まり、日常に定着してゆく過程のなかで、聖性が醸成されて社会的な機能を果たしていった歴史を綴《つづ》ってきた。とくに西ヨーロッパ中世社会のさまざまな側面であらゆる人々が聖なる力に頼ったことについて、正統教義と民間信仰のグレーゾーンともいえる聖遺物、聖なるモノ、聖像への礼拝は、王侯から民衆にいたるまであらゆる身分の人々が関わり、それはかたちを変えて現代にまで続いていることを、史料分析を交えながら通史的な論述を試みた。それは聖なる力を軸とするさまざまなエピソードを、新しい研究と多様な史料で紹介しながら、「もう一つのヨーロッパ史」を語る試みでもある。論述する分野が教会史に限らず多岐にわたっているため、筆者が不案内な部分については粗雑な論述をご海容いただければ幸いである。

創元社の堂本さんから本書の企画をいただいたのは、本シリーズで『修道院の歴史』を刊行してから数年が経ったころであった。それは筆者の研究関心が修道院から儀礼を通した中世社会の考察へと広がっていた時期で、本書が研究者だけでなく広い読者の関心にも沿うものと願って、執筆に向かうことになった。堂本さんの慧眼に感服するとともに、心から感謝したい。

コロナウイルスによるパンデミックが開けると、サンティアゴ・デ・コンポステラ巡礼などは解禁され、以前にもまして多くの参拝者を集めていると聞く。二〇二三年夏の時点で、サンティアゴ・デ・コンポステラの町が、参拝者を規制すべく入市税を徴収する案を出すまでになっているという。大小の歴史の潮目に聖なる力に人々の心が動くのは、今も昔も変わらないのかもしれない。祇園祭りの只中に、筆者は河原町通りを埋め尽くした人の群れのなかで、次々と通り過ぎてゆく山や鉾とご神体にまつわる伝承を想いつつ、お囃子と音頭取りの声と群衆の歓声に不思議な高揚感を感じ、体温を超す暑さをすっかり忘れていた。

二〇二四年四月吉日

杉崎泰一郎

中世後期から現在に至る民衆の祝祭と聖人礼拝

聖人たちと祭りについて蔵持不三也「タラスク再考」(レオン・マルケ、エンツォ・スペーラ、ジェニファー・M・ラス共著/蔵持不三也編著『ヨーロッパの祝祭』河出書房新社、1996、151〜225頁)、田辺保『フランスにやって来たキリストの弟子たち——「レゲンダ」をはぐくんだ中世民衆の心性』(教文館、2002年)、マリ＝フランス・グースカン著/樋口淳訳『フランスの祭りと暦——五月の女王とドラゴン』(原書房、1991年)、ティルベリのゲルウァシウス著/池上俊一訳『西洋中世綺譚集成 皇帝の閑暇』(青土社、1997年)、フレデリック・ミストラル著/杉富士雄訳『プロヴァンスの少女——ミレイユ』(岩波文庫、1977年)。Louis Dumont, *La Tarasque,Essai de description d'un fait local d'un point de vue ethnographique*, Gallimard,1951.

本書に関連する図書で参考になるもの

ウンベルト・エーコ著/川島英昭訳『薔薇の名前』上下(東京創元社、1990年)、とくに下巻、264頁に修道院の聖遺物コレクションが記される。

祇園祭について川嶋將生『祇園祭——祝祭の京都』(歴史文化ライブラリー、吉川弘文館、2010年)、中西仁「轅町と若中——近世末から明治初期の祇園祭神輿渡御の担い手たち」(『鷹陵史学』47号、2021年、91〜124頁)。

な存在なのか――カノッサの屈辱』(NHK出版、2023年)。ウルバヌス２世については池谷文夫『ウルバヌス2世と十字軍――教会と平和と聖戦と』(世界史リブレット人、山川出版社、2014年)。列聖について専門的にコンパクトにまとめたものとして、渡邉浩「教皇ウルバヌス８世の教令『天上のイェルサレムの市民』と列聖手続きの歴史」(『藤女子大学キリスト教文化研究所紀要』21号、2022年、33〜54頁)、専門的なものとして藤崎衛『中世教皇庁の成立と展開』(八坂書房、2013年)。グレゴリウス９世については、飛鳥馬一峰「教皇グレゴリウス９世の『教皇領』内移動と滞在都市」(『中央大学大学院研究年報』42号、2012年、35〜52頁)。アシジのフランチェスコの伝記や列聖関連の史料は以前から複数の翻訳があるが、日本のフランシスコ会が近年編訳したものが刊行された。フランシスコ会日本管区訳・監修『アシジの聖フランシスコ伝記資料集』(教文館、2015年)。

説教について

カエサリウスの『奇跡に関する対話』は原典とヨーロッパ各国語訳がある。*Von Geheimnissen und Wundern des Caesarius von Heisterbach* (trad.Helmut Herles), Bouvier Verlag, 1992. *Caerii Heisterbachensis Monachi ordinis cisterciensis, Dialogus Miraculorum*, Köln, Bon, Brüssel, 1851. 邦訳として末永正道氏の抄訳がある。「ハイステルバハのカエサリウス『奇蹟対話篇』」(抄訳１〜９)(『東亜大学経営学部紀要』1996〜1999年)。クリュニー修道院長ペトルスの『奇跡について』は部分訳として、杉崎泰一郎訳／上智大学中世思想研究所編『中世思想原典集成』第７巻(平凡社、1996年、666〜699頁)。原典はBouthilier ed. Petri Cluniacensis, Abbatis, *De Miraculis libri duo, Corpus Christianorum Continuatio Medievali*s. 83. 1988.

中世後期の聖女礼拝について

テューリンゲンの聖エリーザベトの複数の伝記のうち、13世紀末にアポルダのディートリヒが記したものの全訳が、三浦麻美『「聖女」の誕生――テューリンゲンの聖エリーザベトの列聖と崇敬』(八坂書房、2020年)に所収。地域社会で聖女として礼拝された事例について後藤里菜『「叫び」の中世――キリスト教世界における救い・罪・霊性』(名古屋大学出版会、2021年)、白川太郎「『聖マルゲリータ・ダ・コルトーナ』の誕生――後期中世イタリア都市における神秘体験者・崇敬・表象」(『比較都市史研究』38号、2019年、17〜43頁)、マージェリー・ケンプ著／石井美樹子、久木田直江訳『マージェリー・ケンプの書――イギリス最古の自伝』(慶應義塾大学出版会、2009年)。

として橋口倫介『十字軍――その非神話化』(岩波新書、1974年)、八塚春児『十字軍という聖戦――キリスト教世界の解放のための戦い』(NHK出版、2008年)。豊富な史料に基づくジャン・リシャール著/宮松浩憲訳『十字軍の精神』(法政大学出版局、2004年)、新しい専門的なものとして櫻井康人『十字軍国家』(筑摩書房、2023年)。第1回十字軍の史料の日本語訳としてレーモン・ダジール、フーシェ・ド・シャルトルほか著/丑田弘忍訳『フランク人の事績――第一回十字軍年代記』(鳥影社、2008年)。

王権と聖性について

墓所を通して研究した江川温「中世フランスの国王と墓所」(江川温、中村生雄編『死の文化誌――心性・習俗・社会』(昭和堂、2002年、167~188頁)、カール大帝の列聖について広い視野でとらえた服部良久『中世のコミュニケーションと秩序――紛争・平和・儀礼』(京都大学学術出版会、2020年、207~211頁)。フランス王ルイ9世に関する大著としてジャック・ル・ゴフ著/岡崎敦、森本英夫、堀田郷弘訳『聖王ルイ』(新評論、2001年)。ルイ9世について複数書かれた伝記のうち日本語訳は、ジャン・ド・ジョワンヴィル著/伊藤敏樹訳『聖王ルイ――西欧十字軍とモンゴル帝国』(ちくま学芸文庫 、2006年)。サント・シャペル所蔵の聖遺物コレクションについては、ルーヴル美術館で2001年5月から8月にかけて行われた展覧会 Le tréor de la sainte Chapelleの図録 (Dorota Giovannoni, *Le trésor de la Sainte-Chapelle*, Paris, Musée du Louvre,2001.) 所収の史料を使用した。研究として木俣元一「サント=シャペルのコレクション」(『西洋美術研究』8号、2002年、171~176頁) がある。王の聖なる力と権威に関する古典的研究としてマルク・ブロック著/井上泰男、渡邊昌美共訳『王の奇跡――王権の超自然的性格に関する研究/特にフランスとイギリスの場合』(刀水書房、1998年)

中世盛期の来世観と聖人なる力による救済について

ジャック・ル・ゴッフ著/渡辺香根夫、内田洋訳『煉獄の誕生』(法政大学出版局、1988年)、ジャン=クロード・シュミット著/小林宜子訳『中世の幽霊――西欧社会における生者と死者』(みすず書房、2010年)、ジャン=クロード・シュミット著/渡邉昌美訳『中世歴史人類学試論――身体・祭儀・夢幻・時間』(刀水書房、2008年)。

教皇について

本書のいくつかの章で触れた教皇ウルバヌス2世の巡歴、教皇庁の発展と影響、列聖などについては文献が多く、手引きとして藤崎衛『ローマ教皇は、なぜ特別

Germaniae Historica, Scriptores, 1887, pp. 174–177 に掲載されている。

モワサック修道院について、日本語では杉崎泰一郎「『霊場』としての中世の修道院——南フランスのモワサック修道院を例に」(『歴史と地理』714号、2018年、1〜16頁)、Chantal Fraïsse, *Moissac,histoire d'une abbaye*, 2006. モワサック修道院の証書は、Régis de la Haye が編集した le Recueil des actes de l'abbaye Saint-Pierre de Moissac は未公刊で、一時期サイト http://home.kpn.nl/r.delahaye に掲載されていたものを使用したが、現在は閉じられているようである。同修道院の奇跡物語などは15世紀に編集された年代記に記述がみられる。*Aymeric de Payrac, de 1377 à 1406, Chronique des abbés de Moissac*, éditée, traduite et annotée par Régis de la Haye, Maastriche/Moissac, 1999.

モン・サン・ミシェル修道院の聖遺物コレクションについては、*Millénaire monastique du Mont Saint-Michel,1,Histoire et vie monastique*, Paris, 1967 (*Aspects de la vie monastique en France au Moyen Age*,Variorum 1993), p.501–593.

シトー修道院についての文献は多いが、本書に関わるものとして北舘佳史「13世紀半ばにおける奇跡の記録の形態——聖エドマンドの奇跡関連史料をめぐって」(『人文研紀要』89号、2018年、333〜358頁)、北舘佳史「聖トマス・ベケットの約束と巡礼地の誕生——ポンティニーの聖エドマンド崇敬をめぐる論争」(『人文研紀要』98号、2021年、185〜208頁)。

巡礼について

巡礼について広くまとめたわかりやすいものとして、渡邊昌美『巡礼の道——西南ヨーロッパの歴史景観』(中公新書、1980年)、サンティアゴ・デ・コンポステラ巡礼については多くの文献があるが、巡礼案内の全訳を掲載した柳宗玄『サンティヤーゴの巡礼路』(八坂書房、2005年)、長く読まれているものとして、アルフォンス・デュプロン編著/田辺保翻訳監修『サンティヤゴ巡礼の世界』(原書房、1992年)、新しいものとして田辺加恵、大原志麻、井上幸孝『聖ヤコブ崇敬とサンティアゴ巡礼——中世スペインから植民地期メキシコへの歴史的つながりを求めて』(春風社 、2022年)。大天使ミカエル崇敬と巡礼について、千葉敏之「岩窟と大天使——ヨーロッパにおける大天使ミカエル崇敬の展開」(高橋慎一朗、千葉敏之編『移動者の中世——史料の機能、日本とヨーロッパ』東京大学出版会、2017年、177〜209頁)。ガリアの霊場を記述したカエサルの『ガリア戦記』(国原吉之助訳、岩波文庫、1994年)は貴重な史料である。

十字軍時代の王権と教皇

十字軍については日本語でも多くの書籍が刊行されている。手引きになるもの

des Miracles de Sainte Foy), traduction des textes, les amis de la bibliothèque humaniste de Sélestat.1994. *Liber Miraculorum Sanctae Fidis*, ed. Robertini Spoleto, 1994. など。聖遺物の移動について北フランスとフランドルを中心に実証的に研究したものとして、Kate. M. Craig, *Mobile Saints, Relic Circulation, Devotion and Conflict in the Central Middle Ages*, New York, 2021.

神の平和と聖なる力について、江川温「総会講演概要「神の平和」運動再考」(『日仏歴史学会会報』36号、2021年、74〜77頁)、服部良久「ヨーロッパ中世における公共圏の射程」(『鷹陵史学』47号、2021年、49〜74頁)、轟木広太郎『戦うことと裁くこと――中世フランスの紛争・権力・真理』(昭和堂、2011年)。暴力や犯罪に対して聖人に奇跡を強要する儀礼についてLester K. Little, *Benedictine maledictions: liturgical cursing in Romanesque France*, Cornell University Press, 1993.

修道院と聖性についての研究と史料

修道院関連の文献は多いが、通史として杉崎泰一郎『修道院の歴史――聖アントニオスからイエズス会まで』(創元社、2015年)、朝倉文市『修道院――禁欲と観想の中世』(講談社現代新書、1995年)。

クリュニー修道院についての研究は多く、本書に関連する主なものはBarbara H. Rosenwein, *To be the neighbor of Saint Peter: the social meaning of Cluny's property, 909–1049,* Cornell University Press, 1989, Didier Méhu, *Paix et communautés autour de l'abbaye de Cluny, Xe–XVe siècle*,Presses Universitaires Lyon, 2001. 関口武彦『クリュニー修道制の研究』(南窓社、2005年)。

クリュニーの修道院慣習律のうち本書で使用したものは『古慣習律』*Consuetudines Cluniacensium antiquiores cum redactionibus derivatis.* ed.Kassius Hallinger (*Corpus consuetudinum monasticarum*, t. VII, pars 1 2), 1983, 1984. オディロの規則『道の　書　』*Liber tramitis aevi Odilonis Abbatis*, éd. Petrus Dinter (*Corpus consuetudinum monasticarum*, t. 10), 1980. ベルナールの慣習律、*Vetus Disciplina Monastica*, Paris, 1776. ウルリヒの慣習律、*Antiquiores consuetudines* C *luniacensis monasterii,collectore S. Udalrico monacho benedistino*, ed, Luc d'Archéry. *Spicilegium sive collection veterum aliquot scriptorium* vol. 1, Paris, 1723, rpr. Westhead, Farnborough 1967, pp.639–703. PL.149, 635–779.　慣習律についに記された聖遺物について、アラン・ゲーローが興味深い研究を行っている。Alain Guerreau,Espace social,espace symbol, à Cluny au XIe siècle,dans *L'ogre historien : autour de Jacques Le Goff*, textes rassemblés par Jacques Revel et Jean-Claude Schmitt; Gallimard, 1998.

サン・リキエ修道院の聖遺物コレクションはサン・リキエ修道院の聖遺物コレクション Angilbert de saint Riquier, *De ecclesia Centulensi libellus*, éd. G. Waitz *Monumenta*

歴史十巻』1、2巻（東海大学出版会、1975年）、橋本龍幸『聖ラデグンディスとポストローマ世界』（南窓社、2008年）所収『第一伝記』『第二伝記』。メロヴィング期の聖女伝の英訳を集めたものとして *Sainted Women of the Dark Ages*, edited and translated by Jo Ann McNamara and John E, Halborg with E. Gordon Whatley, Duke University Press, Durham and London, 1992.

ベネディクトの戒律には多くの訳があるが、古田暁訳『聖ベネディクトの戒律』（すえもりブックス、2000年）が読みやすく註も豊富である。

カール大帝とカロリング朝フランク王国について

研究は多いが、五十嵐修氏の『地上の夢キリスト教帝国――カール大帝の「ヨーロッパ」』（講談社選書メチエ、2001年）、『王国・教会・帝国――カール大帝期の王権と国家』（知泉書館、2010年）。また史料として、安達かおり「9世紀サン＝ジェルマン＝デ＝プレの移葬記（Translatio）――パリの修道士が辿ったイスラム・スペインへの道」（『人文科学研究――キリスト教と文化』32号、2001年、135～163頁）。

紀元千年前後の王権と聖性についての研究と史料

イングランド（ノルマン征服）について、鶴島博和『バイユーの綴れ織りを読む』（山川出版、2015年）、Lucien Musset, *La Tapisserie de Bayeux*, Paris, 2002. フランスのカペー王権について、リシェ著／渡辺節夫訳『同時代の歴史』（『世界史史料5 ヨーロパの成立と膨張 17世紀まで』岩波書店、2007年所収）、森洋訳編『サン・ドニ修道院長シュジェール』（中央公論美術出版、2002年）、渡辺節夫『フランスの中世社会――王と貴族たちの軌跡』（吉川弘文館、2006年）、紀元千年のラウル・グラベールの年代記 *Rodulfi Glabri Historiarum libri quinque*, edited and translated by John France. (Oxford medieval texts) Clarendon Press, Oxford University Press, 1989.

ドイツについては、三佐川亮宏『オットー大帝――辺境の戦士から「神聖ローマ帝国」樹立者へ』（中央公論新社 、2023年）、メールゼブルクのティートマル著／三佐川亮宏訳注『オットー朝年代記』（知泉書館 、2021年）、コルヴァイのヴィドゥキント著／三佐川亮宏訳『ザクセン人の事績』（知泉書館、2017年）、クレモナのリウトプランド『報復の書』ヴァイセンブルクのアーダルベルト『レーギノ年代記続編』（ともに三佐川亮宏訳注、知泉書館、2023年）。

紀元千年前後の地域社会と聖性について

コンクと聖女フォアの史料ベルナール・ダンジェほか著『聖女フォア奇跡の書』は原典、翻訳ともにいくつかの版がある。*Liber Miraculorum Sanctae Fidis (Livre*

な視点で儀礼と空間を考察している。Eric, Palazzo, *La liturgie et la société au Moyen Age*, Paris, 2000. ロウエルスは墓地が聖なる空間として認められた画期的な研究を刊行している。Michel Lauwers, *Naissance du cimetière,lieux sacrés et terre des morts dans l'Occident médiéval*, Aubier,Paris, 2005. またメユーはクリュニー修道院と所領が特権を保持する聖なる空間として成立する経緯を実証的に論じた。Didier Méhu, *Paix et communautés autour de l'abbaye de Cluny, Xe–XVe siècle*, Presses Universitaires Lyon, 2001. メユーはさらに教会が聖なる空間として認定される献堂式に着目して研究会を主宰し、その報告を刊行して典礼史料が用いられる契機となった。*Mises en scène et mémoires de la consécration de l'église dans l'Occident médiéval*, Turnhout, Brepols, 2008. またトレフォールは碑文史料や考古学研究を交えて中世初期の聖なるモノや聖なる空間について多くの研究を刊行している。Cécile Treffort, *L' Église carolingienne et la mort,christianisme,rites funéraires et pratiques commémoratives*, Presses Universitaires de Lyon, 1996, *Mémoires carolingiennes,l' épitaphe entre célébration mémorielle,genre littéraire et manifeste politique (milieu VIIIe –début XIe siècle*, Presses Universitaires de Rennes, Rennes, 2007, Espace ecclésial et paysage mémorial (IXe–XIIIe siècle), dans *Espace ecclésial et liturgie au Moyen âge*, sous la direction de Anne Baud, Lyon 2010, pp.239–252.

ついで本書の論述で参照したに書籍や史料を時代順に紹介したい。

古代末期から中世初期にかけて

この時期の教会と社会について多くの情報と新しい理解を与えてくれるものとして、ピーター・ブラウン著／宮島直機訳『古代末期の世界——ローマ帝国はなぜキリスト教化したか？』（刀水書房、2002年）、ピーター・ブラウン著／戸田聡訳『貧者を愛するもの——古代末期におけるキリスト教的慈善の誕生』（慶應義塾大学出版会、2012年）。またメロヴィング期からカロリング期にかけてのフランク王国の通史として、佐藤彰一『フランク史』１～３巻（名古屋大学出版会、2021～2023年）がある。本書では触れられなかったアイルランドについて、墓地を論じた研究がある。木村晶子「初期中世アイルランド教会と墓地——埋葬慣習の変化とその背景」（『中央大学文学部紀要』276号、2019年、49～76頁）。

主な史料としてはエウセビオス著／秦剛平訳『コンスタンティヌスの生涯』（西洋古典叢書、京都大学学術出版会、2004年）、アウグスティヌス著／服部英二郎、藤木雄三訳『神の国』５巻（岩波文庫、1991年）、アタナシオス著／小高毅訳『アントニオス伝』『中世思想原典集成』１巻（平凡社、1995年、767～847頁）、スルピキウス・セヴェールス著／橋本龍幸訳『聖マルティヌス伝』『中世思想原典集成』４巻（平凡社、1999年、883～923頁）、兼岩正夫訳『トゥールのグレゴリウス

ある。聖人礼拝について新たな視点からの通史として、Robert Bartlett, *Why can the dead do such great things?: saints and worshippers from the martyrs to the Reformation*, Princeton University Press, 2013が示唆に富んでいる。

聖遺物礼拝を歴史研究の文脈で研究したパイオニア的な研究は、聖遺物の盗みを中心に論じたPatrick J. Geary, *Furta sacra: thefts of relics in the central Middle Ages*, Princeton University Press, 1978で、同じ著者が聖遺物や聖なるモノへの礼拝を社会的背景に配慮しつつ論じた、パトリック・ギアリ著／杉崎泰一郎訳『死者と生きる中世——ヨーロッパ封建社会における死生観の変遷』(白水社、1999年)がある。また中世社会における儀式の意味を考察した先駆的な研究Geoffrey Koziol, *Begging pardon and favor: ritual and political order in early medieval France*, Cornell University Press, 1992は、いまなお参照されている。

フランスで聖遺物礼拝について研究が盛んになるきっかけとなった学会の論集としては、Edina Bozóky et Anne-Marie Helvétius, (éd.), *Les reliques: Objets, cultes, symboles*, Brepols, 1999が挙げられる。編者の一人Bozókyは新しい視点から次々と研究を刊行している。*La politique des reliques de Constantin à saint Louis*, Beauchesne, 2006, *Saints d'Aquitaine,Missionaires et pèlerins du haut Moyen Age*,sous la direction d'Edina Bozoky,Presses universitaires de Rennes, 2010, *Le Moyen Âge miraculeux, études sur les légendes et les croyances médiévales*, Paris, 2010.

近年の研究動向を知るには次の文献がふさわしい。*Treasures of Heaven, Saints, Relics and Devotion in Medieval Europe*, edited by Martina Bagnoli, Holger A. Klein, C. Griffith Mann, James Robinson, British Museum Press, 2011. Philippe Georges, *Reliques et arts présieux en pays mosan, du haut Moyen Age à l' époque contempraine*, Édition du Céfral, 2002, Charles Freeman, *Holy bones, holy dust: How relics shaped the history of medieval Europe*, Yale University Press, 2012.

奇跡と聖人について概観したもので長いあいだ基本文献として読まれているのは、Pierre-André Sigal, *L'homme et le miracle: dans la France médiévale, XIe–XIIe siècle*, Cerf, 1985, Benedicta Ward, *Miracles and the medieval mind: theory, record and event 1000–1215*, Wildwood, 1987. また聖性についてはAndré Vauchez, *La sainteté en Occident aux derniers siècles du Moyen Âge*, École française de Rome, 1988.

聖なる空間としての聖堂や教会と儀式

儀式や聖なる空間を歴史的文脈で研究したものとして次の文献がある。イオニャ・プラの研究Iogna-Prat, Dominique, *La Maison Dieu,une histoire monumentale de l'Eglise au Moyen Age (v.800–1200)*, Paris, Seuil, 2006が聖なる空間や聖域としての教会の通史を歴史的文脈で考察した最初のものであろう。またパラッゾも独自

Bde, 1986–1993), *Dictionnaire d'archéologie chrétienne et de liturgie*, publié par Fernand Cabrol 15 vols., Paris, 1907–1951, *Dictionnaire de spiritualité: ascétique et mystique, doctrine et histoire*, 17 vols., 1937–95 などが代表的である。

雑誌

本書に関連する研究や書誌情報が掲載される欧文誌は多く、主なものとして *Revue Mabillon. Nouvelle série.* (Brepols), *Revue d'histoire ecclésiastique.* (Université catholique de Louvain), *Speculum: a journal of mediaeval studies*, Cambridge, Mass.: Mediaeval Academy of America などがある。

教会史の通史

本書に関わる教会史の通史で日本語で読めるものとして、上智大学中世思想研究所編訳『キリスト教史』全11巻（平凡社ライブラリー、1996〜97年）、R. W. サザーン著／上條敏子訳『西欧中世の社会と教会——教会史から中世を読む』（八坂書房、2007年）などがある。欧文の新しい教会史の通史として代表的なものは、*Histoire du christianisme: des origines à nos jours*, sous la direction de Jean-Marie Mayeur et al. vols.14, Desclée: Fayard, 1990–2000. ドイツ語版は *Die Geschichte Christentums*, Herder, 1992–2005. また、*The Cambridge History of Christianity*, vols.9, Cambridge University Press, 2008–2009 などが代表的である。

聖遺物、聖人伝、聖像への礼拝の通史的研究と論集

聖遺物や聖人礼拝の通史的や通史的記述を含むものとして、日本語で読めるものは、渡邊昌美『中世の奇蹟と幻想』（岩波新書、1989年）、青山吉信『聖遺物の世界——中世ヨーロッパの心象風景』（山川出版社、1999年）、秋山聰『聖遺物崇敬の心性史——西洋中世の聖性と造形』（講談社選書メチエ、2009年）、田辺保『フランスにやって来たキリストの弟子たち——レゲンダをはぐくんだ中世民衆の心性』教文館、2002年などである。聖なる像の礼拝について、ジャン゠クロード・シュミット著／小池寿子訳『中世の聖なるイメージと身体——キリスト教における信仰と実践』（刀水書房、2015年）がある。

欧文文献は膨大だが、聖遺物礼拝を網羅的に記述して、今なお基本文献として挙げられるのは、Nicole Herrmann-Mascard, *Les reliques des saints : formation coutumière d'un droit*, Klincksieck 1975, Arnold Angenendt, *Heilige und Reliquien: die Geschichte ihres Kultes vom frühen Christentum bis zur Gegenwart*, C. H. Beck, 1994 などがある。また聖遺物礼拝を芸術との関連で概観したものとして、Anton Legner, *Reliquien in Kunst und Kult: zwischen Antike und Aufklärung*, Wissenschaftliche Buchgesellschaft, 1995 が

参考文献

聖人、聖遺物、聖像は、ローマ・カトリックやギリシア正教では今でも崇敬の対象であり、礼拝をおこなう聖堂も聖なる空間として儀式が営まれている。ローマ教皇庁ではいまでも聖人を認定する列聖の審査が行われていて、たとえば2005年に没した教皇ヨハネ・パウロ２世は、2013年に聖人と認定され、2014年に列聖の儀式が行われている。また一部のプロテスタントでは聖人に敬意を表している。したがって聖人、聖遺物、聖像、聖堂などについての書籍、研究、史料は膨大に刊行されているため、ここでは本書に関連するものに限って紹介するにとどめたい。

聖人伝の全集

ボランディストと呼ばれるベルギーのイエズス会士たちが17世紀に編集を始めた全集（*Acta sanctorvm*）は、祝日ごとに聖人伝を集めたもので、何度も版を重ね、現在では電子媒体でも閲覧できる。*Acta sanctorum quotquot toto orbe coluntur, vel à catholicis scriptoribus celebrantur, quæ ex latinis & græcis, aliarumque gentium antiquis monumentis*, Bruxelles : Culture et civilisation, 1965–1985.

また聖人伝の書誌情報を聖人のアルファベット順に並べた *Bibliotheca Hagiographica Latinitatis, Subsidia Hagiographica*, Société des Bollandistes, 1898–1899 は聖人伝研究の手引きとして研究でよく用いられる。その補遺novum supplementumが1986年に出版されている。本書でも論じたヴォラッツェのヤコブス（ヤコブス・デ・ヴォラギネ）の聖人伝集『黄金伝説』は前田敬作ほかによる全訳がある。『黄金伝説』１～４巻（人文書院、1979年～87年）。また上智大学中世思想研究所編『中世思想原典集成』全20巻＋別巻（平凡社、1992～2002年。第二期刊行中）には、ローマ帝国のキリスト教公認期から中世末期までの聖人伝・奇跡集など、本書に関係する教会関連史料の日本語訳が集められている。

事典

事典類として、日本語では上智学院新カトリック大事典編纂委員会編『新カトリック大事典』全４巻（研究社、1996～2009年）が詳しいが、旧版の上智大学編『カトリック大辞典』全５巻（冨山房、1940～60年）も参考になる。

欧文では *New Catholic Encyclopedia*, Detroit Gale, in association with the Catholic University of America, 15 vols., 2003–2009, *Lexikon für Theologie und Kirche*. (Herder, 11

ま行

や行

ら・わ行

な行

は行

た行

索引

杉崎泰一郎（すぎざき・たいいちろう）

1959年東京都生まれ。上智大学文学部史学科卒業、同大学院文学研究科史学専攻博士後期課程修了。藤女子短期大学一般教育助教授等を経て、現在、中央大学文学部教授。博士（史学）。著書:『12世紀の修道院と社会　改訂版』『欧州百鬼夜行抄』（原書房）、『ヨーロッパ中世の修道院文化』(NHK出版)、『修道院の歴史――聖アントニオスからイエズス会まで』（創元社）ほか共著多数。訳書：パトリック・ギアリ『死者と生きる中世――ヨーロッパ封建社会における死生観の変遷』（白水社)、ジョルジュ・デュビィ『ヨーロッパの中世――芸術と社会』（藤原書店、共訳)、ジャン・ドリュモー『千年の幸福』（新評論、共訳）ほか。

「聖性《せいせい》」から読《よ》み解《と》く西欧中世《せいおうちゅうせい》

聖人《せいじん》・聖遺物《せいいぶつ》・聖域《せいいき》

2024年５月20日　第１版第１刷発行

著　者…………………………………………

杉　崎　泰　一　郎

発行者…………………………………………

矢　部　敬　一

発行所…………………………………………

株式会社 創　元　社

https://www.sogensha.co.jp/

本社　〒541-0047 大阪市中央区淡路町4-3-6

Tel.06-6231-9010㈹

東京支店　〒101-0051 東京都千代田区神田神保町1-2 田辺ビル

Tel.03-6811-0662㈹

印刷所…………………………………………

株式会社 太洋社

ISBN978-4-422-20347-8 C1322